ROBIN SHARMA

FINDE DEINE BESTIMMUNG

Erwecke dein bestes Selbst

Bibliografische Information der Deutschen Nationalbibliothek
Die Deutsche Nationalbibliothek verzeichnet diese Publikation in der Deutschen Nationalbibliografie. Detaillierte bibliografische Daten sind im Internet über http://dnb.d-nb.de abrufbar.

Für Fragen und Anregungen:
info@finanzbuchverlag.de

Wichtiger Hinweis
Ausschließlich zum Zweck der besseren Lesbarkeit wurde auf eine genderspezifische Schreibweise sowie eine Mehrfachbezeichnung verzichtet. Alle personenbezogenen Bezeichnungen sind somit geschlechtsneutral zu verstehen.

1. Auflage 2023

Türkenstraße 89
80799 München
Tel.: 089 651285-0
Fax: 089 652096

Die englische Ausgabe erschien 2004 bei HarperCollins Publishers Ltd. unter dem Titel *Discover Your Destiny With the Monk Who Sold His Ferrari.*

Übersetzung: Martin Bayer
Redaktion: Silke Panten
Korrektorat: Christine Rechberger
Umschlaggestaltung: Marc-Torben Fischer, München
Umschlagabbildung: Mönch, iStockPhoto
Satz: ZeroSoft, Timisoara
Druck: CPI books GmbH, Leck
Printed in the EU

ISBN Print 978-3-95972-642-9
ISBN E-Book (PDF) 978-3-98609-230-6
ISBN E-Book (EPUB, Mobi) 978-3-98609-231-3

Dieses Buch ist Ihnen gewidmet, die wie ich auf der Suche sind, den tapferen Seelen, die den Mut haben, fern von der Masse ihren Weg zu einem authentischen Leben zu finden.

Möge Ihre Entschlossenheit, aufzuwachen und mit wahrer Stärke zu leben, unerschütterlich sein. Mögen Sie die unvermeidlichen Lektionen möglichst sanft lernen. Mögen die dunklen Nächte Ihrer Seele wenige und seltene sein. Und mögen Sie so hell leuchten, dass am Ende Ihrer Tage die anderen innehalten und sagen: »Dies war ein Mensch, der sein Leben voll ausschöpfte.«

Inhalt

Dank

Ich habe das Glück, in meinem Leben von vielen außergewöhnlichen Menschen umgeben zu sein. Ohne sie alle wäre meine Arbeit unmöglich, und ich könnte meine Aufgabe, anderen dabei zu helfen, ihr Leben voll auszuschöpfen, nicht erfüllen. Ich bin all denjenigen zutiefst dankbar, die mir geholfen haben, meine Ideen Form gewinnen zu lassen, die mich ermutigt haben, große Träume zu hegen, und die mir geholfen haben, meine Botschaft zu verbreiten.

Besonderen Dank schulde ich meinen Mitarbeitern bei Sharma Leadership International, vor allem meiner wunderbaren Assistentin Marie Witten, dem in jeder Hinsicht verlässlichen Al Moscardelli und der allzeit mit ihrer Begeisterung inspirierenden Marnie Ballane.

Wichtig ist mir auch, dem Team von HarperCollins meine Dankbarkeit auszudrücken. Danke, Iris Tupholme, David Kent, Akka Janssen, Kevin Hanson, Noelle Zitzer, Lisa Zaritzky, Martha Watson, Lloyd Kelly, David Millar, Kristin Cochrane, Michaela Cornell, Neil Erickson, Alan Jones, Ian Murray und meinen Betreuern beim Verlag, die alle Bücher aus der Reihe *Der Mönch, der seinen Ferrari verkaufte* hinaus in die

Welt zu meinen geschätzten Lesern gebracht haben. Ihr wart eine wertvolle Stütze meiner Arbeit.

Außerdem möchte ich meiner langjährigen Lektorin Nicole Langlois meine Anerkennung für ihre hervorragende Arbeit aussprechen. Es ist jedes Mal eine wahre Freude, mit Ihnen zusammenzuarbeiten. Natürlich bin ich auch den Firmenkunden der Sharma Leadership International zu Dank verpflichtet, mit deren Mitarbeitern ich als Management-Consultant, Executive Coach und Vortragsredner meine Vorstellungen von Führungsqualitäten, Spitzenleistung und Selbstbeherrschung teilen darf. Außerdem möchte ich hier ausdrücklich die großartige Unterstützung durch meine Leser erwähnen. Alle meine Arbeit gilt den Lesern meiner Bücher, und ich bedanke mich aus tiefstem Herzen bei jedem von Ihnen für Ihren Glauben an mich. Danke, dass Sie mir die Möglichkeit bieten, meiner Bestimmung zu folgen.

Meine Familie unterstützt mich seit dem ersten Tag. Auch als ich noch nichts vorzuweisen hatte als ein Buch im Selbstverlag und vor vielen verschlossenen Türen stand, war sie für mich ein Fundament der Inspiration und unvergesslichen Begeisterung. Ich bin mit wundervollen Eltern gesegnet, zwei Menschen, deren Klugheit und Freundlichkeit mich mehr geprägt haben, als ich es in Worte fassen kann. Dank auch an meinen Bruder Sanjay – ein wirklich begabtes menschliches Wesen – und seine Ehefrau Susan, einen weiteren wunderbaren Menschen, nicht zu vergessen die Geschenke, die ihre beiden großartigen Kinder Neel und Evan in mein Leben bringen. Besonderer Dank geht an meine geliebte Partnerin

Nina für all ihre Liebe und den Segen, den sie über mich gebracht hat. Und zu guter Letzt schulde ich meinen beiden unglaublichen Kindern Colby und Bianca meinen Dank dafür, dass sie mir die Bedeutung bedingungsloser Liebe, grenzenloser Kreativität und wahrer Freude gezeigt haben. Ihr beiden bringt so viel Staunen in mein Leben und ich liebe euch mehr, als ich mit Worten ausdrücken kann.

Der verborgene Quell deiner Seele muss aufsteigen und murmelnd dem Meere zufließen;
Und der Schatz deiner unendlichen Tiefen würde deinen Augen offenbar.
Aber lege deinen unbekannten Schatz auf keine Waage;
Und sondiere nicht die Tiefen deines Wissens mit Maßstab oder Lot.
Denn das Ich ist ein Meer ohne Grenzen und ohne Maße.

Khalil Gibran, *Der Prophet*

Totengräber, wenn du mein Grab schaufelst, grabe es bitte nicht so tief, damit ich den Regen noch spüren kann.

Dave Matthews, »Gravedigger«

Einleitung von Robin Sharma

Sie sind viel großartiger, als Sie es sich vorstellen können. Und wie auch immer Ihr Leben jetzt gerade aussieht, vertrauen Sie darauf, dass alles in Ordnung ist und sich in Ihrem Interesse entwickelt. Es sieht vielleicht nicht so aus, aber es ist genau das, was Sie lernen müssen, um zu der Person heranzureifen, die zu werden Ihr Schicksal ist. Alles, was in Ihrem Leben geschieht, ist perfekt darauf ausgerichtet, Ihre Entwicklung als menschliches Wesen bestmöglich zu fördern und Ihre Kräfte zu entwickeln. Lernen Sie vom Leben und lassen Sie sich von ihm dorthin tragen, wo Ihre Bestimmung liegt – das Leben hat nur Ihr Bestes im Sinn.

Auf den folgenden Seiten dieses Buches werden Sie viele Antworten auf die wichtigsten Lebensfragen entdecken. Ich hoffe, dass Sie viele Wahrheiten finden und Erkenntnisse darüber gewinnen werden, wie die Welt funktioniert und wie Sie in ihr erfolgreich sein können. Letztlich liegen die Antworten, nach denen Sie suchen, bereits tief in Ihrem Herzen. Sie werden sie nirgendwo anders finden. Ja, meine Worte mögen einen Einstieg für Sie darstellen und Ihnen dabei helfen, sich daran zu erinnern, was Sie im Grunde schon wissen. Aber zweifeln Sie nicht daran, dass es tatsächlich einen Schatz der Weisheit, Kraft und Liebe gibt, der in Ihnen schlummert und darauf wartet, von Ihrem mutigsten Teil geweckt zu werden. Ist es nicht ungeheuer inspirierend, das zu wissen? *Sie sind bereits alles, was Sie jemals werden wollten.* Sie müssen lediglich die innere Arbeit tun, die erforderlich ist, um die Blockaden zu entfernen, die Ihr eigentliches Wesen überdeckt und verleugnet haben.

Der Zweck des menschlichen Lebens ist, so glaube ich, den Weg dieser großen Selbsterweckung zu gehen und an den Ort heimzukehren, an dem Sie einmal waren (den Ort, den Sie einmal kannten). Es ist mein fester Glaube, dass Neugeborene Vollkommenheit repräsentieren und den Zustand des Seins, zu dem jeder von uns unweigerlich zurückkehren muss. In dem Augenblick nach Ihrer Geburt waren Sie furchtlos, voll reiner Liebe, unschuldig, unendlich weise, hatten grenzenlose Möglichkeiten und waren auf wunderbare Weise mit der Hand verbunden, die das Universum schuf. Als ganz kleines Kind waren Sie voller Staunen und des Lebens vollständig gewahr. Zu dieser Zeit waren Sie sogar fast erleuchtet (erleuchtet zu sein heißt, ganz Licht zu sein; wer ganz Licht ist, hat keine Schatten, keine dunkle Seite, keine Ängste, keine Wut, keine Ablehnung und keine Begrenzungen).

Die meisten auf der Erde heute haben diese Verbindung zu ihrem authentischen Ich verloren, zu diesem ursprünglichen Seinszustand, in dem wir keine Angst hatten, auf Möglichkeiten zuzugehen und nach den Sternen zu greifen. *Wir wissen nicht, wer wir sind.* Wir haben uns in Menschen verwandelt, die sich selbstsüchtig, ängstlich und verletzend verhalten. Dieses Verhalten spiegelt nicht unser eigentliches Wesen wider, sondern vielmehr die Wunden, die wir erlitten haben, als wir die Unschuld, in der wir geboren wurden, hinter uns ließen und die Reise unserer Tage erlebten. Nur Menschen mit Schmerzen können Schmerzliches tun. Nur Menschen mit Verletzungen können verletzen. Nur Menschen mit verschlossenem Herzen können auf nicht völlig liebevolle Weise handeln.

Der einzige Grund dafür, warum wir am Leben sind, besteht darin, so glaube ich, zu unserem großartigsten Ich heranzuwachsen und uns an die Wahrheit darüber zu *erinnern*, wer wir im Grunde sind. Das Leben wird Sie bei dieser Suche vollkommen unterstützen. Menschen, Ereignisse und Prüfungen werden Ihnen gesandt werden, die Sie einladen, mehr von Ihrer Brillanz zu enthüllen und mehr von Ihren Möglichkeiten zu entdecken. Oft werden Ihre Lektionen nicht leicht zu lernen sein. Leiden ist schon immer ein Mittel für tiefes spirituelles Wachstum. Diejenigen, die großes Leid erfahren haben, sind im Allgemeinen diejenigen, die sich zu großen Wesen entwickeln. Diejenigen, die vom Leben zutiefst verletzt wurden, sind diejenigen, die den Schmerz anderer augenblicklich fühlen können. Diejenigen, die Widrigkeiten erduldet haben, werden durch das Leben demütiger und sind infolgedessen offener, mitfühlender und authentischer. Vielleicht mögen wir das Leiden nicht, wenn es uns heimsucht, aber es dient uns so hervorragend: Es knackt die Schale, die unsere Herzen bedeckt, und befreit uns von den Lügen darüber, wer wir sind, warum wir hier sind und wie unsere bemerkenswerte Welt wirklich funktioniert, an die wir uns klammern. Einmal geleert, können wir mit allem, was gut, edel und wahr ist, neu befüllt werden. Schwierigkeiten können sich transformieren, wenn wir dies zulassen. Joseph Campbell schreibt: »Wo du stolperst, dort liegt dein Schatz.«

Finde deine Bestimmung ist ein Buch über die Wiederentdeckung Ihres großartigsten Lebens. Ich habe versucht, mein Herz auf diesen Seiten zu öffnen und alles zu teilen, was ich über persönliche Führung, Selbstfindung und authentisches Leben weiß. Sie sollten wissen, dass ich sehr menschlich bin. Ich kämpfe täglich gegen meine eigenen Grenzen, meine Ängste und das, was ich meine überkommenen Muster nenne, jene alten Verhaltensweisen, die ich unterwegs gelernt habe. Ich sehe mich selbst als ein unvollendetes Werk und fordere mich ständig selbst heraus, jeden Tag zu nutzen, um in die höheren Sphären meines inneren Lebens vorzudringen. Viele Menschen glauben ja, dass die Autoren von Büchern wie diesem hier erleuchtete Wesen seien, die ihre Tage in gesegneter Transzendenz verbringen und aus der Bergeshöhe Worte der Weisheit herabsenden. In Wirklichkeit, so weiß ich aus Erfahrung, hat jeder von uns noch Arbeit vor sich, wie sehr wir auch an uns selbst gearbeitet und uns entwickelt haben mögen. Jeder Einzelne von uns hat eine helle wie eine dunkle Seite. Jeder von uns hat Fehler zu beheben und Wunden im Innern, die nach Heilung schreien. Jeder Einzelne von uns hat eine zersplitterte Seele (indem wir versuchen, die spirituelle mit der menschlichen Natur zu vereinen). Diese unvermeidliche Unvollkommenheit ist das, was uns menschlich macht. Und je tiefer ich in mich selbst hineinhorche, desto mehr wird mir klar, wie wenig ich weiß. Wie ich in *The Saint, The Surfer and The CEO* geschrieben habe, ist »der Gipfel des einen Berges der Fuß des nächsten«. Wenn wir den Gipfel des Berges erreichen, den wir erklimmen, was erwartet uns da wohl? Weitere Gipfel, die es zu erklimmen gilt. So ist das Leben in dieser Schule namens Erde: endloses Wachstum und endloses Lernen, mit dem einzigen Zweck, uns an die Größe – und Ganzheit – zu erinnern, die wir leider verloren haben, und sie zurückzugewinnen.

Und obwohl ich als Mensch um meine Begrenztheit weiß, will ich auch eingestehen, dass ich in kurzer Zeit einen sehr langen Weg zurückgelegt habe, was die Überwindung der Blockaden angeht, die mich kleingehalten haben (und das können Sie auch, wenn Sie dem außerordentlichen Ablauf folgen, der auf den kommenden Seiten geschildert wird). Noch vor wenigen Jahren war ich Fachanwalt für Zivilprozessrecht, mein weltlicher Erfolg war vorprogrammiert und ich war auf der Jagd nach Geld, Anerkennung und materiellen Gütern. Ich lebte von außen nach innen statt von innen nach außen (kein Wunder, dass es nicht funktionierte). Ich machte eine sehr harte Scheidung durch und ziehe meine beiden unglaublichen Kinder jetzt als alleinstehender Vater groß. Unterwegs erlitt ich schwere Rückschläge und mitunter endlos scheinende Prüfungen. *Aber man wächst am meisten an den größten Herausforderungen.* Mir ist klar geworden, dass mir diese Erlebnisse geschickt wurden, damit ich lernte, mich zusammenzureißen und meine Schwäche zu überwinden.

Die größten Verletzungen im Leben sind in Wahrheit fantastische Gelegenheiten zu persönlichem Wachstum, positiver Verwandlung und Rückgewinnung der authentischen Kraft, die Sie verloren haben, als Sie die Vollkommenheit der Kindheit verlassen haben und in die Welt hinausgegangen sind. Nehmen Sie sie als die Geschenke an, die sie sind.

Durch all die Höhen und Tiefen hindurch, die dieses unglaubliche (und kurze) Spiel namens Leben mir geschickt hat, habe ich nie aufgegeben, die Verantwortung für meinen Anteil an allem, was sich ereignet hat, zu übernehmen und dabei nach meinem höchsten Selbst zu streben. Ich glaube, dass viele Ereignisse im Leben vorherbestimmt sind. Aber ich glaube auch, dass wir als menschliche Wesen eine *enorme* Auswahl an Möglichkeiten haben, das schöne Leben unserer Träume zu schaffen. Das Schicksal und unsere Entscheidungen wirken zusammen, um das Aussehen unseres Lebens zu formen. Und es ist unsere bewusste Entscheidungsfindung, die letztlich unser Schicksal bestimmt. Das zu vergessen, heißt, das Opfer zu spielen. Diese Wahrheit zu missachten, bedeutet, die Kraft zu verleugnen, die Ihnen gewährt wurde, um alles zu schaffen, was Sie wollen.

Der Weg, den ich in diesem Buch beschreibe – die sieben Stufen der Selbsterweckung – spiegelt die ewige, archetypische Reise des Führers oder des Helden wider. In der Tradition der bisherigen Bücher aus der Reihe *Der Mönch, der seinen Ferrari verkaufte* werden die Botschaften in diesem Buch durch die fiktiven Abenteuer des Julian Mantle enthüllt. Aber man muss immer daran denken, dass diese Abenteuer *sehr* real und außerordentlich wirkungsvoll sind. Der Vorgang, der sich in den sieben Stufen verkörpert, findet sich in verschiedener Form in vielen alten Texten sowohl der fernöstlichen wie der westlichen Weisheitsliteratur wieder. Sie sind der Held oder die Heldin Ihres Lebens. Wenn Sie sich entscheiden, Ihr wichtigstes Spiel als menschliches Wesen zu spielen (und ich weiß, dass Sie das tun werden), dann ist das der Weg, dem Sie folgen müssen. Ihn zu beschreiten, *garantiert* Ihnen authentischen Erfolg.

Der beste Weg, um zu lernen, ist zu lehren. Wenn Sie sich das Wissen aus diesem Buch wirklich zu eigen machen und es in Ihr Leben einbauen wollen, müssen Sie *unbedingt* innerhalb von 24 Stunden, nachdem Sie dieses Buch zu Ende gelesen haben, beginnen, es jemand anderen zu lehren. Das dient zwei Zielen: Erstens hilft es Ihnen, das Wissen zu verinnerlichen; zweitens hilft es den Menschen Ihrer Umgebung, sich daran zu erinnern, wer sie wirklich sind. Und sprechen Sie, während Sie *Finde deine Bestimmung* lesen, mit Ihrer Familie und Ihren Freunden über das, was Sie lernen. Teilen Sie Ihre Erkenntnisse und geben Sie den Veränderungen eine Stimme, die Sie durchführen wollen, um Ihr bestmögliches Leben zu erreichen. Dadurch vertiefen Sie Ihre Überzeugung und erzeugen Ergebnisse, die *bleiben*.

Danke, dass Sie dieses Buch zur Hand genommen haben; ich hoffe, es gibt Ihnen alles, was Sie darin suchen (und noch viel mehr). Ich bin dankbar, dass Sie bereit sind, mir die Stunden Ihrer Lebenszeit zu schenken, die erforderlich sind, um das Buch zu lesen und darüber nachzudenken, und ich erweise Ihnen meine Hochachtung dafür, dass Sie diesen *riesigen* Schritt wagen, Ihre Bestimmung zu entdecken. Wenn Sie dieses Buch und andere in der Reihe *Der Mönch, der seinen Ferrari verkaufte* lesen, schließen Sie sich anderen Frauen und Männern aus der ganzen Welt an, die Teil einer Gemeinschaft geworden sind. In unserem Treffpunkt auf *robinsharma.com*, wo Sie eine reiche Auswahl an Hilfsmitteln und Unterstützung auf dem Weg zu Ihrer Bestimmung finden, erwarten Sie außergewöhnliche Gespräche.

Wir sind auf einer unsichtbaren Ebene alle miteinander verbunden. Mit Ihrer Selbstheilung tragen Sie zur Heilung der Welt bei. Wenn Sie Ihren Glanz erstrahlen lassen, laden Sie die Menschen Ihrer Umgebung ohne Worte dazu ein, es Ihnen gleichzutun. Während Sie daran arbeiten, Ihr Leben für das Höchste und Beste stehen zu lassen, dienen Sie anderen Menschen als Vorbild, ihr höchstes Spiel zu spielen. Und wie einer meiner Klienten aus dem Coaching zu sagen pflegt: »Das ist wunderschön.«

Ich wünsche Ihnen immenses Glück auf dieser Reise, die Ihr Leben ist.

In Liebe

Robin

Robin Sharma

KAPITEL 1

Ein spiritueller Notfall

Das Leben hört nicht auf Ihre Logik; es geht seinen eigenen Weg, unbeirrbar. Sie müssen auf das Leben hören; das Leben wird nicht auf Ihre Logik hören, es kümmert sich nicht um Ihre Logik.

Osho

Ich spürte die Kälte des Metalls an meinem Kopf. Wie hatte es so weit kommen können? Ich saß tatsächlich in einem schäbigen Motelzimmer, hielt mir eine Pistole an die Schläfe und war kurz davor, abzudrücken. Schweiß lief mir über die Stirn, mein Herz schlug wild. Meine Hände zitterten unkontrollierbar. Niemand wusste, wo ich war. Es interessierte auch niemanden mehr. Ich hatte nichts, wofür es sich zu leben lohnte. Also bereitete ich mich darauf vor, zu sterben.

Ich sah die Überschrift meines Nachrufs vor mir: »Dan Sandersen, internationaler Hotelier, geschieden und Vater von drei Kindern, nimmt sich mit vierundvierzig Jahren das Leben«.

Aber als ich die Augen schloss und laut mein letztes Gebet sprach, geschah etwas Unerwartetes, nein, etwas Wunderbares. Mir wurde schwindlig, ich fiel zu Boden und ließ die Pistole fallen. Während ich bewegungslos dalag, breitete sich ein blendend helles, weißes Licht in meinem Körper aus. Und bevor Sie mich jetzt für einen Spinner halten, möchte ich Sie bitten, mir zu glauben, dass ich von jeher ein bodenständiger und vernünftiger Mensch bin. Mir war nie zuvor etwas Derartiges passiert, und ich hatte über solche mystischen Geschichten immer gelächelt und sie für verantwortungslose Fantastereien gehalten. Ich hatte noch nie mit Engeln gesprochen (und tue es heute noch nicht) oder meinen Alltag nach dem Stand der Sterne ausgerichtet. Aber ich kann nicht ignorieren oder abstreiten, was mir vor nur einem Jahr in diesem Motelzimmer widerfuhr. War es eine Begegnung mit dem Göttlichen? Ein spirituelles Erwachen? Oder einfach bloß eine körperliche Reaktion auf den extremen Stress meiner Situation? Ehrlich gesagt, ich weiß es nicht. Was ich weiß, ist, dass dieses Erlebnis eine Abfolge von Ereignissen in Bewegung setzte, die mein Leben, so wie ich es bisher kannte, komplett auf den Kopf gestellt haben.

Das Licht wurde immer heller. Mein ganzer Körper begann zu zittern, als erlitt ich einen schweren Krampfanfall. Der Schweiß floss in Strömen, während meine Arme, meine Beine und mein gesamter Oberkörper auf dem kalten schmutzigen Fußboden zitterten. Es kam mir vor, als dauerte dieser Zustand eine Ewigkeit. Dann, scheinbar aus dem Nichts, kamen diese Worte, die mich im Innersten trafen: *»Dein Leben ist ein Schatz, und du bist so viel mehr, als du weißt.«*

Das war alles. Unmittelbar als diese Worte in meinem Kopf auftauchten, hörte ich auf zu zittern. Ich lag nur noch da, in einer Pfütze aus Schweiß, und starrte zur Decke hinauf. Ich hatte noch nie im Leben einen solchen inneren Frieden verspürt. Ich befand mich vollständig in meinem Körper, völlig in meinem Herzen. *Das Leben ist ein Schatz, und du bist so viel mehr, als du weißt.*

Nach einer Weile stand ich langsam auf und packte meine Sachen zusammen. Etwas tief in mir hatte sich verändert, obwohl ich es nicht erklären konnte; ich *fühlte* es bloß. Ich war nicht mehr daran interessiert, mir das Leben zu nehmen. Vielleicht hatte die Stimme recht; vielleicht lag wirklich viel mehr in mir, als ich ahnte.

Wenn wir schwierige Zeiten durchmachen, glauben wir im Allgemeinen, dass die Welt wirklich so ist, wie wir sie in diesen Momenten sehen. Das ist eine falsche Annahme. Wir sehen die Welt dann nur aus unserem eigenen Blickwinkel der Hoffnungslosigkeit. Wir sehen die Dinge mit traurigen und hoffnungslosen Augen. Die Wahrheit ist, dass auch die Welt besser aussieht, sobald es uns wieder besser geht. Und wenn wir zu einem Zustand innerer Freude zurückkehren, spiegelt die äußere Welt dieses Gefühl auf uns zurück. Ich habe erfahren, dass die Welt ein Spiegel ist. *Wir empfangen vom Leben nicht, was wir wollen, sondern wer wir sind.* Ich habe außerdem erfahren, dass es im Leben Jahreszeiten gibt und dass schmerzliche Phasen nicht ewig dauern. *Vertrauen Sie darauf, dass der Winter Ihrer Sorgen vom Sommer Ihrer Freude abgelöst wird, genau wie die hellen Strahlen des Morgens immer auf das tiefste Dunkel der Nacht folgen.*

Ich war kein hoffnungsloser Fall voller Selbstmitleid mehr. Ich sah nicht länger keinen Ausweg mehr. Eine bestimmte Kraft war mir an diesem Tag zurückgegeben worden, und auch wenn mein Leben, ehrlich gesagt, immer noch ein einziges Durcheinander war, erkannte ich langsam, dass ich die Fähigkeit besaß, es zu verbessern. Aus irgendeinem Grund *vertraute* ich darauf, dass Hilfe unterwegs war und glücklichere Tage bevorstanden. Ich wusste noch nicht, wie wunderbar diese Hilfe sein und wie schön mein Leben werden würde. Bevor ich auf die Einzelheiten eingehe, möchten Sie vielleicht wissen, welche Umstände meinen Geist in einen solchen Verfallszustand trieben, dass ich sogar daran dachte, mir das Leben zu nehmen.

Noch vor wenigen Jahren glaubte ich, ich führte das Leben, von dem alle anderen Menschen träumten. Ich hatte eine liebenswerte und intelligente Frau, die mich sehr liebte. Ich hatte drei gesunde und glückliche Kinder, die in allem, was sie taten, großartig waren. Als Eigentümer einer Kette angesagter Boutiquehotels in gehobenen Erholungsorten weltweit verdiente ich mehr Geld, als ich mir je hatte vorstellen können. Alles, was Rang und Namen hatte, Filmstars und Superreiche stiegen in meinen Hotels ab. Ich reiste an exotische Orte, sammelte allerlei wertvolle Gegenstände an und wurde, zumindest in der Hotelbranche, ziemlich bekannt.

Dann, eines Tages, fiel plötzlich meine ganze Welt auseinander. Ich kam nach einem Arbeitsessen mit dem Anbieter einer Immobilie, an der ich interessiert war, spätabends nach Hause. Meine Frau Rachel ließ gewöhnlich ein paar Lichter für mich brennen, aber an diesem Abend war das ganze Haus dunkel. Das kam mir seltsam vor – es war erst 22 Uhr. Wo war Rachel? Wo waren die Kinder?

Ich trat ein und schaltete im Flur und in der Küche das Licht an. Nichts als Stille empfing mich. Auf dem Küchentisch lag ein Zettel in Rachels vertrauter Handschrift:

»Dar, ich bin mit den Kindern zu meiner Mutter gefahren. Ich liebe dich nicht mehr. Es tut mir leid. Mein Anwalt ruft dich morgen früh an.«

Nichts kann einen auf einen solchen Brief vorbereiten – nichts. Obwohl ich so getan hatte, als sei in unserer Ehe alles in Ordnung, wusste ich, dass wir uns auseinandergelebt hatten. Die ganze Zeit, die ich nicht zu Hause gewesen war, sondern unterwegs auf Geschäftsreise und bei Terminen, hatte ich meiner Familie und meiner Ehe gestohlen, und unsere Liebe war dabei auf der Strecke geblieben. Ich hatte vorgegeben, ein guter Vater zu sein, und von außen hatte ich wahrscheinlich auch wie einer ausgesehen, aber die weisen Seelen meiner Kinder kannten die Wahrheit. Selbst wenn ich direkt neben ihnen saß, war ich nie richtig bei ihnen. In Gedanken fand ich nie aus dem Geschäft heraus und war stets emotional abwesend. Ich glaube, die Wahrheit ist, dass ich damals ein außerordentlich selbstsüchtiger Mann war. Ich glaubte, die Welt drehe sich um mich. Die Bedürfnisse und

Gefühle anderer Menschen zählten für mich nicht annähernd so sehr wie meine eigenen. Ich wollte Reichtum, ich wollte Anerkennung, ich wollte gewinnen, und dabei verlor ich das Allerwichtigste.

Der Zettel und der folgende Scheidungsprozess rissen mir das Herz heraus. Ich wurde aus meinem eigenen Haus vertrieben und siedelte in eins meiner Hotels um. Ich sah die Kinder nur noch einmal pro Woche und alle paar Wochenenden. Ich fing an zu trinken und legte beschämend viel an Gewicht zu. Ich hatte bisher auf männlich-herbe Art ganz gut ausgesehen und war gut in Form, aber das ging nun alles den Bach hinunter. Ich wachte jeden Morgen mit beißenden Migränekopfschmerzen auf, die erst vergingen, wenn ich sie mit Alkohol betäubte. Zum Glück verlor ich mein Unternehmen nicht. Ich war klug genug gewesen, eine erstklassige Geschäftsführung einzusetzen, und diese Mannschaft hielt den Laden am Laufen, während ich damit beschäftigt war, meine Wunden zu lecken. Klar, hin und wieder erschien ich bei Sitzungen und schloss auch das eine oder andere Geschäft ab, aber meistens hockte ich allein zu Hause in einem dunklen Zimmer, hörte mir alte Billie-Holiday-Songs an und führte lange Gespräche mit Jack Daniels. Das war das Elend, das mich letztlich bis in das besagte schäbige Motelzimmer brachte. Aber Sie sollten wissen, dass dieses Elend auch zu meiner Rettung führte.

Ich habe herausgefunden, dass Schmerzen und Schwierigkeiten wichtige Mittel für persönliches Wachstum sind. Nichts lässt einen schneller lernen, wachsen und sich entwickeln.

Nichts bietet eine bessere Gelegenheit, mehr von Ihrer authentischen Kraft als Mensch zurückzugewinnen. Unsere menschlichen Augen sehen es als negative Erfahrung. Das ist reine *Beurteilung*, und hinter diesem falschen Glauben steckt nichts weiter als Angst. Leiden tritt auf, wenn etwas passiert, das wir nicht wollen. Es tritt auf, wenn das Leben uns etwas Unerwartetes gibt, wenn wir mit neuen Umständen konfrontiert werden. Und diese neuen Umstände im Leben, sei es in Form einer Krankheit, eines Trauerfalls oder eines finanziellen Verlusts, bedeuten, dass wir uns ändern und das Alte, die vertrauten Ufer, an die wir uns geklammert haben, verlassen müssen. Wir werden aufgefordert, das Erwartete loszulassen, und Loslassen kann für ein menschliches Wesen beängstigend sein. Wir haben Angst, den sicheren Hafen des Vertrauten und Bekannten zu verlassen. Uns widerstrebt es, zu den unbekannten Orten zu reisen, an die uns das Leben manchmal führt. Der bloße Gedanke daran macht uns Angst. Hinter allem Widerstand gegen Neues steckt Angst.

Aber es gibt nichts zu fürchten. Unser Universum ist ein weit freundlicherer Ort, als wir ahnen. Ein Boot, das nie seinen Ankerplatz verlässt, wird auch niemals beschädigt, aber dafür sind Boote nicht gedacht. Ebenso wird ein Mensch, der nie wagt, in die unbekannten Sphären seines Lebens hinauszugehen, auch nie verletzt – und dafür sind menschliche Wesen nicht gemacht. Wir sind dafür gemacht, zu erfahren, dass wir als Reisende durch das Leben an fremden Orten wachsen. Unsere weiseren Augen kennen diese Wahrheit und sehen Veränderung und Leiden als das, was es wirklich ist: einen liebevollen Arzt, der kommt, um den kranken Teil unseres Ichs zu heilen. Leiden dient dazu, uns zu vertiefen. Leiden kommt, um uns zu helfen, und es lässt uns wissen, wer wir wirklich sind. Leiden bricht uns auf und zwingt uns, alles loszulassen und aufzugeben, das wir kennen und woran wir hängen – wie ein kleines Kind an seinem ersten Schultag, das Angst hat, die Hand der Mutter loszulassen und allein in ein Klassenzimmer voller neuer Freunde zu gehen, wo es so viel Neues und Schönes lernen wird. Das Unbekannte ist, wo »das Neue« existiert, und das Neue ist der einzige Ort auf der Welt, wo man *Möglichkeiten* findet. Und jedes menschliche Wesen ist darauf geprägt, auf die Möglichkeiten und Potenziale in seinem Leben zuzulaufen. Wir wurden alle dafür gemacht, großartig zu sein. Wie können wir also sagen, dass Leiden schlecht ist, wenn es genau das ist, was uns besser macht? Ja, die menschliche Seite in uns spürt den Schmerz, wenn wir ihn erdulden. Das ist natürlich. Aber dieser Schmerz wird schließlich nachlassen, und ein reicheres, stärkeres, weiseres Ich wird hervorkommen.

»Fürchte nicht das Unbekannte, denn es ist das, worin deine Großartigkeit wohnt«, sagte mir ein geschätzter Lehrer, einer, über den Sie gleich sehr viel mehr erfahren werden. Die meisten Menschen verbringen die besten Jahre ihres Lebens am Ort des Bekannten. Ihnen fehlt der Mut, sich auf fremdes Gebiet zu wagen, und sie haben Angst, die Menge zu verlassen. Sie wollen dazugehören und haben Angst, aufzufallen. Sie ziehen sich an wie alle anderen, denken wie alle anderen und verhalten sich wie alle anderen, selbst wenn es ihnen falsch vorkommt. Sie hören nicht gerne auf den Ruf ihres Herzens

oder probieren Neues aus, sondern weigern sich, ihr eigenes sicheres Ufer zu verlassen. Deshalb tun sie, was alle anderen tun. Dadurch verdunkeln sich ihre ehemals strahlenden Seelen und werden runzlig. »Der Tod ist nur eine von vielen Arten, das Leben zu verlieren«, sagt der Abenteurer Alvah Simon.

Sich an die sicheren Ufer in Ihrem Leben zu klammern, heißt nicht mehr, als sich zu entscheiden, sich von seinen Ängsten einsperren zu lassen. Vielleicht haben Sie die Illusion, frei zu sein, wenn Sie weiter in dem Karton leben, zu dem Ihr Leben geworden ist, doch glauben Sie mir, es ist nichts weiter als eben das: eine Illusion, eine Lüge, die Sie sich selbst erzählen. Wenn Sie den Karton verlassen, um neue Ausblicke zu sehen, und wenn Sie aufhören, der Menge zu folgen, werden natürlich Ängste auftauchen; Sie sind ein Mensch. Aber Mut erfordert, dass man diese Ängste spürt und dann trotzdem weitermacht. *Mut heißt nicht, dass man keine Angst hat, sondern dass man bereit ist, durch die Angst hindurchzugehen, um ein Ziel zu erreichen, das einem wichtig ist.* Sie gehören zu den lebenden Toten, wenn Sie in einem sicheren Hafen leben und sich an das Bekannte klammern. Sie kehren wieder ins Leben zurück und Ihr Herz beginnt wieder zu schlagen, wenn Sie sich ins Unbekannte hinauswagen und die fremden Orte Ihres Lebens erkunden. Das Abenteuer und die Spannung des Lebens kehren zurück. *Denken Sie daran: Auf der anderen Seite Ihrer Ängste entdecken Sie Ihr Glück.*

Hier ist eine starke Metapher, die ich Ihnen anbieten möchte. Wenn Sie Ihr ganzes Leben in einem Gefängnis verbracht haben, werden am Tag Ihrer Entlassung viele Ängste zutage treten. Im Gefängnis hatten Sie keine Freiheit, Sie lebten im Bereich des Bekannten, weil Ihnen ein strikter Stundenplan aufgezwungen wurde: Sie wussten, wann Sie morgens aufstehen mussten, Sie wussten, wann Sie Sport treiben durften, und Sie wussten genau, wann und was Sie essen durften. Jetzt, da Sie nicht länger gefangen sind, haben Sie Angst. Sie wissen nicht, was Sie tun und wohin Sie gehen sollen. Es gibt keine Struktur, bloß Unsicherheit. Sie tendieren dazu, zum Bekannten zurückzukehren, anstatt sich der scheinbaren Unsicherheit und Unbequemlichkeit des Unbekannten zu stellen. Sie würden lieber Gefangener bleiben, anstatt Ihre Freiheit zurückzugewinnen. Das ist widersinnig, aber so handeln die meisten von uns ihr Leben lang.

Diese ganze Philosophie habe ich dem Lehrer zu verdanken, den ich eben kurz erwähnt habe. Dieser Lehrer hatte den größten Einfluss auf mein bisheriges Leben. Die Weisheit und der bemerkenswerte Prozess in Form der sieben Phasen, die er erst vor knapp über einem Jahr mit mir zu teilen begann, haben mein Leben vollständig umgewälzt. Ich bin noch nie so glücklich gewesen. Ich habe mich noch nie so lebendig gefühlt. Ich habe noch nie so viel Selbstachtung gehabt. Ich habe die Liebe meines Lebens gefunden. Ich bin vollkommen gesund. Und mein Geschäft wächst ständig. Ich hätte nie gedacht, dass das Leben so schön sein könnte. Das kann alles auch für Sie gelten. Die Geschenke, die ich bekommen habe, sind auch für Sie erhältlich. Sicher, Sie werden einige neue Entscheidungen treffen und einige Risiken eingehen müssen.

Sicher, Sie werden Zeit und Kraft aufwenden müssen, um sich wieder mit den großartigen und hervorragenden Teilen Ihres Ichs zu verbinden, die Sie verloren haben. Sicher, Sie müssen sich vielleicht einigen Ängsten stellen, die Sie kleingehalten haben, ob Sie es sich eingestanden haben oder nicht. Aber wenn Sie das tun, werden Sie Ihr höchstes und großartigstes Ich wecken. Und was könnte wichtiger sein als das?

Der Lehrer, den ich erwähnt habe, ist der weiseste, mächtigste und edelste Mensch, den ich kenne. Er ist ein Exzentriker, ein echtes Original, und seine Art ist, um es vorsichtig auszudrücken, unorthodox. Er ist manchmal sogar ein ziemlich wilder Typ. Jemanden wie ihn haben Sie noch nie getroffen und werden es auch nicht. Aber er ist so begabt darin, lebensveränderndes Wissen auf eine Weise mitzuteilen, die Ihre Seele anspricht und die Sie dazu bringt, Veränderungen zu erleben, die Ihnen ein schönes Leben eröffnen. Seine Lektionen sind sehr hilfreich, wenn Sie versuchen, Ihre Bestimmung zu finden und das wunderschöne Leben zu führen, auf das Sie ein Anrecht haben.

Es gibt wohl keinen Zufall. Ich traf meinen Lehrer am Tag nach der Offenbarung im Motelzimmer. Ich ging zur Arbeit an jenem Tag, zu einem Meeting mit meinen Mitarbeitern. Mein Personalchef Evan Janssen kam in mein Büro und gab mir zwei Eintrittskarten für ein Motivationsseminar am Abend. Evan mochte solche Seminare und war ein großer Fan der ganzen Bewegung für persönliches Wachstum. Ich dagegen war skeptisch. Ehrlich gesagt habe ich für Motivationsredner nicht viel übrig. Ich fand sie schon immer ein bisschen wie

Zuckerwatte – ein paar Sekunden lang schmeckt sie süß, aber das vergeht schnell.

Evans kleiner Sohn hatte am Abend seinen ersten Klaviervortrag. Evan wollte natürlich dabei sein und konnte daher das Seminar nicht besuchen. Stattdessen sollte ich hingehen. Er glaubte, der Vortrag würde mich aufmuntern und mich vielleicht zu den Veränderungen anregen, die ich, wie er wusste, brauchte, um mein Leben wieder ins Lot zu bringen, nicht nur beruflich, sondern auch privat. Ich sagte ihm, ich wolle lieber nicht hingehen, weil ich die öden Sprüche und klischeehaften Predigten solcher Motivationsredner nicht ausstehen könne. Ich erwähnte, dass ich immer noch mit einer Menge Widrigkeiten kämpfte und am Abend lieber allein sein wollte. Dann geschah etwas Interessantes. Mein Kollege, der eine gute Intuition hat, schaute mir tief in die Augen und meinte: »Dar, vertrau mir in diesem Punkt. Ich glaube, es gibt einen Grund dafür, dass du dieses Seminar besuchen solltest. Ich habe da so ein Gefühl. *Bitte* geh hin.«

Nun bin ich schon immer ein Kopfmensch. Vernunft und nicht Leidenschaft war mein Hauptantrieb. Wenn mir etwas auf intellektueller Ebene nicht einleuchtete, ließ ich es normalerweise sein. Aber so hatte ich es mein ganzes Leben lang gehalten und es hatte irgendwie nie funktioniert. Mir gefällt Einsteins Definition von Idiotie: »Immer wieder das Gleiche tun, und ein anderes Ergebnis erwarten.« Wenn ich andere Ergebnisse in meinem Leben wollte, musste ich mich *anders* verhalten, das wusste ich. Ansonsten würde mein Leben immer gleich aussehen, bis ich starb.

Etwas tief in mir sagte mir, dass es vielleicht eine andere Art und Weise gab, als Mensch zu handeln. Ich hatte kurz zuvor mein allererstes Buch über Philosophie gelesen, obwohl ich so etwas nie zuvor angerührt hatte. Ich weiß nicht, was mich dazu trieb, es in die Hand zu nehmen, aber ich tat es. Vielleicht, weil mir angesichts all meines Leidens jede Hoffnung auf Erlösung recht war. *Es ist eine Tatsache, dass wir in unseren dunkelsten Phasen am tiefsten zu gehen bereit sind.* Wenn das Leben in Ordnung ist, leben wir oberflächlich; wir überlegen dann nicht viel. Aber wenn das Meer unruhig wird, treten wir aus uns selbst heraus und grübeln, warum es so gekommen ist. Widrigkeiten stimmen einen philosophisch. In problematischen Zeiten fangen wir an, uns die größeren Fragen des Lebens zu stellen, zum Beispiel, warum es Leiden gibt, warum unsere durchdachten Pläne nicht aufgehen, und ob das Leben von der stummen Hand des Zufalls oder der mächtigen Faust der Entscheidung beherrscht wird.

In diesem Buch, das ich zur Hand nahm, schrieb der Autor, der Geist sei beschränkt, das Herz aber unbeschränkt. Der Geist kann grausam sein und einen dazu bringen, die besten Jahre des Lebens in der Vergangenheit zu leben oder die Gegenwart mit Sorgen über Ereignisse zu verschwenden, die nie eintreten. Der Geist giert nach *äußerlicher* Macht, der Art, die auf weltlichen anstatt spirituellen Dingen beruht, wie Geld, Status und Besitz. Das Problem mit äußerlicher Macht ist, dass sie nicht von Dauer ist: Verliert man Geld, Status und Besitz, verliert man auch die Macht. Wenn man seine Identität an diese Dinge bindet, verliert man mit ihnen auch das Gefühl dafür, wer man ist. Die einzige Macht, die irgendeinen Wert hat, ist authentische Macht – die Macht, die von innen kommt.

Das Herz hat, laut diesem Buch, kein Verlangen nach diesen Kleinigkeiten. Das Herz lebt im Hier und Jetzt und weiß, dass dort das Leben stattfindet. Das Herz befasst sich mit Heilung zur Ganzheit, mit Liebe, Mitgefühl und dem Dienst an anderen Menschen. Es ist sich bewusst, dass wir alle auf einer unsichtbaren Ebene miteinander verbunden sind, dass wir alle Brüder und Schwestern derselben Familie sind, und dass Glück aus Geben entsteht und daraus, andere dabei zu unterstützen, zu ihrem großartigsten Ich heranzuwachsen. »Gib den Tropfen auf, werde zum Ozean«, sagt der geniale Sufidichter Rumi. Das Herz kennt die Wahrheit. Ja, der Geist, bei all seiner Fähigkeit, nachzudenken und zu überlegen, ist ein großartiges *Werkzeug*, das das Herz benutzen sollte, um seine Arbeit zu unterstützen; es ist ein Werkzeug, das man benutzen kann, um zu planen, zu lernen und zu denken. Aber diese Funktionen müssen in Übereinstimmung mit dem Herzen und unter seiner Anleitung ausgeübt werden. Kopf und Herz müssen eine lebenslange *Partnerschaft* schmieden, wenn man ein schönes Leben führen will, so lehrte mich das Buch. Sie müssen in *Harmonie* zusammenarbeiten. Wer nur in seinem Kopf lebt, *fühlt* den Atem und den Rhythmus des Lebens nicht. Wer vollständig in seinem Herzen lebt, handelt wie ein liebestrunkener Narr, mit schlechtem Urteilsvermögen und ohne Disziplin. Es ist ein fein ausgewogenes

Gleichgewicht, eines, das Zeit, Kraft und Verständnis braucht, wenn man es richtig hinbekommen will.

Als ich da stand, während Evan geduldig wartete, spürte ich einen plötzlichen Drang, etwas Neues zu erforschen. Ich nahm mir einen Moment Zeit, um darauf zu achten, was sich unter der Oberfläche abspielte, und beschloss, die Begrenzungen der Vernunft eine Weile hinter mir zu lassen und meinen tieferen Gefühlen zu vertrauen. Ich erklärte mich einverstanden hinzugehen, und nahm die Eintrittskarten.

Evan streckte die Arme aus und umarmte mich. »Du bedeutest uns sehr viel, das weißt du.«

Ich schwieg, während Emotionen in meinem Inneren aufwallten, als ich diese Aussage tiefempfundener Freundlichkeit von meinem langjährigen Kollegen hörte.

»Danke, Evan. Du bist ein guter Mann. Ich schätze dich sehr.«

»Glaub mir, Dar, dieses Seminar wird wirklich wichtig für dich. Und wer weiß, wem du dort begegnest?«

Ich konnte ja nicht wissen, dass ich dort dem Mann begegnen würde, der mich zu meinem großartigsten Leben führen sollte.

KAPITEL 2

DER SUCHENDE TRIFFT EINEN MEISTER

Wir werden nie aufhören zu entdecken. Und das Ende all unserer Entdeckungsreisen wird kommen, wenn wir ankommen, wo wir aufgebrochen sind, und diesen Ort zum ersten Mal erkennen.

T.S. Eliot

Am Abend fand ich mich mit fünftausend anderen Menschen, die ebenfalls die Antworten auf die großen Fragen des Lebens suchten, in einem Saal wieder. Rockmusik hallte aus den Lautsprechern und eine blendende Lightshow flackerte in dem ansonsten dunklen riesigen Raum. Die Energie im Saal war deutlich spürbar. Dann trat der Redner auf die Bühne. Er war gutaussehend, eloquent und sehr charismatisch. Er sprach überzeugend und fesselte die Aufmerksamkeit der Zuhörer fast zwei Stunden lang, während er uns auf eine emotionale Achterbahn mitnahm, die uns lachen, weinen und darüber nachdenken ließ, warum wir unser Leben so führten, wie wir es führten, und wie jeder Einzelne von uns es verbessern könnte. Er sprach über seine Kindheit und darüber, dass er ohne Vater aufgewachsen war. Er redete über die Krebserkrankung, die er überstanden hatte, und wie sie ihm geholfen hatte, sich auf die einfachen, aber oft vernachlässigten Dinge des Lebens zu besinnen. Und er brachte uns zum Lachen über einige seiner Erkenntnisse, etwa »Im Leben ist nur das Unerwartete sicher« oder »Wenn Sie Gott zum Lachen bringen wollen, erzählen Sie ihm Ihre Pläne«. Auch seine Bescheidenheit gefiel mir. Er sagte, er sei kein Guru, sondern einfach ein Schüler des Lebens, und scherzte, zu seinem Morgengebet gehöre auch die Bitte: »Lieber Gott, bitte hilf mir, die Person zu werden, für die mein Hund mich hält.«

»Ihre Wunden müssen sich in Ihre Weisheit verwandeln«, wiederholte er während des Vortrags immer wieder. »Ihre Stolpersteine können zu Trittsteinen werden, *wenn Sie nur wollen*. Verpassen Sie nicht die einmalige Gelegenheit, die Schwierigkeiten und sogar Tragödien Ihnen bieten. *Ihr Leben kann sich sogar durch Erlebnisse verbessern, die Ihnen das Herz brechen.*«

Am Ende seines Vortrags hörten alle im Publikum wie gebannt zu. Völlige Stille herrschte, während wir jedes Wort aufnahmen. Er schloss seinen Vortrag mit der folgenden Aussage: »Die meisten Menschen entdecken erst, wie man richtig lebt, wenn es ans Sterben geht – und das ist eine Tragödie. Die meisten Menschen verbringen die besten Jahre ihres Lebens vor dem Fernseher in einem gesichtslosen Vorstadthaus. Die meisten Menschen sterben mit zwanzig und werden mit achtzig begraben. *Bitte* lassen Sie es für sich nicht so weit kommen.«

Der Redner erhielt frenetischen Beifall, als er die Bühne verließ. Ich saß still da, während eine Frage nach der anderen in meinem Geist auftauchte. Warum fühlte ich mich so leer im Leben? Wie viel Geld ich auch verdiente und wie erfolgreich ich auch wurde, ich fühlte mich nicht besser als vorher. Ich fragte mich auch, ob der Beruf, in dem ich gelandet war, der richtige für mich war, oder ob es nicht etwas anderes gab, das mir zum »Lebenswerk« bestimmt war. Außerdem stellte ich infrage, ob ich die wahre Liebe finden würde und ob es so etwas wie Seelenpartner wirklich gab. Ich fand es interessant, dass so viele Fragen in mir hochkamen, sobald ich mir auch nur ein wenig Zeit nahm, zur Ruhe zu kommen.

Als ich tiefer grub, kamen noch mehr Fragen hoch: Hatte ich eine Wahl, wie sich mein Leben entwickelte, oder war alles nach irgendeinem großen Generalplan vorherbestimmt? Falls ich die Wahl hatte, was hielt mich dann von Schritten zur Verbesserung ab? Wartete dort draußen wirklich ein besseres Leben auf mich, oder war das bloß Wunschdenken? Ich fragte mich außerdem, ob alles, was sich zwischen Rachel und mir ereignet hatte, von einer unsichtbaren Naturgewalt inszeniert worden war, oder ob die Entwicklung unseres Verhältnisses nur das Ergebnis meiner eigenen Entscheidungen war: das Geschäft wichtiger als die Familie zu nehmen, meine Bedürfnisse voranzustellen, zu tun, was ich wollte, anstatt großherzig, mitfühlend und aufmerksam zu sein. Ich schloss die Augen und dachte über diese wichtigen Fragen nach. Dann tat ich etwas, das ich noch nie zuvor getan hatte: Ich begann um Antworten zu beten.

Schon nach wenigen Minuten hörte ich jemanden meinen Namen rufen. Ich schaute mich um, sah aber seltsamerweise niemanden, den ich kannte. Angesichts des traumatischen Erlebnisses vom Abend zuvor fragte ich mich, ob ich verrückt wurde. Erst 24 Stunden zuvor hatte ich erlebt, wie weißes Licht durch meinen Körper flutete, und die Nachricht *Das Leben ist ein Schatz und du bist so viel mehr, als du weißt* erhalten, und jetzt hörte ich in einem fast leeren Vortragssaal nach einem unvergesslichen Motivationsseminar jemanden meinen Namen rufen. Ich schloss noch einmal die Augen – nur um wieder meinen Namen zu hören! Ich öffnete die Augen rasch und sah mich um, fand aber wieder niemanden, den ich kannte. Dieses Mal jedoch sah ich einen seltsamen, aber unmissverständlichen Hinweis auf dem Stuhl neben mir: einen blütenweißen Briefumschlag mit meinem Namen in eleganter roter Handschrift darauf. Der Umschlag war verschlossen. Ich riss ihn auf, zog einen Briefbogen heraus und las darauf: »Höre auf, eine Lüge zu leben, Dar. Sei dir selbst treu, und deine Bestimmung wird dich finden. Ich erwarte dich hinter der Bühne. Schönes Hemd übrigens – die Streifen gefallen mir, sehr hip.«

Was ging da vor? Evan hatte mir gesagt, etwas Wichtiges werde bei dieser Motivationsveranstaltung geschehen, aber das hier war schon fast surreal. Mein Herzschlag beschleunigte sich und ich fragte mich, ob mir hier jemand einen Streich spielte oder mich sogar in eine gefährliche Falle locken wollte. Aber etwas in mir war durch den Vortrag des Motivationsredners aufgewühlt worden, als ob Saatkörner gepflanzt wurden, die bereits zu keimen begannen. Ein Wort kam mir unvermittelt in den Sinn: Vertrauen. Ich sammelte meine Notizen ein und verstaute sie in meiner Gucci-Aktentasche. Ich stand auf und ging zurückhaltend bis an die Bühne vor, von der aus der Sprecher seinen inspirierenden Vortrag gehalten hatte. Ich erreichte die Vorhänge auf der Bühne und schob mich durch eine Öffnung in den langen Stoffbahnen.

Hinter der Bühne herrschte hektischer Betrieb. Der Vortragsredner war nicht mehr zu sehen, aber die Bühnenarbeiter waren eifrig dabei, die Ton- und Lichttechnik in Aluminium-Transportkisten zu verpacken. Niemand achtete auf mich. Ich wanderte ziellos im Backstage-Bereich herum, als sich langsam eine Tür öffnete. Ein helles Licht fiel in den dämmrigen Bereich, in dem ich stand. Ich fühlte mich unwillkürlich zu dieser Tür hingezogen, so seltsam das auch klingt. Es kam mir vor, als würde ich selbst physisch regelrecht in die Richtung dieser Tür *gezogen*; ich trat hindurch und in einen Gang dahinter. Mein Herz schlug rasch, mein Magen krampfte sich vor Angst zusammen, als ich den Gang entlangschritt. Ich zitterte, ich fühlte mich unsicher. Andererseits spürte ich ein Vertrauen, das ich bisher nicht kannte, eines, das mir sanft suggerierte, jemand kümmere sich um mich.

Der Gang führte zu einer roten Tür, die nur mit einem silbernen Stern markiert war. Ich hielt sie für die Garderobe des Stars der jeweiligen Vorstellung in diesem Saal. Ich klopfte dreimal an die Tür. Niemand reagierte. Ich klopfte abermals, diesmal kräftiger. Wieder keine Reaktion. Ich wartete noch ein paar Augenblicke, dann sagte ich mir, dass ich hier wohl meine Zeit verschwendete. In dem Brief hatte gestanden, ich solle hinter die Bühne gehen, aber hier war niemand. Es war sinnlos. Ich war müde und brauchte dringend Schlaf. Ich hatte zwei anstrengende Tage hinter mir, und eine schöne heiße Tasse Tee würde meinen angespannten Nerven guttun.

Ich wollte mich gerade abwenden, als sich die Tür wie durch Zauberei öffnete. Es stand niemand dahinter, der sie aufzog, aber die Tür schwang immer weiter auf. Als ich in den Raum trat, war ich verblüfft über den Anblick, der sich mir bot. Der Fußboden war mit Rosenblütenblättern bestreut. Eine hochgewachsene Gestalt in einem scharlachroten Gewand, wie es Mönche in Nepal tragen, stand vor mir. Sie wandte mir den Rücken zu und stand bewegungslos da. Die komplizierte Stickerei auf dem Rücken des Gewands fiel mir ins Auge. Sie war sehr schön und farbenfroh. Aus irgendeinem Grund entspannte ich mich und seufzte. Ich spürte – fragen Sie mich nicht, warum –, dass ich mich in Gegenwart eines Freundes befand.

Langsam und eindrucksvoll wandte sich die Gestalt mir zu und schaute mir direkt in die Augen. Der intensive Blick schien meine Seele zu berühren. In meinem ganzen Leben war ich noch niemandem begegnet, der solche Kraft ausstrahlte. Der Fremde wirkte jugendlich, war gebräunt, hatte dichtes Haar und war körperlich in Bestform. Er wirkte wie ein griechischer Gott aus vergangenen Zeiten oder vielleicht ein Filmstar aus Hollywood. Und seine Augen! Ich werde diese Augen nie vergessen. Sie waren die durchdringendsten und beeindruckendsten Augen, die ich je gesehen habe.

Wer war dieser Mann? Warum starrte er mich an? Warum hatte ich keine Angst? Ich wusste nicht, wie ich reagieren sollte, und stand einfach nur da, ehrfürchtig und eingeschüchtert. Es war still im Raum, der Fremde blieb starr und ausdruckslos stehen. Endlich verzog er den Mund zu einem sanften Lächeln, und seine Augen begannen zu funkeln wie die eines Kindes. Er sprach voller Selbstsicherheit.

»Nur du kannst deine Bestimmung entdecken, Dar. Nur du kannst den Weg finden, der für dich angelegt worden ist, den Weg, den dein Herz dich zu gehen auffordert. Aber ein Führer wird dir die Reise erleichtern; wir alle brauchen einen guten Lebenstrainer, der uns hilft, unser bestmögliches Leben zu erreichen. Die Zenweisen sagen, dass der Lehrer erscheint, wenn der Schüler bereit ist. Der Satz ist vielleicht ein wenig überstrapaziert, aber er stimmt trotzdem. Ich bin so froh, dass du deinen Instinkten vertraut hast und heute Abend hergekommen bist. Du brauchst keine Angst zu haben. Ich weiß, was dir zugestoßen ist. Ich weiß, was du verloren hast. Ich weiß, was du erlitten hast. Ich weiß, wie verwirrt du bist. Ich weiß außerdem etwas über dein Sehnen.«

»Mein Sehnen? Was meinst du?«, fragte ich mit leiser Stimme.

»Du bist ein Suchender, wie so viele andere heute auf dem Planeten. Die Welt verändert sich, weil Menschen, die früher bereit waren, ein gewöhnliches Leben zu führen, jetzt aus ihren gewohnten Bahnen heraustreten, um die Wildnis des Außergewöhnlichen zu erkunden. Die Menschen sind nicht mehr bereit, sich auf ein halblebendiges Leben einzulassen, getrennt von ihrer authentischen Kraft. Sie wollen großartig leben und in die Wolken aufsteigen, unter den Riesen wandeln, mit den Sternen tanzen!« Seine kraftvolle Stimme erhob sich leidenschaftlich und füllte den kleinen Raum.

Jetzt begann er zu lachen. Was für ein herzliches und ansteckendes Lachen!

»Verzeih mir, Dar, meine Begeisterung geht mit mir durch. Ich bin einfach so aufgeregt über alles, was heute in der Welt geschieht. Millionen und Abermillionen Menschen stehen für ihr bestmögliches Leben auf. So viele Menschen gehen tief in sich, um sich ihren Ängsten zu stellen und sie zu besiegen. Auf dem ganzen Erdball öffnen sich Herzen, und Menschen holen sich die glänzenden und wundervollen Teile ihres Ichs zurück, die sie verloren haben, als sie erwachsen wurden. Wir leben in einer außergewöhnlichen Zeit. Die ganze Welt wird zu einem besseren Ort. Es hat noch nie eine bessere Zeit gegeben, um ein Mensch zu sein.«

»Das finde ich eigentlich nicht«, widersprach ich. Der Skeptiker in mir kam zum Vorschein. »Es gibt Kriege, Hungersnöte, Verbrechen. Unsere Umwelt ist ruiniert. Verstehe mich nicht falsch, ich bin nicht gerade der sozial bewussteste Typ da draußen, aber sogar ich sehe, dass unsere Welt sehr unsicher und aufgewühlt ist.«

»Sehr wahr«, antwortete der Mann demütig, als müsse er mir nichts beweisen und habe kein Bedürfnis, sein Ich aufzuwerten, indem er recht behielt. »Es gibt immer noch viel Dunkelheit in der Welt. Aber glaube mir, es gibt auch mehr Licht in unserer Welt denn je. So vielen Menschen ist klar geworden, dass man entweder die Dunkelheit verfluchen oder derjenige sein kann, der eine Kerze anzündet. Darum geht es bei der Führerschaft als Mensch: Kerzen in der Dunkelheit anzuzünden. Dunkelheit gibt es nur, wenn kein Licht da ist. Und Kerzen werden überall auf dem Planeten angezündet, bildlich gesprochen. Wir bewegen uns auf eine kritische Masse zu, einen Wendepunkt, an dem es eine große Veränderung geben wird. Dieser Punkt ist nicht besonders weit weg. Wenn genug Menschen aufwachen und erkennen, wer sie wirklich sind, und ihr höchstes Potenzial zurückverlangen, gibt es einen Quantensprung. Diese ganze Welt wird zu einem herrlichen Aufenthaltsort werden – dem Himmel auf Erden.«

»Himmel auf Erden? Ein Quantensprung?«

»Ja. Es wird einen Quantensprung in der Anzahl der Menschen geben, die auf dem Weg zur Authentizität sind, einem Weg, zu dem gehört, dass man sein Leben unter selbstgewählten Bedingungen führt, gemäß seinen tiefsten Werten und höchsten Idealen. Zu diesem Weg gehört, dass man mit einem weit geöffneten Herzen und einem gut entwickelten Geist lebt. Auf diesem Weg geht es darum, seinen Ängsten und allem, was einen kleinhält, gegenüberzutreten, damit man seine Größe leuchten lassen kann. Es ist herrlich!«, sagte der Fremde und zwinkerte. »Es wird einen Quantensprung in der Anzahl der Menschen geben, die bereit sind, ihre Schattenseiten zu heilen und niemals etwas zu tun, das einen anderen Menschen verletzt oder begrenzt. Es wird einen Quantensprung in der Anzahl der Menschen geben, die sich weigern, ein Leben zu führen, das weniger als edel, gut und furchtlos ist. Es wird einen Quantensprung in der Anzahl der Menschen geben, die echte *Führerschaft* über ihr Leben annehmen. Es wird einen Quantensprung in der Anzahl der Menschen geben, die zu Suchenden werden, so wie du, Dar, die nach Glück, innerem Frieden und einem Leben voll tiefer Bedeutung suchen. Die Menschheit erlebt eine evolutionäre Veränderung in ihrer Entwicklung. Die ganze Spezies verändert sich. Wir weigern uns, mit weniger zufrieden zu sein als mit persönlicher Größe«, fügte er begeistert hinzu.

»Was meinst du mit evolutionärer Veränderung?«

»Gute Frage. Es gibt in diesem wichtigen Gespräch auch keine dummen Fragen. Der Großteil unserer Entwicklung als Menschen war bisher durch den Fokus auf das Körperliche, das Äußerliche geprägt. Bis jetzt geht es immer nur ums Ansammeln und Horten. Der vorherrschende Wert ist ›Wer am meisten hat, gewinnt‹; derjenige mit dem meisten Ruhm, dem größten Vermögen, der meisten Macht über andere. Und durch diesen Wert ist das Überleben des Stärksten zur allgemeinen Maxime geworden. Es geht nur noch um Wettkampf, weil wir inzwischen glauben, dass es nicht genug gibt, damit jeder gewinnen kann. Aber diese Philosophie dient uns als Art nicht mehr. Sie ist aus Furcht vor Knappheit entstanden. Und hinter dieser Vorstellung der Knappheit liegt offene Angst. Weil unsere Absichten und unser Denken das schaffen, was wir in der Außenwelt sehen, sehen wir nur Mangel; es ist nie genug für uns da. Und damit beginnt der Kreislauf; wir fühlen uns nie so, als hätten wir genug, und wir sind nie glücklich.«

»Faszinierend. Ich habe noch nie etwas Derartiges gehört«, bemerkte ich und setzte mich auf einen Stuhl in der Garderobe. Der Fremde blieb stehen, die Hände hinter dem Rücken verschränkt.

»Und mit der evolutionären Veränderung meine ich Folgendes: Viele menschliche Wesen auf dem Planeten konzentrieren sich nicht mehr nur ausschließlich auf das Körperliche und achten sehr viel mehr auf das Spirituelle. Wir bewegen uns von der Unabhängigkeit, in der es nur ›Ich, ich, ich‹ heißt, auf einen Punkt zu, an dem wir erkennen, wie überragend wichtig ›Vernetztheit‹ ist. Vielen von uns ist die Tatsache bewusst geworden, dass wir alle zur selben Familie gehören. Die am weitesten Entwickelten unter uns, die *authentischen* Führer – und mit Führern meine ich nicht unbedingt Vorstandsvorsitzende, Präsidenten und Generäle, sondern alle Frauen und Männer, die sich weigern, der Masse zu folgen – haben sich klar gemacht, dass wir auf der tiefsten Ebene alle miteinander verbunden sind. Sie wissen, dass man, wenn man einander verletzt, in Wirklichkeit sich selbst verletzt. Sie wissen, dass man, wenn man einem anderen hilft, auch sich selbst hilft. Neueste Forschungen zeigen das sogar: Sie haben empirisch bestätigt, was die Mystiker seit Tausenden von Jahren sagen. Quantenphysiker haben entdeckt, dass das Universum ein verblüffend vernetztes System ist, in dem alles in Beziehung mit allem anderen steht – und sich alles gegenseitig beeinflusst. Der englische Dichter John Donne sagte die Wahrheit, als er schrieb: ›Niemand ist eine Insel, alleine für sich; jedermann ist Teil des Kontinents, gehört zum Festland … jedermanns Tod vermindert mich, weil ich zur Menschheit gehöre; und daher frage nie, wem die Stunde schlägt; sie schlägt dir selbst.‹«

»Das ist sehr interessant«, antwortete ich, wirklich bewegt von dieser neuen Information, die ich da hörte.

»So viele von uns haben ihren Fokus vom Streben nach Äußerlichkeiten auf eine Reise ins Innere verlagert. Für viele ist die Reise als Mensch zu einer Reise ins Innere geworden. Uns ist klar geworden, dass das Tor zu anhaltendem Erfolg sich nicht nach außen öffnet, sondern nach innen. *Die größten Schätze sind die Schätze im Inneren.* Unsere gesamte Spezies fängt jetzt an, weit mehr an die Bedürfnisse unserer Seele zu denken, und widmet Aktivitäten wie persönlich zu wachsen, mehr Zuwendung und Mitgefühl zu zeigen und ein Erbe zu hinterlassen, mehr Zeit. *Erfolg ist wichtig, aber Bedeutsamkeit ist noch besser.* Schau dir nur die Bücher auf den Bestsellerlisten auf der ganzen Welt an: So viele von ihnen handeln von der Suche nach Selbsterkenntnis und persönlicher Freiheit. Menschen auf dem ganzen Planeten stellen massenweise die großen Fragen des Lebens, etwa ›Warum bin ich hier?‹ oder ›Was ist meine Bestimmung?‹. Und, wie gesagt, die Welt wird sich umso mehr verändern, je mehr sich die Menschen verändern. Es ist ein sehr schöner Vorgang, der da stattfindet. Und es ist wirklich eine wunderbare Zeit, in der wir leben.«

»Das ist sehr inspirierend«, sagte ich, entspannte mich noch weiter und nahm vollständig auf, was ich hörte. Ich löste meine verschränkten Arme.

»Verstehe mich nicht falsch«, fuhr der Mönch fort. »Es ist nichts Schlechtes daran, Geld zu verdienen, sich schöne Sachen zu leisten und ein schönes Leben zu führen. Wir sind spirituelle Wesen, die ein Leben als Mensch erfahren, und man kann das Leben verbessern, indem man die wunderbaren Dinge genießt, die Menschen geschaffen haben. Geld erleichtert das Leben und verschafft einem ein großes Maß an Freiheit. Wer dir etwas anderes erzählen will, leidet wahrscheinlich am Vogel-Strauß-Syndrom.«

»Wie meinst du das?«

»Zu viele Menschen vermeiden es, sich der Wahrheit zu stellen. Es ist einfacher, den Kopf in den Sand zu stecken – wie der Vogel Strauß –, als dem Widerstand entgegenzutreten, den man der Wahrheit entgegenbringt. Und die Wahrheit in dieser Sache ist, dass absolut nichts Falsches daran ist, Geld zu verdienen und sich schöne Sachen zu leisten. Wer hat die alberne Idee gehabt, dass man schöne Sachen haben aber nicht gleichzeitig spirituell, gut und entwickelt sein kann? Gönne dir ein schönes Haus. Fahre ein teures Auto. Reise an exotische Orte. Trage schöne Kleidung. Ich will *nicht* behaupten, dass du solche weltlichen Vergnügungen nicht erleben und genießen sollst. Letztlich wurden sie von derselben verborgenen Kraft geschaffen, die Bäche, Berge und Bäume geschaffen hat. Aber denke daran, dass Schönheit oberflächlich ist. Diese Dinge dürfen nicht deine Triebkraft werden.

Gründe nicht deine Identität oder dein Selbstwertgefühl darauf. Bedenke, dass diese äußerlichen Dinge nicht von Dauer sind. Es ist eher eine Frage der Prioritäten – mache das Ansammeln solcher äußerlichen Werte nicht zu deiner Hauptpriorität. Wir kommen mit nichts auf die Welt und verlassen sie auch mit nichts wieder. Ich habe noch nie einen Leichenwagen gesehen, hinter dem ein Möbelwagen fuhr. Das ist etwas sehr Wichtiges, das man nicht vergessen darf. *Gönne dir deine schönen Dinge, aber lasse dich nicht von ihnen gefangen nehmen. Besitze sie, aber lasse dich nicht von ihnen besitzen. Mache weitaus wichtigere Beschäftigungen zu deinem Hauptziel im Leben, etwa dein höchstes Potenzial zu entdecken, etwas von dir selbst an andere abzugeben und etwas zu bewirken, indem du für etwas lebst, das wichtiger ist, als du selbst es bist. Erfolg ist gut, aber Bedeutsamkeit ist es, worauf es ankommt*«, betonte er noch einmal.

Die gesamte Weisheit dieses Mannes war genau das, was ich an diesem Kreuzweg in meinem Leben hören musste. Vielleicht war ich wirklich der Schüler und vielleicht war ich wirklich an einen Punkt gekommen, an dem ich bereit war zu lernen, und jetzt erschien der Lehrer. Vielleicht war nichts, was ich bisher im Leben erlebt hatte, eine Verschwendung. Vielleicht sollte das alles so sein – eine Vorbereitung, um mich bis zu diesem Punkt der Bereitschaft zu bringen. Evan, unser Personalchef, ein sehr spiritueller Mensch, sagte oft: »Im Universum ist alles in Ordnung«, wenn etwas schiefging. Was auch immer ihm auf der Arbeit passierte, er sagte immer, es sei »alles in Ordnung«, auch wenn es schmerzlich war. Ich bekam das Gefühl, er sagte die Wahrheit. Vielleicht gab es wirklich keine Zufälle, und die Verwicklungen unserer Lebensläufe geschahen alle nach dem Plan einer subtilen, aber vollkommenen Intelligenz, die wir, so sehr wir es auch versuchten, nicht verstehen konnten.

»Ich hoffe, es stört dich nicht, wenn ich frage, aber wer bist du?«, nahm ich all meinen Mut zusammen und hoffte, diesen seltsamen und zugleich unvergleichbaren Mann, der seine tiefgründige Weisheit mit mir teilte, mit dieser Frage nicht zu beleidigen.

»Mein Name ist Julian Mantle und ich bin gekommen, um dir als Führer zu dienen. Ich bin hier, um dir zu helfen, deine Bestimmung zu finden«, war die einfache Antwort.

Dann griff er in eine geräumige Seidentasche, die in sein Gewand genäht war, und zog eine Banane hervor. Unglaublich, oder? Eine Banane. Er schälte sie und begann zufrieden zu kauen.

»Auch eine? Ich habe noch eine im Brotbeutel.« Er zeigte auf einen abgenutzten Baumwollbeutel in der Ecke. »Bananen sind ausgezeichneter Treibstoff für den Körper. Der Körper darf nur mit den besten Lebensmitteln ernährt werden, wenn er bestmöglich arbeiten soll.«

Ich bekam kaum mit, was er sagte; meine Gedanken überschlugen sich. Julian Mantle! Unglaublich! Ich wusste, wer Julian Mantle war. Jeder, den ich kannte, kannte den Namen Julian Mantle. Ich konnte meine Aufregung nicht verbergen.

»Julian Mantle! Der Mönch, der seinen Ferrari verkaufte? Stimmt das wirklich?« Die ganze Szene kam mir surreal vor;

der Mönch vor mir, die weisen Worte, die er geäußert hatte, das Verspeisen der Banane. Es war, als hätte ich eine außerkörperliche Erfahrung und schaute dem Ganzen von oben zu. Noch gestern hatte ich mir eine Pistole an die Schläfe gedrückt und war bereit gewesen, mir das Leben zu nehmen. Nur einen Tag später plauderte ich hinter der Bühne nach einem Motivationsseminar mit einem exzentrischen Mönch, der mir erzählte, wie gesund Bananen seien und der mir seine Gedanken über eine spirituelle Veränderung mitteilte, die sich weltweit abspielte. Einfach unglaublich.

Ich hatte von Julian schon als Kind gehört. Mein Vater war Fachanwalt für Zivilrecht und arbeitete für eine der größten Kanzleien der Stadt. Er hatte mich ständig mit Geschichten über »den großen Julian Mantle« unterhalten. Julian war einer der besten Prozessanwälte des Landes und weithin nicht nur für sein ausgeprägtes juristisches Talent, sondern auch für seinen ausschweifenden Jetset-Lebensstil bekannt. Julian Mantle war ein Superstar im wahrsten Sinne des Wortes. Er hatte alles, was sich ein Mensch nur wünschen konnte. Aber er warf alles weg.

Julian hatte in Harvard Jura studiert und war für ein erfolgreiches Leben vorherbestimmt. Er war ein »Goldjunge« und schien unaufhaltsam. Immer sicherte er sich die größten Fälle und die besten Mandanten und gewann einen Prozess nach dem anderen. Dabei verdiente er mehr, als mein Vater es für einen Anwalt je für möglich gehalten hatte, und hatte mehr Medienauftritte in einem Monat als die meisten Anwälte in ihrer gesamten Laufbahn. Dad erzählte, er gehe mit den schönsten Frauen der Stadt aus, meist Models, und sei allgemein beliebt wegen seiner überschwänglichen Art und seines rauen Charmes. Als ich noch klein war, fuhr mein Vater mit mir durch das reichste Viertel der Stadt und zeigte mir Julians riesige Villa, die sich in derselben Straße befand wie das Haus eines der berühmtesten Rockstars der Welt. Julian genoss das Leben in vollen Zügen und hatte alles, was er wollte. Er fuhr sogar einen feuerroten Ferrari, den er mitten in seiner Einfahrt parkte. Ich weiß noch, wie mich dieses Auto als Kind beeindruckt hatte. Ich hätte alles dafür gegeben, darin mitfahren zu dürfen. Dad sagte, der Ferrari sei Julians liebster Besitz.

Doch dann passierte etwas mit Julian Mantle, erzählte Dad weiter. Er fing an, die Kontrolle über sein Leben zu verlieren. Er nahm zu und rauchte zu viel. Er ging zu viele Risiken ein und verlor zu viele Prozesse. Die Ursache dafür kannte ich nicht, aber es war der schlimmste Absturz, den es je gegeben hatte. Je höher man steigt, desto tiefer fällt man, das ist wohl so. Eines Tages dann, in einem überfüllten Gerichtssaal während eines besonders öffentlichkeitsträchtigen Prozesses, brach Julian zusammen. Anscheinend hatte er einen Herzanfall. Mein Dad sagte mir, das sei der entscheidende Augenblick in Julian Mantles Leben gewesen, der Wendepunkt. Wie wir uns verhalten, wenn wir am Wendepunkt des Lebens ankommen, hat großen Einfluss auf den Rest des Lebens, das weiß ich inzwischen. Was Julian als Nächstes tat, veränderte den Lauf seines Lebens für immer.

Nach Monaten der Genesung und Erholung zog sich Julian aus der Anwaltskanzlei zurück und verließ das Land.

Er verkaufte seine Villa, verkaufte seinen Besitz, verkaufte sogar seinen geliebten Ferrari und ging nach Indien, in dieses exotische Land der ungezählten Abenteuer und der zeitlosen Weisheit. Ich vermute, dass er nach Antworten suchte und Indien ihm Gelegenheiten versprach, welche zu finden. Dann hörte lange, sehr lange niemand mehr etwas von Julian. Viele hielten ihn für tot.

Einige Monate zuvor hatte ich auf der ersten Seite der Tageszeitung einen Artikel mit dem Titel *»Julian Mantle: Der Mönch, der seinen Ferrari verkaufte. Der Kreuzzug eines Mannes, der die Welt verbessern will«* gelesen. Der Artikel enthüllte, dass Julian Mantle während seines Aufenthalts in Indien eine bemerkenswerte Wandlung durchgemacht hatte. Hoch oben im Himalaja hatte er eine fast unbekannte Gruppe Mönche entdeckt. Sie hatten ihm eine alte und tiefgründige Philosophie für die persönliche Wandlung mitgeteilt, damit er fortan das großartigste Leben führen konnte. Durch die außergewöhnliche Weisheit, die er erfahren hatte, erlebte Julian schwerwiegende und wunderbare Veränderungen in seinem Leben. Körperlich schuf er sich selbst neu, sodass er viele Jahre jünger aussah, als er wirklich war, und eine Vitalität ausstrahlte, die wahrhaft außergewöhnlich war. Geistig hatte er Zugang zu den universellsten Wahrheiten, auf denen ein reiches und sinnvolles Leben aufgebaut wird; und er baute sie in seine Weltsicht ein, wobei er inneren Frieden fand. Emotional wurde er sich vieler der Wunden bewusst, die er in der Kindheit empfangen hatte, Wunden, die immer noch sein Leben als Erwachsener bestimmten und ihn davon abhielten, die

Freuden zu erleben, die jeder von uns täglich zu erleben verdient. Durch sein neues Bewusstsein konnte er einen Großteil der Wut hinter sich lassen, die er mit sich durchs Leben getragen hatte und die ihn körperlich und geistig beeinflusst hatte. Er konnte die Verletzungen der Vergangenheit heilen. Spirituell griff er auf seine tiefsten Werte zu und verband sich neu mit seinem höchsten Ich. Julian nahm die soziale Maske ab, die er sein ganzes Leben lang getragen hatte, und wurde authentisch; er führte sein Leben jetzt nach *seinen eigenen* Bedingungen, passend zu *seinen* höchsten Werten und nach den Vorschriften *seines* Herzens. Er hörte auf zu leben, um anderen zu gefallen. Er hörte auf, sich darum zu sorgen, in der Welt gut auszusehen. Er weigerte sich, der Menge zu folgen und sich selbst zu verraten, auf welche Weise auch immer. Alles, worum er sich jetzt sorgte, war, *authentisch zu sein und Gutes zu tun.* »Julian Mantle hat seine Bestimmung gefunden, und das macht ihn zu einem sehr glücklichen Mann«, hatte es in dem Bericht geheißen.

In dem Artikel stand auch, dass Julian es zu seiner zentralen Aufgabe gemacht hatte, in den Westen zurückzukehren und so vielen anderen Menschen zu helfen, wie er nur konnte, ihr bestes Leben zu führen und die Fülle ihres Potenzials auszuschöpfen. Die Geschichte erklärte, wie Julian in seinem roten Gewand an verschiedenen Orten aufgetaucht war und alten Freunden, Familienangehörigen und Fremden geholfen hatte, ihre persönliche Großartigkeit zurückzugewinnen und ein weit glücklicheres, gesünderes und erfüllenderes Leben zu führen. Der Reporter schrieb, Julians Arbeit errege große

Aufmerksamkeit, und viele Menschen im ganzen Land planten Expeditionen, um Julian aufzusuchen. Er war eine Art Volksheld geworden und eine mystische Aura wob sich um ihn. Aber Julian war bemerkenswert schwer zu finden: Niemand, der aktiv nach Julian gesucht hatte, hatte ihn finden können. Julian war für die Geschichte nicht interviewt worden, aber viele nannten ihn jetzt den »Guru wider Willen«. Die Geschichte von Julians Leben hätte einen tollen Film abgegeben in einer Zeit, in der so viele von uns spirituell ausgehungert sind.

»Bist du wirklich Julian Mantle?«, fragte ich, immer noch nicht ganz überzeugt. »Warum kommst du zu mir? Mein Dad hat mir früher von dir erzählt. Er war ein Kollege von dir.«

»Ich weiß *genau*, wer dein Vater ist«, antwortete er sanft. »Er war ein Freund von mir, und Freundschaften bedeuten mir enorm viel. Dein Vater hat mir viel von dir erzählt, und ich habe gehört, was in deinem Familienleben kürzlich passiert ist. Ich komme, um zu dienen. Dienende Führer sind die mächtigsten überhaupt, weißt du.«

»Das wusste ich noch nicht«, antwortete ich.

»Die Dinge stehen nie so schlecht, wie es scheint. Die Situationen, die uns Traurigkeit bringen, sind dieselben, die uns in die Stärke, Kraft und Weisheit führen, die wir wirklich sind.«

Er fuhr fort. »Ich weiß, dass die Dinge sehr schwierig für dich geworden sind, Dar. Ich bin sehr empfänglich dafür, was du durchmachst, und ich würde deine Gefühle nie kleinreden. *Gefühle sind die Eintrittspforten in deine Seele, und sie müssen anerkannt und dann bis zur Vollständigkeit gefühlt wer-*

den. Gefühle enthalten wichtige Informationen und dienen dazu, deine Beziehung zu dir selbst zu fördern, wenn sie vollständig erlebt werden. Sie zu verleugnen heißt, einen natürlichen Teil deiner selbst zu verleugnen. Vorzugeben, dass man etwas nicht fühlt, wäre sehr ungesund, sowohl geistig als auch körperlich. Gefühle hinunterzuschlucken macht dich krank. Aber es geht hier um etwas viel Größeres, etwas, das du mit deiner gegenwärtigen Wahrnehmung nicht begreifen kannst. Denke daran, dass wir die Welt nicht so sehen, wie sie ist, sondern so, wie wir sind. Wenn du dich veränderst, ändert sich auch deine Weltsicht entsprechend. *Wenn dein Bewusstsein sich ausdehnt, wirst du dir vieler Dinge bewusst werden, die du zuvor weder sehen noch verstehen konntest.* Alles ist gut hier. Alles, was sich für dich ergeben hat, führt dich an einen fantastischen Ort. Als Menschen haben wir die Neigung, dem Leben zu sagen, es solle zuhören, was wir wollen. Aber so funktioniert das Leben nicht. Es gibt uns, was wir brauchen, was am besten für uns ist – was in unserem höchsten Interesse ist. *Dein Leben wird viel besser funktionieren, wenn du auf das Leben hörst. Lass es dich führen, anstatt zu versuchen, die Strömung des Flusses zu verändern. Vertraue darauf, dass das Leben dich genau dorthin trägt, wo du ankommen sollst. Lass all deinen Widerstand los und nimm die Haltung an, allem nachzugeben, was sich ergibt.* Auf diese Weise kannst du sicherstellen, dass du den Weg deiner Bestimmung gehst, deinen wahren Weg.«

»Neulich habe ich eine Geschichte über dich in der Zeitung gelesen. Es ist unglaublich, was du alles tust, um die Welt zu verbessern.«

Julian grinste. »Ja, den Artikel habe ich auch gelesen. Ich habe ihn sogar hier bei mir. Ich bin Idealist, und es macht mich so froh, diesen Text zu lesen, weil er mich daran erinnert, dass ich etwas bewirke. Ich bemesse mein Leben nicht nach Jahrzehnten, sondern nach Taten. Ich habe gelernt, dass dauerhaftes Glück nur durch Geben entsteht, nicht durch Nehmen. Die Chinesen drücken es sehr treffend aus: ›An der Hand, die Rosen verschenkt, bleibt immer ein bisschen vom Duft zurück.‹ Dennoch vergessen wir das nur allzu oft. Im Geschäftsleben zum Beispiel handeln wir nicht so, dass alle gewinnen. Wir glauben der falschen Annahme, dass jemand verlieren muss, damit man selbst gewinnt. Wir verteidigen unser Revier; wir weigern uns, so zu handeln, dass allen um uns herum zum Erfolg verholfen wird. Darin liegt keine Wahrheit. Der beste Weg, um an die Spitze in der eigenen Branche zu gelangen, besteht darin, dem Kunden oder Mandanten immer mehr an Wert zu bieten, als er erwarten kann. Die wirklich erfolgreichen Geschäftsleute wissen, wer ihnen das Essen auf den Tisch bringt, und sie behandeln ihre Kunden wie Könige. Sie dienen, verehren und lieben ihre Kunden. Liebe ist ein unglaublich wirksames Mittel, um Geschäfte zu machen, wusstest du das?«

»So habe ich das noch nie gesehen.«

»Nun, so ist es aber, mein Freund. *Und damit dir jemand die Hand reicht, musst du zuerst sein Herz berühren.* Handele wie die Sonne; die Sonne gibt alles, was sie geben kann. Aber im Gegenzug wachsen Blumen, Bäume und alle Pflanzen zu ihr hin. Allein im Geschäftsleben kannst du, indem du deine Kunden erfreust und liebst, ein Heer von Botschaftern des guten Willens schaffen, die in die Welt hinausgehen und jedem, den sie kennen, sagen, was du tust und wer du bist. Hilf selbst deiner sogenannten Konkurrenz, wo es nur geht. Schmiede Bündnisse mit ihnen. Entwickele Freundschaften mit ihnen. Im Geschäftsleben geht es immer um Beziehungen. Hilf ihnen, zu bekommen, was sie wollen, und das alte Prinzip der Gegenseitigkeit kommt zu seinem Recht; sie werden dir dann auch helfen, deine Ziele zu erreichen.«

»Sehr gutes Argument«, bemerkte ich und spürte die Kraft der Worte dieses Mannes.

»Das ist der Grund, weshalb ich mich wirklich gut fühle, wenn ich in diesem Artikel lese, dass ich etwas bewirke. Weil mich das daran erinnert, dass ich, soweit ich es eben kann, das Leben anderer segne. Aber ich nehme die Anerkennung, die ich bekomme, auch nicht zu ernst. *Niemand nimmt einen ernst, wenn man sich selbst zu ernst nimmt.*«

Ich lächelte, als ich diesen Spruch hörte. Der Typ war wirklich gut.

Julian klaubte ein Stückchen Banane von seinem makellosen Gewand. »Ich mag gar nicht glauben, dass ich jetzt als Weiser bezeichnet werde«, fuhr er fort. »Was weiß ich denn schon über so etwas? Ich bin nur ein normaler Mensch, der mit der Hilfe sehr guter Lehrer eine Philosophie entdeckt hat, die jeden, der sie annimmt, zu einem schönen Leben führt. Jedes menschliche Wesen muss sich die Zeit nehmen, eine Philosophie für sein Leben zu entwickeln; das ist eine der wichtigsten Aufgaben eines Menschen. Jeder Mensch muss, um wahrhaft und großartig zu leben, definieren, wie er leben will und wie sein strahlendstes Leben aussehen wird. Wir alle brauchen eine Botschaft auf einem Blatt Papier, die wir uns jeden Morgen anschauen können, während der Rest der Welt schläft, und die als moralischer Kompass dient, nach dem man sich bei den Entscheidungen des Tages richtet. Diese Botschaft dient als Anker, um uns auf unsere besten Handlungen festzulegen. Ohne eine solche philosophische Aussage führt man sein Leben nach dem Zufall und reagiert auf alles, was einem von Tag zu Tag begegnet. So zu leben führt unweigerlich zur Katastrophe; man fordert den Ärger heraus, wenn man so lebt. Mir fällt dabei ein Spruch ein: ›Wenn man nicht weiß, wohin man geht, führt einen jede Straße ans Ziel.‹«

»Ich soll also darüber nachdenken, wofür mein Leben stehen soll?«

»Unbedingt, Dar. Das ist eine der Grundvoraussetzungen des Lebens. Erfolgreiche und erfüllte Menschen nehmen sich die Zeit, um nachzudenken, zu planen und zu überlegen. Sie führen ihr Leben in wachem Zustand, weil sie wissen, dass jeder Tag ein unglaublich wertvolles Geschenk ist. Wenn du das nicht glaubst, geh auf dem Heimweg in ein Krankenhaus und sprich mit jemandem, der an Krebs erkrankt ist. Frag ihn, was er für einen Tag mehr Leben geben würde.«

Was Julian sagte, ging mir durch und durch. Ich hatte so viel im Leben als selbstverständlich angesehen. Nicht einen einzigen Tag auf dieser Erde hatte ich als Geschenk und Gelegenheit betrachtet, etwas Großartiges zu schaffen oder etwas zu bewirken.

»Die meisten Menschen verbringen mehr Zeit damit, ihren Sommerurlaub zu planen, als damit, ihr Leben zu planen. Wie schade. Denke über dein Leben nach. Frage dich, wie du leben solltest. Stelle infrage, was du zu tun bestimmt bist, was du in deinem Leben nicht länger dulden willst und welche Maßstäbe für die eigenen Leistungen du dir setzt, wenn du ständig Fortschritte machen willst. Das Leben zu führen, ohne Höchstleistungen anzustreben, entwertet die unschätzbaren Gaben und Talente, die dir verliehen worden sind.«

Julian fuhr fort, wobei er einige Schritte ging und effektvoll seine Hände hob. »Wie kannst du ohne eine Philosophie, die widerspiegelt, wie *du* wirklich leben willst und was *du* tief im Inneren werden willst, die Entscheidungen treffen, die richtig für dich sind? Ohne eine Philosophie wirst du dein Leben nach den Wünschen anderer Menschen ausrichten. Du wirst wie die Lemminge sein und der Masse über die Klippen und in den Tod nachlaufen. *Ohne eine Philosophie findest du dich irgendwann auf dem Sterbebett wieder und fragst dich, ob dein gesamtes Leben womöglich eine Lüge gewesen sei.*«

»Das erklärt die Nachricht auf dem Briefbogen: ›Höre auf, eine Lüge zu leben.‹ Ich nehme an, du warst derjenige, der mir das hingelegt hat, Julian?«

»Natürlich. Wie viel Spaß macht schon ein Leben ohne ein bisschen Geheimnis? Wie viel Freude hat man im Leben ohne ein bisschen Abenteuer? Ich wollte ein wenig Staunen in dein Leben bringen. Der Weg, den du von nun an gehen willst, ist nichts für zaghafte Menschen, mein Freund. Er erfordert großen Mut. Du musst dich deinen Ängsten stellen und sie dann überwinden. Das wird nicht leicht sein, aber es wird dich an den Ort führen, nach dem du dich in deinem tiefsten Inneren so sehr sehnst. Wie dem auch sei, ich kann jedenfalls nach wie vor nicht glauben, dass ich jetzt als Guru bezeichnet werde. Ich bin nur ein Schüler des Lebens, der einige ziemlich wirksame Erkenntnisse mitzuteilen hat. Sieh mich also eher als einen Führer. Ich tauche im Leben der Menschen auf, um sie in die richtige Richtung zu lenken. Ich suche nach Menschen, die *bereit* sind, große Veränderungen in ihrem Leben durchzuführen, weil sie tief in ihrem Inneren wissen, dass ihr Leben so viel mehr bereithält als das, was sie gegenwärtig erleben. Das erinnert mich an Rumis Worte: ›Wer den Weg ohne Führer betritt, braucht hundert Jahre für eine Reise von zwei Tagen.‹«

Ich grinste und freute mich über die Tiefe der Weisheit, die Julian mitteilte. Das musste wirklich Julian Mantle sein. Wer sonst könnte mir solche Dinge mitteilen? Ich entspannte mich noch weiter und gab das letzte bisschen Ungewissheit über die Identität dieses ungewöhnlichen Mannes auf.

»Vielleicht betrachtest du mich besser als einen Life Coach, einen persönlichen Lebensberater. Ich betreue die Menschen dabei, ihr höchstes Ich zu erreichen, und helfe ihnen, ihr großartigstes Spiel als Menschen zu spielen. Ich helfe den Menschen, ihre Bestimmung zu entdecken und ihre Träume zu verwirklichen. *Es ist schwer zu glauben, dass wir in einer Welt leben, in der die meisten Menschen mehr damit beschäftigt sind, der Masse zu folgen und zu tun, was alle anderen tun, als damit, ihre eigenen Träume zu verwirklichen.* Ich sage dir etwas, das du hoffentlich nie vergisst: *Was man später am meisten bereut, ist, das Ende seines eigenen Lebens zu erreichen und zu erkennen, dass man seine Träume nicht verwirklicht hat.* Das Ende oder auch nur die Mitte des Lebens zu erreichen und eines Tages aufzuwachen mit dem Bewusstsein, dass du es nicht gewagt hast, dass du nicht nach den Sternen gegriffen hast, dass du nicht auch nur ein Zehntel deines Potenzials verwirklicht hast, wird dir das Herz brechen. Glaub mir das, ich sehe es die ganze Zeit. Am Ende des Lebens sind es nicht die Risiken, die man *eingegangen* ist, die einem das Herz mit Bedauern füllen. Das, was uns maßlos traurig macht, sind die Risiken, die wir *nicht eingegangen* sind. Es sind die Gelegenheiten, die wir nicht genutzt haben, die Dinge, die wir nicht getan haben. Führe dein Leben nicht als zaghafte Seele, mein Freund. Geh in die Arena, vergiss die Kritiker und setze mutig die Gaben deiner Tage ein. Das Leben ist kurz, und die Jahre werden schnell dahingehen, wie Sandkörner, die an einem heißen Tag am Strand durch deine Finger rinnen. Du warst dafür bestimmt, zu strahlen und deine Talente das Tageslicht erblicken zu lassen. *Es gibt nur eine Möglichkeit, im Leben zu versagen, und die besteht darin, es nicht zu versuchen.* Der größte Misserfolg im Leben ist die fehlende Bereitschaft, dein bestmögliches Spiel zu spielen und auf die Orte zuzugehen, die dir Angst machen.«

»Ich stimme dir zu, Julian. Ich stimme dir völlig zu. Ich bedauere die Art, wie ich bisher gelebt habe, so sehr.«

»Sei nachsichtig mit dir. Wir wachsen an unseren Fehlern. Wie heißt es so schön: Gutes Urteilsvermögen entsteht aus

Erfahrung, Erfahrung entsteht aus Fehlern, und Fehler entstehen aus schlechtem Urteilsvermögen. Ich würde lieber mit dem Leben experimentieren und ein paar Fehler machen, als jedes Wachstum zu blockieren, indem ich mich weigere, die Grenzen meines vertrauten Umfelds zu verlassen. Du hast also Fehler gemacht. Verzeih dir selbst und mach weiter. *Die Vergangenheit ist ein Grab, und es ist sinnlos, dein Leben in einem Grab zu verbringen. Jedes Ende stellt einen neuen Anfang dar. Oder, um es anders auszudrücken: Man kommt im Leben nicht vorwärts, wenn man bloß in den Rückspiegel schaut.* Cicero sagte einst: ›Die Seelen der Weisen schauen auf ihre zukünftige Existenz; all ihre Gedanken richten sich auf die Ewigkeit.‹ Entscheidend ist, dass man aus seinen Fehlern *lernt* und ein Fundament der Weisheit aufbaut. Kombiniere Verantwortung für dich selbst mit Vergebung für dich selbst. Entscheidend ist auch, auf deine Ängste zuzugehen, anstatt vor ihnen davonzulaufen, denn hinter deinen größten Ängsten wartet dein großartigstes Leben. Wenn du nicht dauernd auf die Mauer deiner Angst zuläufst, wirst du niemals persönliche Freiheit finden. Freiheit wartet auf der anderen Seite deiner Ängste. Wie oft, glaubst du, haben die meisten Menschen Angst?«

»Ich weiß es nicht«, antwortete ich ehrlich. »Alle paar Monate?«

»Wenn du nicht *täglich* etwas Angst hast, lebst du in einem sicheren Hafen und klammerst dich ans Ufer. Kennst du die Geschichte, wie Kolumbus die Neue Welt erreichte?«, fragte Julian eindringlich.

»Nein, leider nicht, Julian. Ich habe früher viel über Geschichte gelesen, aber die Antwort auf deine Frage kenne ich nicht.«

»Er fuhr senkrecht«, sagte Julian und legte seine gebräunten Hände zu einem T zusammen.

»Wie meinst du das?«

»Vor Kolumbus segelten alle Abenteurer dicht an der Küste entlang, sie verloren nie den Blickkontakt zum Land. Das war die übliche Art und Weise. Kolumbus jedoch wagte es, anders zu sein. Er weigerte sich, so zu handeln wie alle anderen, und ging ein Risiko ein: Er segelte im rechten Winkel von der Küste weg, aufs offene Meer hinaus. Und weil er das Bekannte hinter sich ließ und den Mut hatte, ins Unbekannte hinauszufahren, wurde er einer unserer größten Helden. Du siehst, mein Freund, Helden sind Umstürzler. Aller Fortschritt der Menschheit kommt von Menschen, die sich weigerten, wie alle anderen zu denken, zu fühlen und zu handeln. John F. Kennedy sprach als ein Umstürzler, als er verkündete, er werde alles daransetzen, einen Mann auf den Mond zu schicken. Er weigerte sich, der Menge zu folgen und um kleinen Einsatz zu spielen. Mahatma Gandhis Traum, sein Land zu befreien, war die Vision eines Umstürzlers, der sich weigerte, seine Ängste über sich bestimmen zu lassen. Mutter Teresas Ziel, Kalkutta aus den Fesseln der Armut zu befreien, war das Ideal einer Umstürzlerin, die sich weigerte, auf die Rufe der Neinsager zu hören, die ihr sagten, dass man das nicht schaffen könne und auch nicht versuchen solle. George Bernard Shaw hat es treffend ausgedrückt: ›Der Vernünftige passt sich der Welt an; der Unvernünftige besteht auf dem Versuch, die Welt sich anzupassen. Folglich hängt aller Fortschritt von den Unvernünftigen ab.‹ Das ist ein sehr wichtiger und weiser Satz. Aller Fortschritt kommt von Unvernünftigen, von denen, die lieber ihrem Herzen und den Anweisungen ihres Gewissens folgen als den Befehlen der Menge. Aller Fortschritt kommt von denen, die ein Risiko eingehen, von Männern und Frauen, die bereit waren, die Orte aufzusuchen, vor denen sie Angst hatten.«

»Das ist ein wichtiger Punkt, Julian«, stimmte ich zu. »Der gesamte menschliche Fortschritt, alles Voranschreiten in der Welt, von der Entdeckung des Feuers bis zur Erschaffung des Computers, ist von Menschen bewerkstelligt worden, die den Mut hatten, nicht auf die Menge zu hören, sondern das zu tun, was ihnen richtig erschien, ungeachtet der Tatsache, dass es Ungewissheit und Angst in ihnen auslöste.«

»Risiken einzugehen, bedeutet Angst auszulösen, *amigo*. Aber es bedeutet auch, dass man am intensivsten lebt. Ich glaube fest, dass wir am lebendigsten sind, wenn wir Risiken eingehen, kühn sind und die unbekannten Räume unseres Lebens besuchen. ›*Große Risiken, großes Leben. Kleine Risiken, kleines Leben*‹, so sehe ich das. Wenn du ein großartiges Leben leben willst, musst du auch bereit sein, große Risiken einzugehen. Um die Perlen zu bekommen, muss der Taucher bereit sind, tief hinunterzugehen und die Orte aufzusuchen, die die zaghaften Seelen niemals aufsuchen würden.«

»Gutes Beispiel.«

»Wenn du um etwas bittest, um das du noch nie jemanden gebeten hast, und dein Herz schnell zu schlagen anfängt, das ist der Moment, in dem du wirklich lebendig bist. Wenn du etwas zu jemandem sagen willst, aber der bloße Gedanke daran Schmetterlinge durch deinen Magen jagt, dann bist du am lebendigsten. Wenn du etwas tust, das du nie zuvor getan hast, es aber durchstehst, weil du im Herzen weißt, dass es dein Leben bereichern und verbessern wird, dann bist du am lebendigsten. Der große Seiltänzer Papa Wallenda hat es sehr schön ausgedrückt: ›Das Leben spielt sich auf dem Seil ab. Der Rest ist nur Warten.‹«

Julian fuhr mit einer Begeisterung fort, die heutzutage selten ist. »Betrachte mich also als deinen Life Coach. Alle gewitzten Geschäftsleute haben einen Coach, der ihnen hilft, ihre Ziele zu erreichen. Jeder Spitzensportler hat einen Trainer, der ihm hilft, so gut wie möglich zu spielen. Stell dir einfach vor, du bist ein Spitzenspieler auf dem Spielfeld des Lebens; du brauchst einen Coach, der dich führt, inspiriert und fördert, während du dich zu dem entwickelst, der du zu werden bestimmt bist. Ich wusste, dass du heute Abend zu dem Seminar kommen würdest. Dein Kollege war nicht schlecht; ich fand es ziemlich gut, was er zu sagen hatte. Ich hoffe, es hat dir keine Angst gemacht, wie ich dich zu mir hingelenkt habe.«

»Nein, nein, Julian, gar nicht«, log ich.

Julian fuhr fort. »Es ist nämlich so, dass die Menschen, mit denen ich arbeite, bereit sein müssen, gewisse Risiken einzugehen. Bei jedem Schritt auf unserem Lebensweg haben wir eine Wahl. Wir können uns den Dingen stellen, gegen die wir uns wehren, und dadurch als Mensch wachsen. Oder wir können uns entscheiden, uns nicht anzustrengen, und dadurch stagnieren und klein bleiben. Mit anderen Worten: Unsere Entscheidungen befreien uns entweder oder sie begrenzen uns. Also habe ich dir ein paar kleine Hindernisse in den Weg gelegt, um zu sehen, wie du reagierst. Und du hast dich großartig geschlagen.«

»Nun, Julian ... Ich hoffe, du hast nichts dagegen, dass ich dich Julian nenne?«

»Natürlich nicht, Dar. Wir werden einander in den kommenden Wochen ziemlich gut kennenlernen. Lassen wir die Förmlichkeiten also beiseite«, erwiderte Julian, während er aus einer Flasche Wasser trank.

»Ich hätte dich sehr gerne als meinen Life Coach. Ich fühle mich sogar sehr geehrt, dass du mich als dein nächstes Projekt betrachtest. Du hast recht. Ich habe ein starkes Gefühl, dass ich bereit bin, meine Bestimmung zu finden und mein wahres Leben zu führen. Gestern ist mir etwas Wunderbares zugestoßen, das mein Bewusstsein dafür geöffnet hat. Ich kann jetzt nicht viel davon erzählen, aber lass mich einfach sagen, dass ich beginne, wertzuschätzen, was für ein Schatz die Gabe des Lebens ist. Mir wird auch langsam klar, dass jeder Mensch weit mehr Potenzial zu persönlicher Größe hat, als die meisten von uns ahnen.«

»Sehr wahr«, bestätigte Julian.

Ich fuhr fort. »Julian, ich möchte dir gerne eine grundlegende Frage stellen, die, so glaube ich, viele Menschen beschäftigt: Wie stellt man es eigentlich an, seine Bestimmung zu finden?«

Julian fuhr mit der Hand die Zierstickerei an der Vorderseite seines Gewands entlang. Er schloss die Augen, als ob er die Anleitung einer höheren Quelle suche. Nach langem Schweigen sprach er.

»Niemand findet seine Bestimmung, Dar. Deine Bestimmung findet dich. Sie wird dich finden, vorausgesetzt, du hast die Vorbereitungen und innere Arbeit erledigt, um die Gelegenheit zu nutzen, wenn sie sich bietet. Carlos Castaneda hat es sehr gut ausgedrückt: ›Alle von uns, ob wir Krieger sind oder nicht, haben einen Kubikzentimeter Glück, der von Zeit zu Zeit vor unseren Augen hervorspringt. Der Unterschied zwischen dem Durchschnittsmenschen und dem Krieger ist, dass der Krieger sich dessen bewusst ist und wachsam bleibt und darauf wartet, sodass dieser Kubikzentimeter Glück aufgelesen wird, wenn er hervorspringt.‹«

»Das gefällt mir.«

»Hier ist der Clou: Höre auf, dir Sorgen zu machen, wie man seine Bestimmung findet. Verbringe deine Zeit damit, dich selbst kennenzulernen. Reiße die Fassade nieder, die du der Welt zeigst, und erledige die tiefe innere Arbeit an dir selbst, die notwendig ist, um zu erkennen, wer du wirklich bist. Konzentriere dich darauf, dein Verhältnis zu dir selbst neu aufzubauen. Lerne deine tiefsten und wahrsten Werte kennen. Lerne deine eigenen Vorlieben und Prioritäten kennen; nicht diejenigen, die andere dir beigebracht haben, sind die wichtigsten, sondern diejenigen, die für *dich* den höchsten Wert haben. Finde heraus, was dich wahrhaft glücklich macht. Bringe die unbewussten Muster und Reaktionsweisen ins Licht deines Bewusstseins, damit sie geheilt werden können. Erkenne deine Ängste und untersuche, wie du sie zu deinen Ängsten gemacht hast. Wenn du dich selbst kennenlernst, kannst du deine Bestimmung in Anspruch nehmen, wenn sie dir näherkommt. Wenn du dich selbst wahrhaftig kennenlernst und erkennst, worum es dir wirklich geht, wirst du in der Lage sein, den Kubikzentimeter Glück zu ergreifen, wenn er vor dir hervorspringt. Und glaube mir, das wird er.«

»Schön. Klingt logisch. Ich bin bereit, diese ganze innere Arbeit zu erledigen, wie du das nennst. Ich bin sogar bereit, meine tiefsten Ängste zu erforschen.«

»Jemand hat dir diese Ängste eingepflanzt, weißt du? Jemand hat sie dir beigebracht.«

»Wirklich?«

»Sicher. Im Augenblick deiner Geburt warst du völlig furchtlos. Im Augenblick deiner Geburt warst du reine Vollkommenheit. Henri Amiel meinte einst: ›Die Kindheit ist vom Himmel gesegnet, denn sie bringt ein Stück Paradies in die Grausamkeit des Lebens. Mit jeder der täglich Tausenden Geburten kommt etwas neue Unschuld und Reinheit in unsere Welt und kämpft gegen unsere verdorbene Natur.‹«

»Das ist so wahr, Julian. Kinder kommen wirklich höher entwickelt als Erwachsene zu uns, um uns die Lektionen zu lehren, die wir lernen müssen. Ich weiß, dass ich diese Lektion oft vergessen habe. Auf so viele Arten sind Kinder die Lehrer. Sie wissen so viel mehr, als wir ihnen zubilligen wollen.«

»Genau, *amigo*. Als Kleinkinder sind wir wirklich vollkommen. Wir sind noch mit der Kraft verbunden, die die Welt geschaffen hat. Aber wenn wir älter werden, übernehmen wir Ängste aus unserer Umwelt. Wir werden verdorben. Wir tun das, weil wir uns anpassen und wie alle anderen sein wollen. Wir wollen, dass unsere Eltern uns lieben und anbeten. Also ahmen wir sie nach und übernehmen ihre Ängste, ihre begrenzenden Ansichten und ihre falschen Annahmen, damit wir ihnen mehr gleichen. Das tun wir alles, weil wir uns danach sehnen, geliebt zu werden. *Der, der du in diesem Moment bist, ist nicht der, der du* wirklich *bist. Vielmehr ist das jemand, der du geworden bist, weil du in dieser Welt lebst.* Um alle diese Ängste loszuwerden, die du von deiner Umwelt angenommen hast, musst du zurückgehen und die Quelle deiner Ängste erforschen. Dann musst du dich ihnen stellen und dich durch sie hindurcharbeiten, bis sie nicht länger zu deiner Seele gehören. Um dich selbst zu erkennen, damit deine Bestimmung dich rufen kann, musst du auch mehr auf dein Leben achten und über die Lektionen nachdenken, die zu lernen sind. Du musst streng zu dir selbst sein und deine Geschichte prüfen.«

»Meine Geschichte?«

»Jeder von uns schafft sich eine Geschichte über das eigene Leben, auch wenn er sie nur sich selbst erzählt. Bei manchen handelt diese Geschichte davon, dass sie ein Opfer sind, und zwar wegen ihrer Kindheit oder des Ortes, an dem sie aufgewachsen sind, oder weil ihnen etwas Böses zugestoßen ist. So viele Menschen heute auf der Welt sind professionelle Opfer.«

»Warum?«

»Weil es leicht ist, ein Opfer zu spielen. Man muss keine Verantwortung für sein eigenes Leben übernehmen. Man kann alle anderen dafür verantwortlich machen, was im eigenen Leben nicht funktioniert, muss sich nie mit sich selbst auseinandersetzen und nie die nötigen Veränderungen vornehmen. *Aber wenn man das Opfer spielt, gibt man seine Macht an die Instanz ab, von der man behauptet, sie mache einen zum Opfer. Es ist eine sehr machtlose Lebensweise.*«

»Sehr wahr«, antwortete ich und nickte zustimmend.

»Die Geschichte, die Menschen sich schaffen, kann zum Beispiel lauten, dass sie zu alt dafür seien, ihre Träume zu verfolgen, oder nicht attraktiv genug, um den Partner zu finden, den sie sich wünschen, oder nicht klug genug für das, was sie eigentlich vorhaben zu tun. Und so weiter und so fort. Ich will damit sagen: *Das Beste, was du tun kannst, ist, an deiner Beziehung zu dir selbst zu arbeiten.*«

»Genau, wie du es im Himalaja getan hast«, warf ich ein.

»Genau wie ich es im Himalaja getan habe. Die meisten Menschen haben die Beziehung zu sich selbst verloren. Sie haben vergessen, wer sie wirklich sind. Das macht mich sehr traurig. Jeder Einzelne von uns hat Größe in seine DNA eingeschrieben. Unser Leben ist dafür gedacht, von Freude erfüllt, aufregend und voller Liebe, Frieden und Schönheit zu sein. Glück ist unser Geburtsrecht. Aber wir stehen uns selbst im Weg. Wir sind in die Falle der Mittelmäßigkeit getappt. Wir glauben, dass uns keine Wunder zustehen. Wir machen uns klein, aus Angst, dass wir, wenn wir nach höheren Möglichkeiten greifen, verletzt werden oder uns unbeliebt machen oder unser Leben scheitert.«

»Sehr wahr.«

Julian fuhr begeistert fort. »Wir glauben die Lüge, dass nur Geld uns Glück bringt, und somit verkaufen wir unsere Seele. Wir wissen einfach nicht mehr, wer wir sind und was wir zu werden bestimmt waren. Wir haben unbewusst die authentische Macht, mit der wir geboren wurden, gegen die äußerliche Macht eingetauscht, die sich daraus ergibt, dass wir in der Welt sind. Wir haben wirklich vergessen, wer wir in unserem Innersten sind. Und wenn du nicht weißt, wer du bist und was du wirklich sein willst, wie kannst du dann deine Bestimmung erkennen und ergreifen, wenn sie sich dir zeigt? *Erkenne dich selbst, und deine Bestimmung wird dich finden, das verspreche ich dir.*« Julian schwieg einen Moment. »Gut, das war die erste Coaching-Session, Dar. Machen wir Schluss. Es wird spät und ich bin sicher, du hast genug Aufregung für einen Abend gehabt.«

Julian legte mir seinen muskulösen Arm um die Schultern, während wir die Garderobe verließen und den Flur entlanggingen. Julians Nähe allein brachte mir bereits inneren Frieden.

»Und ich fordere nichts weiter, als dass du mir vertraust. Wenn du bereit bist, nehme ich dich an einen Ort mit, von dem du nie auch nur geträumt hast. Frederick Faust hat es sehr gut ausgedrückt, als er sagte: ›In jedem Menschen schläft ein Riese. Wenn dieser Riese erwacht, geschehen Wunder.‹ Ich werde die Geheimnisse, die ich hoch oben in den Bergen erfahren habe, mit dir teilen. Ich werde dir alles zeigen, was du wissen musst, um zu erleben, wie gut das Leben schmecken kann. Lass einfach mal die Zügel schießen, mein Freund.«

»Wie meinst du das?«

»Das ist eine Redensart. Ich finde sie ziemlich gut. Sie bedeutet, dass wir alle uns unseren Ängsten stellen müssen, wenn wir ein großes und prächtiges Leben führen wollen. Das stammt aus einer von Mary Cholmondeleys Schriften. Hier, nimm das. Es wird dir helfen.«

Julian überreichte mir einen Zettel, den er aus der Tasche seines Gewands gezogen hatte. Er war verknittert vom vielen Gebrauch. Darauf stand nur:

> *Mit jedem Lebensjahr, das vergeht, bin ich stärker davon überzeugt, dass die Verschwendung des Lebens in der Liebe besteht, die wir nicht gegeben haben, in den Kräften, die wir nicht genutzt haben, in der selbstsüchtigen Vorsicht, die nichts riskiert und die, indem sie Schmerz vermeidet, auch das Glück vermieden hat. Niemand war auf lange Sicht je ärmer, wenn er einmal im Leben die Zügel hat schießen lassen.*

»Erstaunliches Zitat, Julian. Du sollst wissen, dass ich bereit bin, alles zu tun, was du mir rätst«, erwiderte ich rasch, weil ich die riesige Gelegenheit erkannte, die Julians Angebot, mich in Bezug auf mein Leben von ihm coachen zu lassen, darstellte. Ich hatte von vielen meiner Freunde, die auch Geschäftsleute waren, schon darüber gehört, wie wertvoll ein Life Coach sei, und fühlte mich gesegnet, dass Julian nun in mein Leben getreten war. »Wie lange wird meine Verwandlung dauern?«

»*Persönliche Verwandlung ist kein Rennen, Dar. Manchmal dauert sie umso länger, je intensiver du versuchst, dich zu verwandeln*. Viele Menschen betrachten Selbstfindung wie einen Extremsport; sie hetzen sich ab, um ihre gesamte Heilung in rasender Geschwindigkeit zu erreichen. Sie lesen ein Buch nach dem anderen, besuchen einen Führer nach dem anderen und gehen zu einem Seminar nach dem anderen. Sie wollen die Antworten auf die großen Fragen wissen, mit denen sie kämpfen. Aber jemand, der nicht in der Lage ist, sich auf das Geheimnis seines Lebens einzulassen und den Vorgang des persönlichen Wachstums zu genießen, ist schlicht jemand, der Angst hat.«

»Wirklich?«, fragte ich überrascht. Einer der vorherrschenden Werte unserer Gesellschaft ist Geschwindigkeit. Schneller gilt als besser. Zu hören, dass Julian diese Vorstellung ablehnte, steigerte nur die Aura des Mystischen, die ihn und seine unkonventionelle Philosophie umgab.

»Vertraue darauf, dass dein Zeitgefühl nicht unbedingt das der Natur ist. Entspanne dich und lasse einfach los. Du sollst gar nicht alle Antworten erfahren, zumindest jetzt noch nicht. Wenn du für ein bestimmtes Wissen und eine bestimmte Lektion reif bist, wird sie zu dir kommen. Was für ein Vergnügen hättest du noch an einem Film, dessen Handlungsverwicklungen du schon nach der Hälfte alle kennst? *Dein Leben ist wie ein Krimi, mein Freund; der halbe Spaß be-*

steht darin, dass man nicht weiß, wie es weitergeht. Das Leben ist immer im Fluss. Alles verändert sich dauernd. Es passiert nie das, was du vorauszuahnen glaubst. Das ist der Spaß an der ganzen Sache. Und es ist auch die Gabe darin.«

»Wie meinst du das?«

»Der Sinn des Lebens ist unter anderem auch, *akzeptieren* zu lernen, dass alles ein Mysterium ist. Deine Lebensreise besteht unter anderem auch darin, zu *lernen*, deine Ängste loszulassen, und zu erkennen, dass es mitunter nicht so klappen wird, wie du es dir gedacht hast. Das Leben wird nie so verlaufen, wie du es erwartest. Wenn du das einmal weißt, kannst du dich entspannen und das Abenteuer an der ganzen Sache genießen. Schau dir an, wie sich dein Leben bis heute entwickelt hat. War das so geplant?«

»In den letzten Monaten habe ich so oft gedacht, dass ich es mir ganz anders vorgestellt hatte.«

»Genau. Das geht jedem Menschen so. Und wenn du länger über meine Frage nachdenkst und tiefer in deiner Erinnerung gräbst, dann wirst du feststellen, dass du zwar einige Tiefpunkte nicht erwartet hättest, dass das Gleiche aber auch für die Höhepunkte deines Lebens gilt.«

»Ja, stimmt genau, Julian. Ich erlebe im Moment harte Zeiten, aber ehrlich gesagt hätte ich auch nie von den Erfolgen zu träumen gewagt, die ich bisher hatte, das muss ich zugeben. Es ist ziemlich überraschend, wie wunderbar sich vieles entwickelt hat.«

»Genau. Die Lektion lautet also, dass niemand das Leben kontrolliert oder seinen Gesamtplan versteht. Aber, glaub mir, es ist vollkommen. Selbst all das, was dir jetzt zugestoßen ist, wirst du im Lauf der Zeit als wunderbare Segnung begreifen, die deinem Leben enormen Wert und Tiefe hinzugefügt hat.«

»Ernsthaft?«

»Ernsthaft«, bekräftigte Julian. Er fügte hinzu: »Allzu viele Menschen ertragen die Vorstellung nicht, dass ihre Pläne und Ziele sich nicht wie geplant verwirklichen lassen. Diese Denkweise zeigt ihre Kontrollsucht. Und hinter ihrer Kontrollsucht steckt oft genug Angst. Diese Menschen vertrauen der Natur nicht. Und sie haben kein Vertrauen in die Liebe, die die Quelle aller Schöpfung ihnen entgegenbringt. Ja, mach Pläne und setz dir Ziele. Arbeite fleißig und strebe nach dem Ziel deiner Wünsche. Das gehört dazu, wenn man ein verantwortungsvoller Mensch ist; seinen Wünschen nachzustreben, führt tatsächlich oft dazu, dass sie sich verwirklichen. *Aber kralle dich nicht allzu sehr an deinen Plänen und Zielen fest.* Das Universum schickt dir seine Schätze oft in einer unerwarteten Verpackung. Wenn du zu sehr damit beschäftigt bist, dich an dem, was du für das Beste für dich hältst, festzuklammern und ihm nachzujagen, verpasst du das, was *wirklich* am besten für dich ist.«

»So habe ich das noch nie gesehen. Diese Weisen in Indien müssen ziemlich bemerkenswerte Menschen sein.«

»Das ist eine Untertreibung, mein Freund.« Julian richtete seine Konzentration weiter scharf wie einen Laserstrahl auf den Punkt, den er mir begreiflich machen wollte. »Was ich dir sagen will: Hör auf, den Weg deiner Bestimmung kontrollieren zu wollen. Wie angestrengt auch immer du das nämlich versuchst, es geht nicht. Du kannst natürlich kluge Entscheidungen treffen und die werden sich entsprechend auswirken, aber letztlich hast du keine Kontrolle. Wir Menschen sind so arrogant. Wir glauben, intelligenter zu sein als das Universum. Das Universum, das die Sterne und den Mond schuf. Wir glauben, mehr darüber zu wissen, was gut für uns ist, als die Quelle, die alles schuf, das existiert. Es ist beinahe komisch, wenn man darüber nachdenkt. Wir haben so wenig Glauben.«

»Es *ist* alles unsere Angst; ich erkenne das langsam.«

»Richtig. Angst ist der Faktor Nummer eins, der Menschen dazu bringt, ein kleines, unauthentisches Leben zu führen. Aber zurück zu deiner ursprünglichen Frage, wie lange die Verwandlung dauert. Ich möchte wiederholen, dass persönliches Wachstum nicht mit einem Rennen zur Ziellinie gleichzusetzen ist. Es ist vielmehr ein sehr *weicher* Vorgang. Du musst Zeit einplanen, damit die Lektionen, die ich dir enthüllen werde, in die Tiefen deines Wesens eindringen können. Wenn du bereit bist, eine bestimmte Lektion zu erhalten, wird sich dir ein vollkommenes Erlebnis oder eine Person zeigen, die eine Gelegenheit für dich darstellt, diese Lektion zu lernen. Und wenn du die Lektion einmal verstehst, muss Zeit vergehen, damit du sie verinnerlichen kannst. Es besteht kein Grund zur Eile. Das Ganze ist eine wunderschöne Reise. Vertraue darauf, dass du dich immer genau dort befindest, wo du sein sollst.«

»Gut, ich werde ein bisschen weniger drängen. Ich sehe, dass es kein Rennen ist. Ich werde meine Verwandlung weich ablaufen lassen wie du sagst, Julian«, bemerkte ich.

Julian führte mich den langen Korridor entlang, der uns zurück zum Vortragssaal bringen würde. Als er eine leere Getränkedose sah, die jemand auf den Zementboden geworfen hatte, bückte er sich und hob sie auf. »Jede kleine Handlung zählt«, sagte er. Ich war nicht ganz sicher, was er mit diesem Kommentar meinte, schwieg aber.

»In den kommenden Wochen und Monaten werde ich dir einen siebenstufigen Prozess vorstellen, der dir dabei hilft, die Vollkommenheit zurückzugewinnen, die du als Neugeborenes hattest. Dieser Vorgang wird das Höchste und Beste in dir erwecken. Aber du musst Geduld haben. Wenn du dem Vorgang bis zu seinem Ende folgst, wirst du Erleuchtung als menschliches Wesen schmecken.«

»Erleuchtung? Wow!«, sagte ich im Vorgefühl der Freude, die mich erwartete.

»Du musst dich auf diese Reise einlassen, Dar. Du musst bereit sein, die innere Arbeit zu erledigen, die erforderlich ist, um die sieben Stufen der Selbsterweckung zu durchlaufen und mutig den Weg zu gehen, den ich dir enthüllen werde. Du sollst wissen, dass du bei jedem Schritt des Weges eine Wahl hast; Menschen haben immer eine Wahl bei der Verwirklichung ihrer Bestimmung. Du kannst dem Wachstum widerstehen, zu dem ich dich ermutige, oder du kannst es annehmen. Und wenn du dich immer wieder für das Wachstum entscheidest und dich deinen Ängsten stellst, wirst du zu immer höheren Stufen persönlicher Freiheit und individueller Größe aufsteigen. Du wirst fähig sein zu entdecken, worum es im Leben wirklich geht. Du wirst die universellen

Wahrheiten und Naturgesetze erkennen, die den Lauf der Welt regeln. Wenn du sie erst einmal kennst, kannst du dich jeweils entscheiden, ob du dich an sie anpasst. Und wenn du dich an die Naturgesetze anpasst, die die Welt in Gang halten, wird dein Leben *automatisch* richtig laufen. Du wirst anfangen, die Wahrheit zu entdecken. Du wirst erkennen, wer du wirklich bist. Du wirst Zugang zu deiner persönlichen Brillanz und den grenzenlosen Möglichkeiten gewinnen, die im Wesen deines Lebens liegen. Das ist der Moment, in dem dein Leben magisch wird.«

»Kostet das eigentlich was, Julian?«, fragte ich, als wir den Saal betraten, in dem der Motivationsredner am Abend seinen Vortrag gehalten hatte. »Wie ich gehört habe, kann ein persönlicher Coach sehr teuer werden.«

»Natürlich nicht. Ich biete meine Dienste kostenlos an; sorge nur dafür, dass mir die Bananen nicht ausgehen«, grinste Julian. »Spaß beiseite, ich bin auf einem Kreuzzug, um Menschen dabei zu helfen, zu erkennen, aus welchem Stoff sie wirklich gemacht sind. Es ist meine höchste Freude, einem Menschen zu helfen, der meines Wissens bedarf. *Selbstloser Dienst ist die Miete, die ich zahle, um auf diesem wunderbaren Planeten zu wohnen*. Ich möchte, dass die Menschen erkennen, was es bedeutet, ein voll funktionsfähiges, erwachtes menschliches Wesen zu sein. Der Zustand, in dem sich die Welt befindet, tut mir weh«, bemerkte Julian und hielt inne. Er schwieg einen Moment und stand reglos da; er hatte Tränen in den Augen.

»Diese Welt ist ein Ort, an dem die Menschen vergessen haben, wie man träumt. Ich möchte den Menschen helfen, wieder träumen zu lernen. Wäre es nicht unglaublich, wenn die Menschheit sich zu einer Bande von Träumern vereinigte? Stell dir vor, wie unsere Welt aussähe. Stell dir das Erbe vor, das wir unseren Kindern hinterlassen könnten! Ich möchte den Menschen helfen, wieder zu vertrauen. Ich möchte den Menschen helfen, wieder zu leben. Und ich meine, *wirklich* zu leben. Ich möchte den Menschen zeigen, wieder zu *lieben*. Also, mein Freund, ist es meine *Pflicht*, dir zu helfen. Es wird mir eine Freude sein, dir zu helfen. Ich bin ein dienender Führer im wahrsten Sinne des Wortes, wenn ich so sagen darf. Schenken ist eine Quelle tiefen Glücks für mich. Das ist mehr als genug Belohnung«, sagte Julian.

»Ich bin dir dankbar, Julian«, drückte ich meine tief gefühlte Anerkennung für diesen Mann aus, der so sehr daran interessiert war, mir zu helfen.

»Das Wort Pflicht wird in unserer Kultur oft negativ gesehen. Vielen gefällt die Vorstellung nicht, weil sie glauben, dass Pflichten sie einschränken und sie daran hindern, im Hier und Jetzt zu leben. Für mich bedeutet das Wort Pflicht Freiheit und Glück. Der große indische Dichter Rabindranath Tagore hat es weit eleganter ausgedrückt, als ich es je könnte: ›Ich schlief und träumte, das Leben sei Freude, und dann wachte ich auf und sah, das Leben war Pflicht. Und dann ging ich an die Arbeit; und siehe, ich fand, dass Pflicht auch Freude sein kann.‹ Meine Bestimmung ist zu dienen. Und das zu tun, was ich zu tun bestimmt bin, die Arbeit zu erledigen, für die ich auf diesen Planeten gesetzt wurde, ist reine Freude und absolute Seligkeit für mich. Woodrow Wilson sagte die Wahrheit, als er bemerkte: ›*Du bist nicht nur hier, um deinen Lebensunterhalt zu verdienen. Du bist hier, um die Welt reichhaltiger und visionärer und mit einem schöneren Sinn für Hoffnung und Leistung zu versehen. Du bist hier, um die Welt zu bereichern, und du machst dich selbst ärmer, wenn du diesen Auftrag vergisst.*‹«

»In Ordnung, Julian. Ich verspreche dir, dass ich ein großartiger Schüler sein werde. Ich werde deiner Weisheit lauschen. Ich verpflichte mich zu den Veränderungen, die du vorschlägst. Danke dafür, dass du mich gefunden hast. Vielen, vielen Dank. Ich habe das Gefühl, dass mein Leben nach diesem Abend nicht mehr dasselbe sein wird.«

»Da hast du recht, mein Freund. Komm morgen früh zu mir ins Hotel Q. Wir werden dann unsere erste vollständige Lektion beginnen.«

»Das ist eins meiner Hotels«, lachte ich.

Julian strahlte. »Ich weiß. Ich wohne dort. Wie gesagt, es ist nichts Falsches daran, ein materiell schönes Leben zu führen. Lass dich nur nicht davon vereinnahmen.«

»Gut zu wissen. Mein bestes Ich zu erwecken, würde weniger Spaß machen, wenn ich alles aufgeben müsste, wofür ich so fleißig gearbeitet habe. Manches davon, wie mein Segelboot, macht mich sehr glücklich. Ich liebe es, an einem perfekten Sommertag draußen auf dem Wasser zu sein. Eine Zeit lang dachte ich, du würdest mir sagen, dass der einzige Weg, auf dem ich zur Erleuchtung gelangen könnte, der sei, alles zu verkaufen, was ich besitze, und in Einsamkeit auf einem Berggipfel zu wohnen.«

»Ich glaube, das wäre in vieler Hinsicht sogar Drückebergerei. Jeder kann ein gewisses Ausmaß an Frieden finden, indem er sich von der Welt verabschiedet und sein Leben in Einsamkeit verbringt. Nichts und niemand kann dich aufregen, wenn du ganz allein bist. Ich werde nie vergessen, wie ich über einen Mönch gelesen habe, der sieben Jahre in Einsamkeit verbracht und in einem tibetischen Tempel gelebt hatte. Er schwieg oft monatelang, brachte seinen Geist zur Ruhe und befreite ihn von Unreinheiten. Irgendwann glaubte er dann, den Zustand der Erleuchtung erreicht zu haben. Und weißt du, was er tat?«

»Sag es mir.«

»Er kehrte nach New York zurück. Am Tag seiner Rückkehr wollte er ein paar Einkäufe in dieser großartigen Metropole erledigen. Binnen Minuten war er von Stress überwältigt. Die hupenden Autos, die wimmelnden Massen und das rasende Tempo machten ihm Angst. Nicht gerade die Reaktion eines Erleuchteten. Ich will damit gar nicht sagen, dass Stille und Einsamkeit nicht wichtig wären, um dich mit deinem höchsten Ich zu verbinden. Der herausragende Philosoph Khalil Gibran schrieb: ›Es gibt etwas Größeres und Reineres als das, was der Mund äußert. Stille erleuchtet unsere Seele, flüstert unserem Herzen zu und bringt sie zusammen. Stille trennt uns von uns selbst, lässt uns am Firmament des Geistes segeln und bringt uns näher an den Himmel.‹«

»Wunderschön ausgedrückt.« Ich schwelgte in dem tiefsinnigen Zitat, das Julian gerade zum Besten gegeben hatte.

»Das ist es. Stille und Einsamkeit sind also unentbehrlich für dich, wenn du an allen Möglichkeiten, die das Leben dir bieten soll, teilhaben willst. Aber was wirklich Mut und Charakterstärke erfordert, ist, hier mitten in der Stadt Erleuchtung zu finden. Den inneren Frieden da zu finden, wo man sich gerade befindet, dazu braucht man wirklich Weisheit.«

»Und die Mönche, bei denen du warst? Wie hätten die wohl in New York reagiert?«, fragte ich mich laut.

»Diese Mönche sind die sogenannten Weisen von Sivana. Wenigen ist es je gelungen, sie ausfindig zu machen, weil sie sehr zurückgezogen in einem besonders abgelegenen Gebiet des Himalaja leben. Und du sollst wissen, dass diese Mönche *wahrhaft* Erleuchtete sind. Setze sie irgendwo auf der Welt aus, egal, in welcher Situation, und ich wette, sie bleiben völlig gelassen und in sich ruhend. Diese Weisen waren nichts weniger als magisch. Solchen Menschen werde ich nie wieder begegnen, da bin ich sicher.« Julian schaute zu Boden. Ich vermutete, sie fehlten ihm.

»Um wie viel Uhr wollen wir uns morgen früh im Hotel Q treffen?«, fragte ich leise.

»Um fünf.«

»Machst du Witze?«

»Warum sollte ich über so etwas einen Witz machen, *amigo*?«, fragte Julian, zwinkerte mir zu und wirkte wieder munterer. »Wenn du die Weisheit eines Mönchs willst, musst du auch die Methoden eines Mönchs anwenden. Die Weisen glauben, dass die Stunden sehr früh am Morgen etwas nahezu Mystisches haben und eine ausgezeichnete Zeit zum Lernen und Vertiefen sind.«

Und mit diesem Glaubenssatz streckte Julian die Arme aus, umarmte mich rasch und ging aus dem Saal; sein Gewand schwang dabei hin und her. Ich blieb stehen und starrte schweigend minutenlang vor mich hin. Ich rührte mich buchstäblich nicht vom Fleck. Ich konnte mein Glück gar nicht fassen. Gerade, als ich geglaubt hatte, ich würde die Antworten, die ich suchte, nie finden, war ein echter Meister in meinem Leben aufgetaucht.

Als ich den Vortragssaal verließ, bemerkte ich eine lederne Brieftasche auf dem Boden, die wohl jemand fallengelassen hatte. Ich hob sie auf, um sie einem Sicherheitsmann oder Pförtner zu übergeben, aber meine Neugier siegte dann doch und ich öffnete sie, um mir den Inhalt anzuschauen. Es befanden sich weder Geld noch Kreditkarten oder irgendein Ausweis darin; die Brieftasche war leer bis auf eine Überraschung im Geldscheinfach. Dort fand ich ein Blatt Papier. Als ich es herauszog, entpuppte es sich als Fotokopie des Artikels über Julian in unserer Lokalzeitung. Ich zog das Blatt heraus und starrte darauf. Offensichtlich hatte Julian sie hier liegen lassen, damit ich sie finden sollte. Die letzten beiden Sätze des Artikels waren rot unterstrichen. Sie lauteten: »Julian Mantle, der Mönch, der seinen Ferrari verkaufte, glaubt daran, dass der menschliche Geist eine Macht des Guten in der Welt sein kann. Er scheint die Wahrheiten entdeckt zu haben, auf denen jedes ruhmvolle Leben aufgebaut ist, und vielleicht, wenn Sie viel Glück haben, werden Sie sein nächster Schüler.«

Ich faltete das Blatt zusammen und steckte es in meine Hemdtasche, direkt über meinem Herzen.

KAPITEL 3

DER SUCHENDE ERFÄHRT DIE MACHT EINER BERUFUNG UND DIE VERBORGENE BEDEUTUNG DER BESTIMMUNG

Stellen Sie sich bloß vor, der Sinn des Lebens bestünde einzig darin, dass Sie glücklich werden. Damit würde das Leben zu etwas Grausamem und Sinnlosem. Man muss die Weisheit der Menschheit akzeptieren. Ihr Verstand und Ihr Herz sagen Ihnen gleichermaßen, dass der Sinn des Lebens darin besteht, der Macht zu dienen, die Sie in die Welt geschickt hat. Dann wird das Leben zu einer Freude.

Lev Tolstoj

In der Nacht wälzte ich mich hin und her und fand nur wenig Schlaf, dafür die merkwürdigsten Träume meines Lebens. Ich träumte, ich laufe nackt durch die Straßen. In einem anderen Traum war ich in meinem Auto eingesperrt, während es von einer Brücke ins Meer stürzte. Und dann hatte ich noch einen Traum, in dem ich fliegen konnte. Jeder dieser Träume bezog sich wohl, so vermutete ich, darauf, was ich gerade durchmachte. »Träume sind die Sprache der Seele«, hatte ich einmal irgendwo gelesen.

Der Traum, in dem ich nackt durch die Straßen lief, drehte sich vermutlich um das Verlangen meines Herzens, dass ich verwundbarer würde und die Fassade fallenließe, die öffentliche Maske, die ich mein Leben lang in dem Bemühen getragen hatte, dazuzugehören und wie alle anderen zu sein. In dem Traum ging es wahrscheinlich darum, authentischer zu werden, aber auch um die Angst, sich zu öffnen. Im versinkenden Auto zu ertrinken, bezog sich womöglich auf die Ängste, die aufgekommen waren, nachdem Julian mich am Abend zuvor verlassen hatte. Ich begann manches, was er gesagt hatte, anzuzweifeln. Konnte ich mein Leben wirklich verwandeln? Würde sich wirklich meine Bestimmung finden lassen, indem ich einfach nach innen ging und mich selbst kennenlernte? Stimmte es, dass die meisten Menschen sich mit einem Leben in Mittelmäßigkeit abfanden und die blendende Existenz dessen verpassten, das für sie vorgesehen war? Und was war mit Julians sieben Stufen der Selbsterweckung? Ich vertraute Julian zwar und seine intellektuelle Brillanz stand außer Frage, aber manches, was er mir erzählt hatte, klang doch sehr mystisch.

Und der Traum, in dem ich fliegen konnte, nun, mein Gefühl sagte mir, dass er etwas mit dem tiefsten Teil meiner selbst zu tun hatte: mit meiner Seele, die es danach verlangte, zu meinem höchsten Potenzial aufzusteigen. Ich dachte an die Worte, die im Motelzimmer vor nur zwei Tagen zu mir gekommen waren: *Das Leben ist ein Schatz, und du bist so viel mehr, als du weißt.* Als ich in der frühmorgendlichen Dunkelheit über meine Träume nachsann, wurde ich mir immer sicherer, dass mein Leben mit Julian als meinem weisen und liebevollen Coach nur noch besser werden konnte.

Das Hotel Q war eine meiner Lieblingsimmobilien im Katalog unserer Boutiquehotels. Es war stylish und sehr beliebt bei Fashionistas und Gästen aus dem Jetset. Ich war um halb fünf mühsam aufgewacht, wollte aber auf keinen Fall zu spät zu meinem Termin mit Julian kommen. Ich wusste, dass er viel auf Pünktlichkeit hielt und erwartete, dass Zusagen eingehalten wurden. Mein Dad hatte mir das erzählt.

Als ich beim Hotel mit seinem eleganten, minimalistischen Äußeren vorfuhr, fiel mir unweigerlich der herrliche Wagen auf, der davor parkte. Es war ein klassischer Ferrari. Rot, glänzend, in Topzustand. Ich konnte meine Augen nicht davon abwenden. Er erinnerte mich sofort an meine Kindheit, als mein Vater und ich oft an Julians großer Villa vorbeigefahren waren und sein Auto bewundert hatten.

Mein Vater fehlte mir sehr. Er war ein wunderbarer Mann. Er war vor einigen Jahren gestorben und ich wurde immer noch traurig, wenn ich daran dachte. Er fehlte mir jeden Tag. Außerdem vermisste ich meine Kinder sehr. Sicher, ich sah sie jede Woche, aber sie waren ein Teil meines Herzens und ich wünschte, sie könnten die ganze Zeit bei mir sein. Der Ferrari löste eine Flut von Erinnerungen aus, wirklich guter Erinnerungen.

Als ich mein Auto hinter dem Ferrari parkte, kam Jake, der neue Portier, mir eilig entgegen, um mich zu begrüßen.

»Guten Morgen, Mr. Sandersen, und willkommen im Hotel Q. Es ist wirklich schön, Sie zu sehen, Chef«, lachte er.

»Ich freue mich auch, Jake«, erwiderte ich ernsthaft. Ich deutete auf den Ferrari. »Wem gehört der Schlitten hier?«

»Kann ich nicht sagen, aber wir haben diese Woche einen Mönch als Gast im Hotel. Alle reden von ihm. Er ist heute früh um vier Uhr hier damit vorgefahren, als ich gerade meine Schicht angetreten hatte. Der Typ weiß wirklich, wie man einen Ferrari fährt: Sie hätten sehen sollen, wie er die Straße entlanggerast kam! Der Typ ist ziemlich cool, wenn ich so sagen darf. Er hat mir einen Zwanziger Trinkgeld gegeben!«

Der große Julian Mantle, immer für eine Überraschung gut. Ich wusste, dass er nur wenig materiellen Besitz hatte; der Zeitungsartikel hatte das bestätigt. Darin hieß es, er sei nicht daran interessiert, zu seinem ehemaligen Lebensstil zurückzukehren. Aber ich wusste, dass Julian nach wie vor *alle* Facetten des Lebens genoss. Er entschuldigte sich nicht dafür, dass er eine Vorliebe für die schönen Seiten des Lebens und einen Geschmack für das Beste hatte. Es ging mehr darum, dass solche Dinge nicht mehr ganz oben auf seiner Prioritätenliste im Leben standen. Er genoss sie, weil sie ihm Freude machten, aber er brauchte sie nicht.

Ich hatte keine Ahnung, wo Julian den Ferrari her hatte, und wusste auch nicht, woher er das Geld nahm, um im Hotel Q abzusteigen. Ich vertraute einfach darauf, dass alles im Universum vollkommen in Ordnung war. Ich schüttelte Jake die Hand und betrat das Foyer. Maria, die schöne italienische Rezeptionistin, begrüßte mich. »Mr. Mantle wartet in seinem Zimmer auf Sie, Mr. Sandersen. Ich wünsche Ihnen einen wunderbaren Morgen.«

»In welchem Zimmer ist er, Maria?«

»Wir haben ihm die Lotus-Suite gegeben.«

»Das ist eine der teuersten Suiten im Hotel!«, sagte ich überrascht.

»Nun, er kam herein und bat um ein Zimmer. Er sagte, es komme nicht darauf an, welches wir ihm gäben, er sei mit allem zufrieden. Und er war so höflich und freundlich. Also gaben wir ihm unser Lieblingszimmer. Ich mag die Lotus-Suite einfach sehr; sie ist nicht die größte, aber sie hat die beste Energie, wenn Sie mich fragen.«

Ich schüttelte bloß den Kopf und lächelte. Ich ging zu den Aufzügen hinüber und fuhr in Julians Stockwerk hinauf. Als ich den Korridor zu Julians Suite entlangging, hörte ich auf einmal, wie jemand Musik abspielte und dazu sang. Es war nicht so laut, dass es die schlafenden Gäste geweckt hätte, aber doch bemerkbar. Als ich meinem Ziel näher kam, wurde mir klar, dass der Möchtegern-Rockstar (natürlich) niemand anderer als der große Julian Mantle war.

Sobald ich an die Tür klopfte, öffnete sie sich … und enthüllte einen erstaunlichen Anblick: Da stand Julian mit einem breiten Grinsen und trug nichts als ein Paar frischgebügelter weißer Boxershorts. Sein Körper war schlank und gebräunt, seine straffen Muskeln wölbten sich unter der Haut. Ich hatte bisher kaum jemanden in so guter körperlicher Verfassung gesehen, und vor allem niemanden, der etwa im selben Alter wie mein Vater gewesen wäre, wenn mein Vater noch gelebt hätte. Julians Haare waren elegant zurückgekämmt; er sah gelassen, aber kraftvoll aus. In der Hand hielt er ein Glas Orangensaft.

»Guten Morgen, *amigo,* komm rein«, rief er fröhlich. »Ich höre gerade ein bisschen Musik. Dave Matthews. Der Song heißt *Gravedigger*. Ich finde ihn toll. Er erzählt mir, wie wichtig es ist, die Fülle des Lebens zu genießen, solange man die Gelegenheit dazu hat. Mit voller Kraft leben. Jeden Augenblick genießen, selbst die nicht so schönen, denn das Leben wird bald vorbei sein. Ehe man sichs versieht, liegt man zwei Meter unter der Erde, und die vielen kleinen Freuden, die man für selbstverständlich hielt, etwa die Regentropfen im Gesicht zu spüren, die Kinder lachen zu hören oder die Sonne aufgehen zu sehen, gehören der Vergangenheit an. Ich will dir etwas sagen, Dar: Was einem am wichtigsten ist, wenn man zwanzig, dreißig oder vierzig Jahre alt ist, wird am Ende des Lebens meistens völlig unwichtig, und all das, was so vielen von uns zurzeit gänzlich unwichtig ist, zum Beispiel tiefe menschliche Beziehungen, Freundlichkeit um ihrer selbst willen, eine gute körperliche Form und der Wille, ausgezeichnete Arbeit zu leisten, ein Erbe zu hinterlassen und sich jeden Tag Zeit zu nehmen, an sich selbst zu arbeiten, damit das Beste in uns leuchten kann, wird sich am Ende als das Wichtigste erweisen. *Auf dem Totenbett wünscht sich niemand mehr Geld auf der Bank oder ein größeres Auto in der Einfahrt. Bei den letzten paar Atemzügen wünscht man sich, man hätte ein mutiges, authentisches und in hohem Maße liebevolles Leben geführt.*«

»Wie wahr. Und dennoch verbringen wir die besten Jahre unseres Lebens damit, Dingen wie Ruhm und Reichtum nachzujagen.«

»Stimmt. Das tun wir, weil wir von den Menschen unserer Umgebung beigebracht bekommen, das seien die Werte, auf die es ankommt. Aber wir haben die Wahl: Wir können uns diese Werte der Menge zu eigen machen oder wir können es wagen, uns selbst treu zu bleiben und ein Leben zu führen, das sich für uns richtig anfühlt, auf der tiefsten und wahrsten Ebene. Noch einmal: An Geld ist nichts Schlechtes. Es ist sogar etwas Wundervolles, das viel Glück bringt und Gutes bewirkt, wenn man richtig damit umgeht. Geld zu verdienen ist großartig, und es *sollte* eine deiner Prioritäten sein, wenn du ein schönes Leben führen möchtest.«

»Nur sollte die Jagd nach Geld nicht meine höchste Priorität sein.«

»Genau. Begehe nie den Fehler, Geld über deine Verpflichtungen zu stellen, der Macht zu dienen, die dich hierhergeschickt hat, etwas zu bewirken, während du auf Erden wandelst, deine Familie zu lieben und dein großtes Ich zurückzugewinnen. Denke daran, dass es viele Formen des Reichtums gibt, von denen der finanzielle nur eine ist. Wer tiefe Beziehungen und eine liebevolle Gemeinschaft um sich hat, ist, so glaube ich, reich. Wer ein Leben voller Abenteuer, Aufregung und ständigem Dazulernen führt, hat Reichtum einer anderen Art. Und wer spirituell mit allen Lebewesen verbunden ist und jeden Morgen mit einem tiefen Gefühl des Friedens und einem Bewusstsein für die Wahrheit aufwacht, sollte unbedingt als jemand betrachtet werden, der eine weitere Form des Reichtums angesammelt hat. Die Masse, unser Stamm, die sogenannte Gesellschaft, hat uns gelehrt, wirtschaftlicher Reichtum sei die einzige Form des Reichtums, der wir nachjagen sollten. Das ist eine Lüge. Und bitte beachte eine wesentliche Eigenschaft des Geldes: Es ist nur ein *Nebenerzeugnis.*«

»Ein Nebenerzeugnis wovon?«

»Einen Mehrwert zu schaffen und anderen Menschen Gutes zu tun. Konzentriere dich darauf, hervorragende Arbeit auf deinem Gebiet zu leisten. Widme dich dem Entschluss, anderen Menschen alles zu geben, was du nur kannst, um ihr Leben zu verbessern. Sei *wirklich* herausragend in jeder Hinsicht deines beruflichen Lebens und deines Privatlebens. Das Geld kommt dann von selbst, das versichere ich dir. Weißt du, Dar, *Geld ist das unbeabsichtigte, aber unvermeidliche Nebenerzeugnis eines Lebens, das man damit verbringt, anderen Menschen zu dem zu verhelfen, was sie wollen. Geld ist nicht mehr als eine Zahlung des Universums als Gegenleistung für einen Wert, den du für andere Menschen geschaffen hast. Du erntest, was du säst.*«

»Äh, Julian, wo ist eigentlich dein Gewand geblieben?«, warf ich ein. »Ich weiß, dass du gestern Abend gesagt hast, wir können die Formalitäten fallenlassen, aber ist das nicht ein bisschen viel? Schöne Boxershorts allerdings«, fügte ich kichernd hinzu. Ich wusste, dass ich mir mit Julian einen Witz erlauben durfte; er hatte Humor.

»Mein Gewand ist gerade in der Reinigung. Du hast gutes Personal hier; ich bin beeindruckt. Sie sagten, in ein paar Stunden bekomme ich es zurück. Vorläufig entspanne ich mich also in meinen Boxershorts. Ich liebe diese Musik einfach; Musik lässt meine Seele singen. Sie ist sehr wichtig in meinem Leben. Ich fühle mich unglaublich gut dadurch. Ein Leben ohne Musik kann ich mir nicht vorstellen.«

Ein Mönch, der Dave Matthews, schicke Hotels und gute Sachen mag. Kneif mich. Julian trank seinen Orangensaft aus und stellte den CD-Spieler aus. Er sah mich an, als wolle er um Entschuldigung bitten. »Hoffentlich war es dir nicht peinlich, dass ich dir die Tür in der Unterhose geöffnet habe. Ich habe auf meine Kleidung nicht weiter geachtet, weil ich solchen Spaß hatte. Etwas, das ich mir als Ergebnis meiner Begegnung mit den Weisen von Sivana in Indien zugelegt habe, ist Lebenslust, so nenne ich das zumindest. Jeder muss tun, was notwendig ist, um Lebenslust zu bekommen. Wir müssen uns alle die Zeit nehmen, uns für die einfachen Freuden des Lebens zu begeistern, diejenigen, die wir als Kinder genossen haben. Für mich sind diese Freuden zum Beispiel Steine auf dem Wasser hüpfen zu lassen oder an einem kalten Wintertag Schneeengel zu machen. Oder zur Musik zu tanzen, als sei man vollkommen allein. Ich gehe inzwischen so völlig im Augenblick auf, dass ich manchmal die Konventionen vergesse, die mir so wichtig waren, als ich noch als Anwalt praktizierte. Das ist mittlerweile alles absolut unwichtig für mich geworden. Ganz in der Gegenwart präsent zu sein: Das ist ein großer Teil dessen, worum es im Leben geht. Nichts ist wichtiger für mich, als vollständig hier zu sein. *Das Leben wird im Jetzt geführt,* mein Freund. Wie gesagt, die Vergangenheit ist ein Grab. Das Leben ist für die Lebenden. Die Weisen unter uns verstehen das. Der große Autor und Philosoph Paulo Coelho bekräftigt das in seinem schönen Buch *Der Alchemist*: ›Mich interessiert nur die Gegenwart. Wenn du dich wirklich nur auf die Gegenwart konzentrierst, bist du ein glücklicher Mensch. Dann erkennst du, wie viel Leben es in der Wüste gibt, dass der Himmel voller Sterne ist und dass Stammesangehörige kämpfen, weil sie zur Menschheit gehören. Das Leben wird zu einem großen Fest, weil das Leben ausschließlich genau jener Augenblick ist, den wir gerade erleben.‹«

»Soll ich alle diese Lektionen mitschreiben, Julian?«, fragte ich ernst.

»Nein, vorläufig nicht. Aufschreiben ist eine unglaublich wichtige Methode bei der Selbstfindung. Die Mönche, die ich oben im Himalaja traf, lehrten mich den ungeheuren Wert des täglichen Tagebuchschreibens. Dies veränderte mein Leben, Dar. Genau wie du einen anderen Menschen kennenlernst, wenn du tiefe Gespräche mit ihm führst, lernst du dich durch Schreiben kennen, indem du jeden Morgen Tagebuch führst. Ich entdeckte, was ich wollte und was mich davon abhielt, mein großartigstes Leben zu führen. Mein Tagebuch bot mir einen Ort, um meine Lernerfolge aufzuzeichnen, eine Möglichkeit, ungefühlte Emotionen zu verarbeiten, die mich blockierten, und ein Vehikel, um die Philosophie auszudrücken, nach der zu leben ich mir selbst versprach. Doch auch wenn das Tagebuchschreiben wunderbar für emotionale Klärung und Heilung sein kann, ist es doch auch eine geistige Tätigkeit. Und vorläufig möchte ich, dass du dich von deinem Geist entfernst und deinem Herzen näherkommst. Ich will dich von deinem Verstand weg und hin zu deinen Gefühlen leiten. Du lebst schon dein ganzes Leben lang in deinem Geist, und wohin hat er dich gebracht?«

»Mir geht es immer noch elend«, antwortete ich in aller Ehrlichkeit.

»Gut, also fehlt da vielleicht, nur vielleicht, das eine oder andere Element«, mutmaßte Julian in freundlichem Ton. »Ich würde vermuten, dass du dein Herz öffnen musst, mein Freund. Und im gegenwärtigen Moment zu leben, passiert im Herzen, nicht im Geist. Hast du je vor einem unbeschreiblich schönen Sonnenuntergang gesessen und dich währenddessen dabei ertappt, wie du an die Arbeit, einen Termin oder ein Problem denkst, anstatt dich auf die Vollkommenheit des Anblicks direkt vor dir zu konzentrieren?«

»Sicher.«

»Nun, das geschah, weil dein Geist das Sagen hatte. *Der Geist ist ein ausgezeichneter Diener, aber ein tyrannischer Meister.* Der Geist ist ein herrliches Werkzeug zum Planen, geduldigen Überlegen und Lernen aus Fehlern, die man gemacht hat, um sie künftig zu vermeiden, um nur ein paar Beispiele zu nennen. Der Geist hilft dir, Wissen zu erwerben und aus den Lehren des Lebens zu lernen. Aber der Geist darf nicht das Sagen haben, und das hat er bei den meisten Menschen. Halte das Leben im Geist im Gleichgewicht mit dem Handeln, das vom Herzen kommt, so wie ich dir gestern Abend gesagt habe. Es ist diese ungeheuer wichtige Harmonie oder Partnerschaft zwischen Kopf und Herz. Das Herz möchte jeden Funken dieses Sonnenaufgangs in sich aufnehmen. Das Herz weiß, dass das Leben im gegenwärtigen Moment stattfindet.«

Julian schwieg. Von der Lotus-Suite hatte man einen Ausblick über die gesamte Stadt; es war eine wunderschöne Aussicht. In Reiseführern hieß es gern, sie sei eines der besten Hotelzimmer der Welt.

»Hey, ich habe dein Auto unten vor der Tür stehen sehen«, sagte ich, als mir der Ferrari einfiel. »Ich hörte, du hast ihn heute früh hierhergefahren. Schläfst du nicht?«

»Natürlich schlafe ich. Eine gute Nachtruhe ist unentbehrlich für den Körper. Ich schlafe nur weniger als die meisten anderen Menschen. Das Leben ist kurz und ich verschwende meine Zeit nicht. Bereits morgen könnte ich sterben; wer weiß das schon? Also lebe ich jeden Tag völlig aus. Das Leben macht zu viel Spaß, um es zu verpassen. Ich habe eine Berufung zu erfüllen und will ein Vermächtnis hinterlassen. Ich bin mit wunderbaren Talenten gesegnet und habe einen Auftrag zu erledigen, einen, der, darum bete ich, vielen Menschen helfen wird, ein erfüllteres Leben zu führen. *Wenn du dich erst einmal mit irgendeinem höheren Zweck und Hauptziel im Leben verbunden hast, dann strömt auch eine entsprechende Leidenschaft und Kraft in dein Leben. Das Geheimnis, außer-*

ordentliche Leidenschaft in deinem Leben zu erzeugen, besteht darin, deinen höheren Zweck zu entdecken. Wenn du deine Berufung findest, wirst du auch Begeisterung dafür finden. Und je mehr Begeisterung du verspürst, desto weniger Schlaf brauchst und willst du. Für die meisten Menschen ist der Schlaf ein Betäubungsmittel. Ihnen dient der Schlaf zur Ablenkung und um die Zeit totzuschlagen. Da sie ein Leben führen, das nicht mit ihrem großartigsten Potenzial und ihren höchsten Möglichkeiten übereinstimmt, bildet sich in ihnen eine Quelle des Schmerzes. Die meisten Menschen sind sich dessen nicht bewusst, weil es auf der unterbewussten Ebene geschieht, aber das heißt nicht, dass dieser Schmerz nicht da wäre und sie in jedem Moment, bei jeder Entscheidung und auf jeder Ebene beeinflusst. Viele Menschen wollen diesem Schmerz aus dem Weg gehen, indem sie schlafen.«

»Das ist eine interessante Sichtweise, Julian. Ich habe das noch nie so betrachtet. Ich dachte immer, Schmerz sei etwas, das man eher bewusst fühlt«, gestand ich ein.

Julian nickte und fuhr fort. »Schau dir im Gegensatz dazu die Menschen an, die eine Sache gefunden haben, auf die sie ihr ganzes Leben ausrichteten, Menschen wie Benjamin Franklin, Mahatma Gandhi, Martin Luther King, Mutter Teresa und Nelson Mandela. Sie engagierten sich beinah wie in einem Kreuzzug, für den ihr ganzes Leben stehen sollte. Sie waren mit dem Herzen bei dieser Sache. Dadurch berührte sie alles, was sie taten, auch emotional. *Und wenn du es erst einmal geschafft hast, dich nicht nur intellektuell, sondern auch emotional auf eine Sache einzulassen, ist die Begeisterung riesig und die Energie explodiert.* Das ist die große Idee, über die du jetzt nachdenken solltest, mein Freund. Verbinde dich bei einer wichtigen Angelegenheit mit deinem Herzen und nicht mit deinem Verstand. Und dann schnall dich besser an, denn in deinem Leben wird es aufwärts gehen.«

»Darf ich dann kein Unternehmer mehr sein und muss ich meine Hotels aufgeben, um diese Sache zu finden, der ich mein Leben widmen kann? Die Menschen, die du eben aufgezählt hast, waren Freiheitskämpfer und Sozialaktivisten. Sei mir nicht böse, Julian, aber das bin nicht *ich.*«

»Ausgezeichnetes Argument. Natürlich kannst du deine eigene Sache, deinen persönlichen Kreuzzug, auch in deinem jetzigen Umfeld finden. Niemand muss seinen Beruf aufgeben, um etwas zu finden, dem er sich mit dem Herzen widmen kann und das ihm Begeisterung schenkt. Oft genügt es schon, wenn man die Dinge anders sieht. Du zum Beispiel kannst als Betreiber dieser Hotels im Leben vieler Menschen eine Menge bewirken. Das ist etwas, was dich begeistern kann.«

»Wirklich?«

»Klar. Die vielen Menschen, die für dich arbeiten, verbringen mehr Zeit auf der Arbeit als zu Hause. Sie lassen jeden Morgen ihre Familien zurück und kommen hierher, um dir zu helfen, deinen Traum zu verwirklichen. Stell dir das vor: Sie schenken dir einige der besten Stunden ihres Lebens. Wie wäre es, wenn du als Gegengabe dafür alles tust, was du nur kannst, um einen Arbeitsplatz zu schaffen, an dem man ungefährdet Mensch sein kann? Stell dir vor, was es für deine Mitarbeiter bedeutet, wenn sie sich über ihren Arbeitsplatz freuen und auf der Arbeit wachsen, lernen und ihre natürliche Kreativität ausleben könnten. Du könntest dich darauf konzentrieren, dass ihnen die Arbeit Spaß machen soll, und die Unternehmenskultur so umformen, dass edle Werte die Norm sind. Du kannst eine solche Kultur in jedem deiner wunderbaren Hotels schaffen, wenn du es willst. Dazu brauchst du nur Zeit, Mühe und einige Neuerungen. Ich war kürzlich in London und stieg im Hotel St. Martin's Lane von Ian Schrager ab. Dieses Hotel ist das ideale Beispiel eines Ortes, an dem Menschen Spaß haben, innovativ sind und ihre Arbeit lieben. Und ich muss dir sagen, ihre Leidenschaft war ansteckend. Ich fand die Zeit, die ich dort verbrachte, sehr schön. Denke daran, jeder macht gerne Geschäfte mit Leuten, die ihr Geschäft gern machen.«

»Ja, das ist wahr«, bemerkte ich.

»Stell dir bloß vor, wie beschwingt du dich fühlen wirst, wenn du weißt, dass du einen besonderen Ort für Menschen geschaffen hast, an dem sie arbeiten und ihren Geschäften nachgehen können. Und wenn du beginnst, die Dinge anders wahrzunehmen, kannst du nicht nur diese Sache entdecken, indem du den Menschen dienst, die für dich arbeiten. Du kannst auch ungeheure Begeisterung und gefühlsmäßige Anteilnahme schaffen, wenn du darüber nachdenkst, was du für jeden Gast tun kannst, der zu deinen Türen hereinkommt. Mit deinen Bemühungen und denen deiner Belegschaft kannst du schöne Erinnerungen schaffen. Du kannst die Menschen zum Lachen bringen und dafür sorgen, dass sie sich gut fühlen. Viele von deinen Gästen sind im Urlaub, und du kannst große Freude in ihr Leben bringen, wenn du dich von deiner besten Seite zeigst. Stell dir vor, jeden Morgen aufzuwachen und dich dem Umstand zu widmen, unvergessliche Erinnerungen für deine Gäste zu schaffen. Würde dich das begeistern?«

»Ganz sicher. Ich fühle mich schon inspiriert und begeistert, wenn ich nur über diese Möglichkeit nachdenke. Und je mehr ich mich auf solche Verpflichtungen einlasse, desto mehr sehe ich, wie meine Begeisterung in die Höhe klettert. Jetzt verstehe ich, warum du weniger schläfst als die meisten von uns; du bist einem besonderen Ziel verbunden und verpflichtet. Und es ist klar, dass deine ›Sache‹, wie du sie nennst, dich mit Treibstoff und Kraft versieht.«

»Ja, Dar. Sie gibt mir Hoffnung und sehr viel Energie. Eine Sache, für die man einstehen kann, entfesselt Energie, ob es sich nun darum handelt, unglaubliche Erfahrungen für die Menschen zu schaffen, die einem ihr Geld geben, oder darum, die Welt zu retten. Das ist durchaus ein Gedanke, den man sich merken sollte. Wenn du dich mit einem Hauptziel verbindest, das das Höchste und Beste anzapft, das du zu geben hast, glaubt der größte Teil von dir, dass du dein Leben auf eine Weise verbringst, die es wert ist. Dein Herz öffnet sich und schlägt wie nie zuvor. Weißt du, mein Freund, der Verstand ist zwar nützlich zum Planen, Überlegen und Lernen, aber er begrenzt uns auch oft. Der innere Monolog, der den Geist der meisten Menschen füllt, dreht sich hauptsächlich darum, warum man etwas nicht tun sollte. Er dreht sich um die unangenehmen Folgen des Scheiterns. Der Geist hält uns nur zu oft klein. Das Herz und die Gefühle sind die Befreier. Sie lassen uns Herausforderungen annehmen und nach Größe streben. Sie schaffen Begeisterung und Leidenschaft und laden unser großartigstes Ich dazu ein, zum Spielen herauszukommen.«

»Ich sehe definitiv den Wert dessen, was du mir mitteilst. Ich vermute, dass diese eine Sache oder der Kreuzzug, den man führt, einen auch in schwierigen Zeiten weitermachen lässt.«

»Ausgezeichnetes Argument!«, rief Julian aus. »Du bist ein wunderbarer Schüler, Dar, einer der besten bisher.« Er ging zu einer einzelnen Rose hinüber, die in einer einfachen silbernen Vase stand, und atmete den Duft ein. »Leonardo da Vinci drückte sich gut aus, als er sagte: ›Richte deinen Kurs nach einem Stern aus, und du wirst jeden Sturm durchsegeln.‹ Wenn du dein Hauptziel im Leben kennst, diese zentrale Mission, von der ich rede, hast du deinen Polarstern gefunden, der dich durch gute wie durch schlechte Zeiten führt.«

Julian hielt inne und fuhr sich mit einer seiner gebräunten Hände durchs Haar. »Verzeih mir, dass ich ein wenig abgeschweift bin, als ich deine Frage, warum ich weniger schlafe, beantwortet habe. Aber ich weiß, dir ist klar, dass das, was ich dir gerade gesagt habe, äußerst wichtig dafür ist, dein bestmögliches Leben zu schaffen. Finde deine Sache, und dann erledige deine Arbeit mit Stolz und Liebe. Liebe ist eine so unglaubliche Kraft des Guten. Erledige deine Sache mit dem Willen, ausgezeichnet zu sein. Die Welt wird dich auf unvorstellbare Weise belohnen.«

»Stolz, Liebe und der Wille, ausgezeichnet zu arbeiten: Ich mag diese Begriffe.«

»*Positiver* Stolz ist ein so wichtiger Faktor, wenn man ein schönes Leben schaffen will. Weißt du, Mahatma Gandhi hat einmal gesagt: ›Egal, wie unbedeutend das ist, was du tun musst, tue es so gut du kannst, wende so viel Sorgfalt und Aufmerksamkeit dafür auf, wie du es auch bei den Dingen tun würdest, die dir als das Wichtigste erscheinen. Denn anhand dieser kleinen Dinge wirst du beurteilt.‹ Hier ist die Fortsetzung dieses Gedankens, Dar: Wenn du dich bei *allem*, was du tust, bemühst, ausgezeichnet zu sein, ob nun als Vorgesetzter hier auf der Arbeit oder in deiner Rolle als Vater im Privatleben, dann wirst du in deinem Alltag vermehrt in positiver Weise stolz darauf sein, wie du deine Tage verbringst. Das wiederum steigert deine Selbstachtung und dein Selbstvertrauen, was wiederum mehr Energie und Leidenschaft freisetzt. Diese Lust aufs Leben, von der ich dir bereits erzählt habe, setzt ein. Du fühlst dich wohl in deiner Haut. Menschen, die sich in ihrer Haut wohl fühlen, leisten großartige Arbeit und schaffen großartige Dinge. Und das wiederum bringt sie dazu, ihre Maßstäbe für ausgezeichnete Arbeit nur noch höher anzusetzen. Es ist eine Aufwärtsspirale, die einen immer höher hinauf zu immer mehr Freude, Bedeutsamkeit und innerem Frieden führt.«

»Das zu hören, inspiriert mich, Julian.« Ich setzte mich auf das elegante Designersofa vor dem großen Fenster. »Aber ich wüsste gerne von dir: Hat jeder Mensch eine *festgelegte* Bestimmung, die er zu entdecken und der zu folgen er die Pflicht hat, wenn er authentisch leben will?«

»Das ist eine große Frage, mein Freund. Niemand weiß wirklich, ob es so ist oder nicht. Viele geben allerdings vor, die Antwort zu kennen. Du brauchst nur die vielen Bücher zu lesen, deren Autoren auf eine Art und Weise schreiben, als hätten sie einen direkten Draht zum Ursprung der gesamten Schöpfung. Die Antwort kannst du nur kennen, wenn du erleuchtet bist. Vorher kannst du höchstens versuchen, einen Lebensweg zu erkunden, der sich für dich richtig anfühlt, das ist noch das Beste, was du tun kannst. Ich selbst glaube inzwischen, dass es einen sehr allgemeinen vorgeschriebenen Plan für jedes Leben gibt, der tatsächlich schon feststeht. Nenne ihn Schicksal, wenn du möchtest. Andererseits glaube ich auch, dass jeder einzelne Mensch *unglaublich viele* Gelegenheiten hat, sich frei zu entscheiden, wie das Leben jeweils weitergeht, und dass wir durch die Abfolge unserer freien Entscheidungen letztlich unsere Bestimmung selbst erschaffen. Es ist beinahe so, als hätte der weise Architekt im Himmel eine grobe Skizze oder einen Entwurf für unser Leben angefertigt, und es liegt an uns, die Details herauszuarbeiten. Ich sage es noch einmal: Wir haben haufenweise mitzureden, wenn es darum geht, wie unser Leben sich gestaltet. Wir können in so vieler Hinsicht das Leben haben, das wir uns erträumen. Ganz ohne Zweifel können wir Menschen nicht alles kontrollieren, was uns geschieht; das ist der Teil, der Schicksal ist. Das Leben geht eben seinen eigenen Weg. Aber andererseits haben wir enorm viel Kontrolle darüber, wie wir darauf reagieren, was uns das Leben zukommen lässt. Die Partnerschaft zeichnet sich also wie folgt: *Tue dein Bestes, das Allerbeste, das du in jeder Dimension deines Lebens nur erreichen kannst, und dann überlasse dem Leben den Rest. Es handelt sich um ein empfindliches Gleichgewicht dazwischen, etwas geschehen zu machen und etwas geschehen zu lassen.* Wir sind sehr oft wirklich unseres Glückes Schmied, und Gutes stößt gewöhnlich denjenigen zu, die Gutes tun. Es ist nicht so, dass es eine Blaupause für das Leben gäbe und es keine Rolle spielte, wie man selbst handelt. Das ist Unsinn und ein Märchen, das sich Leute ausdenken, die Angst haben, die persönliche Verantwortung für ihr Leben zu übernehmen. Doch wenn man einmal sein Allerbestes getan hat, *darf man loslassen und darauf vertrauen, dass alles, was einem dann zustößt, genau das Richtige ist, um einen wachsen zu lassen, sodass man sich zu seinem bestmöglichen Ich entwickelt.*«

»Das ist ja auch genau das, was du als Sinn des Lebens ansiehst, oder, Julian?«

»Ja, ich glaube, der Sinn des Lebens besteht darin, dass wir wachsen und uns an uns selbst erinnern. Dass wir zu dem wunderbaren Geschöpf heranwachsen, das wir anfangs waren, und dass wir uns daran erinnern, dass wir es bereits im Augenblick der Geburt waren, bevor wir den ganzen Müll der Welt um uns herum aufnahmen, der unsere Vollkommenheit verdarb. Bevor wir verdorben wurden, einschliefen und die Wahrheit darüber nicht mehr wahrhaben wollten, wer wir sind und was wir alles an Schönem und Mutigem zu tun bestimmt sind.«

»Ich bin immer noch nicht ganz sicher, ob wir nun eine *bestimmte* Berufung oder Bestimmung haben, Julian. Ich weiß, das ist ein schwieriges Thema und eine große Frage, aber es ist mir wichtig. Gibt es eine bestimmte Aufgabe, die zu erfüllen ich vorherbestimmt bin? Gibt es eine bestimmte Frau, eine Seelengefährtin, die ich finden soll? Könntest du vielleicht ein bisschen mehr zu diesen Fragen sagen?«

»Du hast recht; das sind sehr problematische Fragen. Gut, dass du sie stellst.« Julian war sichtlich zufrieden. Er kam zu mir herüber, lächelte warm und klopfte mir sanft auf den Rücken.

»Zuerst möchte ich noch einmal betonen, dass es in vielerlei Hinsicht wohl keine Antworten auf deine Fragen gibt. Du versuchst das zu verstehen, was auf menschlicher Ebene mit unserer beschränkten Wahrnehmung einfach nicht zu verstehen ist. Aber dass du danach fragst, heißt, dass du in die Tiefe gehst und über eine Lebensphilosophie nachdenkst, die zu dir passt. Einerseits möchte ich dir gerne sagen, dass das einfach Mysterien des Lebens sind, andererseits habe ich auch ein Bauchgefühl, wie die Antworten aussehen, die du suchst. Und du sollst wissen, dass die Weisen, die ich in Indien getroffen habe, erleuchtete Seelen waren, die so viele Wahrheiten entdeckt haben, zu denen der Durchschnittsmensch keinen Zugang hat, wodurch vieles von dem, was ich dir sage, aus einer sehr verlässlichen Quelle stammt.«

»Ich verstehe«, sagte ich, ein wenig ungeduldig, die kaum bekannten Geheimnisse, die mein Verstehen für immer ändern würden, endlich zu hören.

»Ich glaube, das funktioniert alles ungefähr so: Viele mögliche Wege zu unserem bestmöglichen Leben sind für uns im Voraus festgelegt. Es gibt viele Eingänge ins Haus der Seligkeit. Genau, wie du viele unterschiedliche Wege von der Arbeit nach Hause nehmen kannst, gibt es auch viele Wege, die du zu deinem großartigsten Leben gehen kannst, dem Leben, das für dich vorbestimmt ist; und dorthin zu gelangen, ist auch eine Art Heimkehr. Es gibt viele verschiedene Tätigkeiten, die du ausüben kannst, um zu deiner Bestimmung zu gelangen. Ebenso sind viele Seelengefährtinnen für dich erhältlich. Jede bietet dir andere Lektionen, aber alle können dir helfen, zu deinem bestmöglichen Ich heranzuwachsen und es zu erwecken. Dein höchstes Ich und dein großartigstes Leben zu erreichen, ist der Hauptzweck des Lebens. Heimzukehren an den Ort des Glanzes, der Liebe und der Furchtlosigkeit, den du vergessen hast, ist der Grund für deine Existenz. Es liegt an dir, welche Route oder welchen Weg du nimmst, wenn du versuchst, dein authentisches Leben zu erreichen. Kein Weg ist besser als der andere; sie sehen nur verschieden aus. Den einen Weg zu wählen, kann eine längere Reise bedeuten, genauso wie ein bestimmter Heimweg länger dauern oder dich auf schlechtere Straßen führen kann. Ein anderer Weg führt dich vielleicht auf eine Schnellstraße zu deiner Bestimmung; die Fahrt verläuft problemlos und über dir ist ein wolkenloser blauer Himmel. Das liegt an dir.

Es wird zum großen Teil davon bestimmt, wie du dich in den Augenblicken deiner Tage entscheidest. *Du bist der Mitautor des Drehbuchs, das für die Geschichte deines Lebens geschrieben wurde, mein Freund.*«

»Gut, Julian, jetzt muss ich dich fragen: Wie stellt man es an, diese Schnellstraßen zu dem Ort zu finden, an dem wir nach diesem groben und allgemeinen Plan, der für unser Leben aufgestellt wurde und den du erwähnt hast, sein sollen?«

»*Tue einfach Gutes und sei ein guter Mensch*«, kam die direkte Antwort. »Diese unsere Welt wird nach einer Reihe unveränderlicher Naturgesetze betrieben, Gesetze, die dieselbe Naturkraft geschaffen hat, die auch die Welt gebaut und dich hierhergeschickt hat. Du kannst ein Spiel wie Fußball nicht spielen, ohne die Regeln zu kennen. Nun, auch das Leben ist wie ein Spiel. Und um es zu spielen und um zu gewinnen, musst du unbedingt die Regeln lernen. Führe dein Leben in Übereinstimmung mit den Regeln, und dein Leben wird funktionieren. Das Universum möchte, dass du gewinnst, wusstest du das? Du darfst dir nur nicht selbst im Weg stehen und musst die Spielregeln herausfinden, so schnell du kannst. Und die Spielregeln zu erlernen, erfordert eben einige Mühe, tiefes Nachdenken an stillen Orten und eine echte Bereitschaft, Philosoph zu sein.«

»Ein Philosoph zu sein?«, hakte ich nach.

»Ganz genau. Philosophie heißt wörtlich ›Liebe zur Weisheit‹. Wenn wir hoffen, den Weg unserer Bestimmung zu unserem größten Leben zu gehen, müssen wir lernen, die

Weisheit anzuerkennen. Wir müssen den tiefen Wunsch haben, zu verstehen, worum es in unserem Leben geht. Diese Welt wäre ein viel besserer Ort, wenn wir alle anfingen, uns als Philosophen zu betrachten, die nachdenklich und kunstvoll dabei sind, ein erfreulicheres und bedeutungsvolleres Leben zu formen. Doch um zurück auf die zeitlosen Naturgesetze zu kommen: Wenn du dein tägliches Handeln nach ihnen ausrichtest, wirst du automatisch den schnellsten Weg zu deinem großartigen Leben nehmen. Wenn du sie jedoch missachtest, wirst du den langen Weg nach Hause nehmen.«

»Wie lauten diese Naturgesetze überhaupt?«, fragte ich, weil ich unbedingt mehr wissen wollte.

»Damit sind die Gesetze gemeint, die bestimmen, wie die Welt funktioniert, in der wir leben. Zu ihnen gehören Kernprinzipien wie ›Hilf stets anderen Menschen zu bekommen, was sie wollen, während du bekommst, was du willst‹, ›sei uneingeschränkt integer‹, ›lebe im gegenwärtigen Augenblick‹, ›werde der freundlichste Mensch, den du kennst‹, ›tue dein Bestes und sei hervorragend bei allem, was du tust‹, ›sei dir selbst treu‹ und ›träume mutig‹. Die meisten von uns kennen diese Gesetze, aber wenige von uns leben nach ihnen. Wie Voltaire einst sagte: ›Gemeinsinn ist alles andere als gemein.‹«

»Das ist wahr, Julian. Heutzutage ist es fast so, als ob wir allem, was nicht komplex und ausgefeilt ist, wenig Wert beimessen. Aber die meisten Wahrheiten sind wirklich einfach, nicht wahr?«

»Wenn es nicht einfach wäre, wäre es keine Wahrheit«, antwortete Julian weise.

»Du sagtest: ›Wenn du dein tägliches Handeln nach ihnen ausrichtest, wirst du automatisch den schnellsten Weg zu deinem großartigen Leben nehmen. Wenn du sie jedoch missachtest, wirst du den langen Weg nach Hause nehmen.‹ Bedeutet das dann, dass diejenigen von uns, die Schmerz und Leiden erleben, während wir durch das Leben reisen (und wer von uns stößt nicht auf einige Schwierigkeiten entlang des Wegs?) ein Naturgesetz verletzt haben? Und dass wir deshalb von der Schnellstraße abgefahren und auf eine dieser langsameren, gewundeneren Straßen gelangt sind?«

»Weißt du, Dar, wie du bemerkt hast, steht jeder Mensch auf dem Planeten guten wie schlechten Zeiten gegenüber, selbst wenn er wie ein Heiliger lebt. Schmerzliche Ereignisse kommen, um uns die Lektionen zu lehren, die wir auf dem jeweiligen Punkt des Wegs lernen müssen. Traurige Erlebnisse treten ein, um uns zu heilen, zu vertiefen und philosophischer zu machen. Niemand von uns kann diese Ereignisse vermeiden, weil niemand von uns vollkommen ist. Dass wir unvollkommen sind, heißt also, dass wir immer noch viele Lektionen lernen müssen, auch wenn wir ein freundliches, edles und kühnes Leben führen, oder?«

»Das klingt absolut vernünftig«, sagte ich grinsend und gab Julians Worte zurück.

»Also werden selbst die Erwecktesten unter uns immer noch Schmerz und Leiden erleben, weil diese Erfahrungen genau jene Lektionen bieten, die nötig sind, um auf die nächste Ebene von Verständnis und Entwicklung vorzudringen. ›Es gibt keine Fehler, keine Zufälle. Alle Ereignisse sind Segnungen, die uns gegeben werden, damit wir daraus lernen‹, sagt Elisabeth Kübler-Ross. Erkennst du jetzt, warum Schmerz und Leiden sowohl wunderbar als auch notwendig sind?«

»Ja.«

»Ein Weiser hat es sehr treffend ausgedrückt, als er erkannte, das Leben sei wie ein Fluss mit zwei Ufern. Auf dem einen Ufer finden wir Glück und auf dem anderen Leid. Wenn wir den Fluss entlangfahren, geraten wir unweigerlich immer wieder an beide Ufer. Der wirkliche Trick besteht darin, an keinem Ufer zu lange festzuliegen.«

»Das ist gut. Mir gefällt diese Metapher sehr, Julian. Also hat niemand ein Leben ohne Probleme und Traurigkeit, weil diese Dinge eintreten, um uns Lektionen beizubringen. Und jeder von uns, egal, wie weit entwickelt wir auch sein mögen, muss Lektionen lernen.«

»Richtig. Die einzigen Menschen ohne Probleme und Schwierigkeiten liegen zwei Meter unter der Erde. Leben heißt Problemen, Schmerzen und Leiden gegenüberzutreten. Diese Dinge sind Mittel zu Wachstum, Ausdehnung und lebenslangem Lernen. Die Prüfungen des Lebens sind nichts anderes als Gelegenheiten, um Weisheit zu sammeln. Es sind Plattformen, um uns an mehr von unserer authentischen Kraft zu erinnern, wenn wir wollen. Aber vergessen wir nicht, jedes Leben hat auch eine gewisse Menge an Triumphen und schönen Phasen. Kein Leid hat je Bestand. Kein Rückschlag ist für immer. Kein Elend dauert eine Ewigkeit. Es mag scheinen, als ob sie nie aufhören, während wir sie erleben, aber das ist nicht die Wahrheit. Das Leben hat seine

Jahreszeiten, seine Kapitel sozusagen. Und die schwierigen Zeiten sind letztlich die Zeiten, die uns zu etwas Besserem formen. Der eigentliche Punkt, den wir uns wirklich merken sollten, ist jedoch: *Wenn wir uns dafür entscheiden, diese Naturgesetze, von denen ich spreche, zu achten, und unser Leben auf eine Weise zu verbringen, die sie tief respektiert, dann verbringen wir eine Menge mehr Zeit auf der Schnellstraße als auf diesen Umleitungen, die mit Problemen und Schmerz erfüllt sind. So können wir das Ausmaß unseres Leidens deutlich verringern.*«

»Wenn das Leiden uns also Lektionen lehren soll, die wir lernen müssen, wie zum Beispiel ›sei ein besserer Mensch‹ oder ›hör auf, ein kleines Leben zu führen‹ – wenn wir diese Wahrheiten oder Gesetze, wie du sie nennst, verstehen, besteht doch kein Grund für uns, sie auf schmerzliche Weise zu lernen. Wir erleben dann weniger Leiden in unserem Leben, denn Leiden geschieht nur, wenn wir uns nicht nach den Gesetzen richten, die die Welt regeln. Wir können also sehr wohl einen dramatischen Einfluss darauf ausüben, wie sich unser Leben abspielt.«

»Ausgezeichnet, Dar!«, rief Julian aus, während er seine Faust vor Freude in die Luft hob. »Denke aber daran, dass du trotzdem mit Schwierigkeiten konfrontiert werden könntest, weil wir nun einmal unvollkommen sind und es immer Lektionen für dich zu lernen geben wird, und manchmal müssen diese Lektionen auf eine Weise eintreten, die wehtut. Das ist einfach so. Aber, ja, wir können das Leiden in unserem Leben verringern, indem wir persönlich vollständig die Verantwortung für uns selbst übernehmen und jeden Tag weise

Entscheidungen treffen. So gestalten wir unser Schicksal und haben die Macht, ein sehr viel glücklicheres Leben zu führen.«

»Oh«, fuhr Julian fort, während er zum CD-Spieler hinüberging und anfing, die CD-Hüllen durchzusehen, die darauf lagen, »*dem Universum sind die Wünsche deines Herzens nicht unbekannt.* Der Teil des Plans, der für dich geschrieben worden ist, würde dich nie in etwas verwickeln, das zu tun falsch für dich wäre. Es geht ja darum, dich glücklich zu machen. Deine Bestimmung wird dich nie zu etwas führen, das dich unglücklich machen würde. Wenn du gerne Geschäfte machst, dann sieht der Plan deines Lebens wahrscheinlich nicht vor, dass du Arzt oder Schauspieler wirst. Wenn eine Frau gerne schreibt und ihr das Herz dabei aufgeht, wenn sie allein vor dem Rechner sitzt und mit großer Überzeugung und Leidenschaft schreibt, als ob nichts anderes zähle, dann ist der Zweck ihrer Seele wahrscheinlich nicht, Vertreterin zu werden. *Das Universum will wirklich, dass du gewinnst. Der Plan sieht vor, dass du wirklich sehr glücklich wirst.*«

Julian zeigte mir einige der CDs, die er gesammelt hatte, so, wie ein Kind einem guten Freund seine Lieblingsspielzeuge vorführen würde. *Parts of the Process* von Morcheeba war dabei, *A Rush of Blood to the Head* von Coldplay, ein Bon-Jovi-Bestseller und zwei CDs, die ich noch überhaupt nicht kannte: Eine von einer Gruppe namens Our Lady Peace namens *Gravity* und eine von Lloyd Cole namens *The Negatives.*

»Ziemlich weitgespannter Musikgeschmack, Julian. Du bist garantiert der hipste Mönch der Welt.«

Das brachte ihn zum Lachen. Er strahlte. »Wie ich dir gesagt habe, Dar: Musik bringt meine Seele zum Singen. Sie ist eine der liebsten Freuden meines Lebens. Ich verbringe viel Zeit in CD-Läden und Buchhandlungen. Musik und Bücher. Zwei meiner größten Freuden.«

Auf Julians ungemachtem Bett lagen drei Bücher, die vom häufigen Lesen zerfleddert waren: Mark Aurels *Selbstbetrachtungen, The Greatest Salesman in the World* von Og Mandino und eines mit dem seltsamen Titel *The Saint, The Surfer and The CEO* (zu Deutsch: *Der Heilige, der Surfer und der CEO*). Ich staunte immer wieder über die Titel, die sich manche dieser Autoren ausdachten. Julian hatte nur wenige Kleidungsstücke im Zimmer. In der Ecke stand sein Rucksack. Es bestand kein Zweifel daran, dass Julian sehr einfach lebte.

Julian legte sich ein Paar Khakishorts, ein weißes T-Shirt und ein Paar Sandalen heraus. Ich sah, dass er die Sandalen bei The Gap gekauft hatte. Es wurde mir zunehmend klar, dass Julian zwar wenig materiellen Besitz hatte und mit leichtem Gepäck durchs Leben ging, aber keiner dieser spirituellen Menschen war, die die reale Welt meiden und glauben, der einzige Weg zur Erleuchtung sei, Asket zu werden. Er entschuldigte sich nicht für seine Liebe zu den Freuden, die diese Welt zu bieten hat. Seine Gesamtphilosophie erschien mir sehr ausgewogen. Bringe Kopf und Herz ins Gleichgewicht; bringe Träume und Taten ins Gleichgewicht, indem du die Dinge geschehen lässt und auf den größeren Plan vertraust. Bringe das Bewusstsein, dass der Sinn des Lebens darin besteht, zu unserem spirituellen Ich zurückzukehren, mit der Tatsache ins Gleichgewicht, dass wir Menschen in unterschiedlicher Weise unvollkommen sind und dass wir in einer Welt voller Freuden wohnen, die man ohne Gewissensbisse genießen kann und sollte. *Letztlich, so schien es mir, glaubte Julian, der goldene Schlüssel für ein schönes Leben sei es, Himmel und Erde miteinander ins Gleichgewicht zu bringen. Und das kam mir richtig vor.*

Julian griff nach dem Buch von Og Mandino und deutete auf eine Zeile, die gelb hervorgehoben war. »Hier, lies dieses Juwel einer Erkenntnis, *amigo.*« Die Zeile war einfach, so wie alle Wahrheiten, das hatte ich ja gerade gelernt. Sie lautete: »Ich bin nicht durch Zufall auf dieser Welt. Ich bin für einen Zweck bestimmt, und zwar, zu einem Berg heranzuwachsen, nicht zu einem Sandkorn zu schrumpfen.«

»Danke, Julian«, sagte ich leise. »Danke, dass du mir das Leben gerettet hast.«

KAPITEL 4

Der Suchende erfährt vom Verbrechen des Selbstverrats und lernt, wie man sich von seinen Ketten befreit

Wertschätze deine Visionen; wertschätze deine Ideale; wertschätze die Musik, die sich in deinem Herzen regt, die Schönheit, die sich in deinem Geist bildet, die Lieblichkeit, die deine besten Gedanken schmückt, denn aus ihnen erwachsen alle erfreulichen Bedingungen, alle himmlische Umgebung; aus ihnen wird endlich deine Welt erbaut, wenn du ihnen treu bleibst.

James Allen, *As You Think*

> *Was zögerst du noch? Geh aufs Ganze! Riskiere alles! Kümmere dich nicht darum, was die anderen sagen, um diese Stimmen. Wage, was dir am allerschwersten fällt. Nimm die Dinge in die Hand. Stell dich der Wahrheit.*
>
> Katherine Mansfield

Julian wusste, dass ich tief in Gedanken versunken war. Er ließ mich ein bisschen allein, damit ich alles verarbeiten konnte, was er mir offenbart hatte. Während er ins Bad ging, grübelte ich darüber nach, wie ich mein Leben so viele Jahre lang bisher geführt hatte. Ich hörte Julian singen und das Wasser aus dem Hahn fließen. Ich fühlte ein großes Bedauern in mir aufsteigen, als ich über die vielen Fehler meiner Vergangenheit nachdachte. Anstatt diese Fehler für mich zu nutzen, indem ich aus ihnen lernte und an ihnen wuchs, hatte ich die Lektionen, die sie mir gaben, verschlafen, und war blind durchs Leben gegangen. Ich hatte die Gelegenheit zu wachsen ignoriert und mich in Selbstmitleid gewälzt. Ich war traurig, dass ich Julians Philosophie nicht als sehr viel jüngerer Mensch kennengelernt und ein Leben geführt hatte, das sich enger an den Naturgesetzen orientierte, von denen er gesprochen hatte. So viele kostbare Jahre waren mir durch die Finger geronnen, in denen ich den Weg zu meinem besten und wahrhaftigsten Leben hätte gehen können, anstatt die Talente und Gaben zu verschleudern, die mir gegeben waren, nur um ein Leben gemäß den Erwartungen anderer Menschen zu führen. Ich war von der Menge verschlungen worden und hatte fast zugelassen, dass sie mich zerstörte.

Als Julian zurückkam, legte er seinen Arm um mich. Er spürte, was in mir vorging. »›Vergebung ist die Frucht des Verstehens‹, sagte der weise Mönch Thich Nhat Hanh. Du bist auf deinem Weg genau dort, wo du sein sollst. Wenn dieses Verstehen wächst und mit ihm das Bewusstsein dafür, wie sich das Leben entwickelt, wird ein schönes Gefühl der Selbstverzeihung in dir erscheinen. Du bist viel zu streng mit dir selbst«, sagte Julian sanft und überraschte mich mit der Tiefe seiner Intuitionskraft.

Er führte mich aus dem Zimmer auf den Gang hinaus. Schöne Kunstwerke hingen an den Wänden und Lounge-Musik strömte leise aus einer Reihe gut verborgener Lautsprecher. Anscheinend schliefen die meisten Hotelgäste noch.

»Erzähl mir mehr, Julian«, sagte ich, sammelte mich und fühlte mich bereit, weitere der tiefen Weisheiten zu hören, die mein glänzender, wenn auch unorthodoxer Life Coach mir mitteilte.

»Gerne, *amigo*«, antwortete er, während wir den Aufzug betraten. »Jemand, der sein größtes Spiel als Mensch spielt, das heißt, der gemäß seinem größten Potenzial lebt und den Weg seiner authentischen Aufgabe geht, ist ein Mensch, der sich selbst liebt. *Ein hervorragendes Leben zu führen, ist eine Manifestation der Selbstliebe.*«

»Das habe ich noch nie so gesehen«, sagte ich.

»Wer sein Leben so führt, als ob er einer der größten Menschen der Welt wäre, ein echtes Schwergewicht, der hat nicht nur enorme Selbstachtung, sondern auch tiefen Respekt vor der Naturkraft, die ihn geschaffen hat. Heutzutage wird viel darüber geredet, im gegenwärtigen Moment zu leben und das Hier und Jetzt auszukosten. Verstehe mich nicht falsch, diese Dinge sind *entscheidend* wichtig für ein gutes Leben. Ich glaube daran und unterstütze beides völlig. Du hast mich ja sogar schon darüber reden hören, obwohl wir uns erst so kurz kennen. *Aber es ist alles ein Gleichgewicht*, und es ist absolut nichts Falsches daran, sich auch Zeit zu nehmen, nach den Sternen zu greifen und die Talente in dir richtig intensiv leuchten zu lassen. *Wenn du dir große Ziele setzt und großen Träumen nachjagst, ist das ein ungeheurer schöpferischer Akt von dir. Du setzt deine Vorstellungskraft und deine Fähigkeiten ein, um etwas Wunderbares aufzubauen. Das ist gelebte Kreativität.*«

»Schöne Erkenntnis. Ich habe es nie als schöpferischen Akt gesehen, meine bedeutungsvollsten Ziele zu verfolgen. Aber das ist es, oder nicht? So zu handeln, bedeutet, etwas aus nicht mehr als der anfänglichen Idee zu erschaffen. Ein neues Unternehmen aufzubauen oder ein neues Produkt auf den Markt zu bringen oder eine wahre Leidenschaft zu verfolgen, ist nichts anderes als das, was ein Künstler tut, der die Vision in seinem Geist in ein schönes Kunstwerk verwandelt.«

»Ja. Und während wir das Leben unserer Träume erschaffen, wessen Beispiel folgen wir da wohl?«

»Keine Ahnung.«

»Wir folgen dem Beispiel der unendlich mächtigen Naturgewalt, die die gesamte Welt geschaffen hat. Nenne diese Kraft Gott, das Universum oder Natur; das Etikett, das du ihr verleihst, ist nur ein Wort, und ich möchte mich nicht auf eins davon festlegen. Wichtig ist vielmehr, dass du die Energie anzapfst, die die Sterne und Meere geschaffen hat, wenn du das, was du haben willst, mit Liebe und wilder Hingabe verfolgst. Eine Art Magie tritt in dein Leben, und es geschehen Dinge, die sich deinem Verständnis entziehen. Es erscheinen Zeichen, die dir zeigen, dass du auf dem richtigen Weg bist. Die Ampeln auf deinem Heimweg schalten automatisch auf grün, während du dich fragst, ob diejenige, die du gerade so wagemutig um eine Verabredung gebeten hast, die richtige für dich ist. Oder genau die richtige Person ruft dich zufällig zu richtigen Zeit an und hilft dir zu entscheiden, ob die Arbeit, mit der du solche Mühe hast, wirklich die richtige für dich ist. Oder die ideale Lösung für ein schwieriges Problem findet sich in einem Buch, das du im Wartezimmer des Zahnarztes zufällig in die Hand nimmst, während du auf die Zahnreinigung wartest. Wie lautet das alte Sprichwort? Zufälle sind Gottes Art, unerkannt zu bleiben.«

»Oooh, das ist ein guter Spruch, Julian.«

»Finde ich auch«, sagte er mit selbstverständlichem Selbstvertrauen, als wir aus dem Aufzug in die funkelnde Eingangshalle traten. Die Sonne schien durch die raumhohen Glasfenster, und die Gerberas, die überall in der Eingangshalle standen, gaben dem Raum eine großartige Atmosphäre. Ich war stolz auf dieses Hotel und das, wofür es stand. Ich fühlte mich gut angesichts dessen, was ich hier geschaffen hatte.

»Wenn du dein Bestes tust und dich dem Bemühen widmest, ausgezeichnet zu sein, unterstützt dich das Universum und bläst dir Wind unter die Flügel. Es sieht einen Menschen, der nach seinen Idealen greift und versucht, das zu werden, was ihm vorherbestimmt ist zu sein. Ein solches Bemühen bleibt den Augen, die über die Welt wachen, nie verborgen. Vergiss aber nicht, dass nichts sich so ergibt, wie du es haben willst. Eine höhere Intelligenz ist im Spiel, deren Logik wir oft nicht verstehen. Doch wenn du immer weiter dein Bestes gibst und dem Leben den Rest überlässt und annimmst, was auch immer kommt, in dem Wissen, dass es zu deinem höchsten Wohl ist, wird dein Leben sich wundervoll entwickeln. Sogar besser als erwartet.«

Gerade, als ich diese Erkenntnis verarbeitete, berührte Julian in der Lobby den Boden mit seinen Händen und fing an, seltsame Bewegungen auszuführen. Die Mitarbeiter an der Rezeption wurden aufmerksam und kicherten leise. Maria war verzaubert. Julian war genau so, wie er war, das stand fest. Er achtete kaum darauf, was andere von ihm dachten. Es schien absolut selbstverständlich für ihn, dass er tat, was er wollte, solange es ihm richtig vorkam. Er lebte nach seinen eigenen Bedingungen. Und wie er mich gelehrt hatte, war das die *wahre* Bedeutung des Erfolgs.

»Das ist der nach unten schauende Hund. Yoga ist eine der Übungen, die ich jeden Tag ausführe, um mich voller Energie und in guter körperlicher Verfassung zu halten. Du solltest es probieren. Es wird schon seit Tausenden Jahren praktiziert, und zwar, weil es funktioniert. Ich meine, wenn Madonna und Sting darauf schwören, kann es so schlecht nicht sein, oder?«, grinste er, als er sich in der Pose konzentrierte und sich seine Muskeln anspannten, während er sich elegant hin und her bewegte.

Nachdem er die Pose einige Augenblicke lang gehalten hatte, stand er auf und fuhr fort. »Aber nun zurück zu dem, was ich sagen wollte. Zu viele spirituelle Menschen in unserer Welt heute leiden an einer Krankheit, die ich spirituelle Apathie nenne. Sie sagen, dass du deine Träume nicht verfolgen und nicht zu viel wagen sollst, weil man damit seine Bestimmung kontrolliert und Ergebnisse erzwingt. Was für ein Unsinn!«, sagte Julian, während er seine Arme mit dramatischer Wirkung in der Luft schwenkte. »Ich hoffe, ich habe Folgendes klar gemacht: Wenn du dein bestmögliches Leben lebst, das Leben, das deine Bestimmung dir wünscht, hast du es geschafft, ein Gleichgewicht zwischen dem zu finden, was du tust, und dem, was du zulässt. Ich stimme zu, dass es bedeuten würde, den Fluss in eine Richtung zu schieben und Ergebnisse zu erzwingen, wenn man sich *zu* sehr bemüht. Aber zu viele spirituelle Suchende scheinen zu glauben, dass fleißige Arbeit, diszipliniertes Leben und Streben nach dem, was man möchte, ungesund und unspirituell ist. Nichts könnte der Wahrheit ferner sein. Sich Ziele zu setzen, seine Zeit gut einzuteilen und kalkulierte Risiken einzugehen, um zu bekommen, was man möchte, ist in Wirklichkeit *sehr spirituell*, weil man die Talente und die Kraft anwendet, die einem gegeben wurden, damit man sich einer wertvollen Aufgabe widmet. Wer das nicht glaubt, ist vielleicht das genaue Gegenteil eines Workaholic, doch auch eine solche Ansicht ist extrem und unausgewogen. Und was mich angeht, so halte ich Extremismus in jeder Form für ungesund.«

»Kann es passieren, dass ein Mensch *zu* spirituell wird?«

»Sicher. Den ganzen Tag in seinem Zimmer zu bleiben, um zu meditieren oder zu beten, wird einem nicht das Leben seiner Träume bescheren, das man damit erreichen will. Wer an so etwas glaubt, der glaubt an Zauberei. Das ist einfach Selbstbetrug. Ich habe dir ja schon gesagt, ich glaube, dass es einen groben Plan für unsere Bestimmung gibt, der geschrieben wurde, bevor wir auf diese Welt kamen. Dennoch ist dem Menschen der freie Willen gegeben, und zwar *um die Schritte tun zu können, die notwendig sind, um unsere Bestimmung auszuführen.* Es gibt viele Lücken, die auszufüllen wir die Kraft haben, und viele Punkte, die wir verbinden können. Du musst die Mühe investieren und die Opfer bringen, die erforderlich sind, um das Leben deiner Träume zu führen. Du musst diszipliniert sein und kluge Entscheidungen treffen. Handlungen haben Folgen, und um die Ernte einzubringen, von der du träumst, musst du vorher die Saat ausbringen. Das ist ein weiteres Naturgesetz. Wenn du mir nicht glaubst, frage einfach einen erfolgreichen Bauern. Er wird dir sagen, dass auf dem Feld ohne harte Arbeit und fleißiges Säen nichts wächst. Wenn er nur herumsäße und den ganzen Tag betete oder meditierte, würde er seinen Hof ruinieren.«

»Das leuchtet mir ein«, sagte ich. »Ich kann mir nicht vorstellen, dass meine Bestimmung an die Tür klopft, wenn ich nichts tue, um sich mir zu zeigen. Je mehr ich darüber nachdenke, desto mehr stimme ich dir zu, Julian: Wir hätten als

Menschen keine persönlichen Kräfte mitbekommen, wenn wir sie nicht auch ausüben sollten.«

Wir gingen hinaus in die frische Luft des frühen Morgens.

»Genau, Dar. Jede Begabung, die uns gegeben ist (und jeder von uns hat welche), haben wir aus einem bestimmten Grund. Mit jeder dieser Begabungen, die wir bekommen haben, geht die Verantwortlichkeit dafür einher, sie zu formen und zu entwickeln und sie dann draußen in der Welt so anzuwenden, dass sie das Leben anderer Menschen bereichert. Menschen, die weder bereit sind, sich ein Ziel dahingehend zu setzen, was sie vom Leben wollen, noch, dieses Ziel dann *kühn* zu verfolgen, sind letztlich Menschen, in denen sich viel Angst regt. Sie sind verängstigt. Sie haben Probleme, die geheilt werden müssen, und Schatten, die untersucht werden müssen.«

»Welche Ängste könnten es wohl sein, die diese Menschen plagen, Julian?«

»Angst vor dem Versagen, Angst vor dem Erfolg, Angst vor dem Unbekannten, Angst vor Zurückweisung, Angst davor, anders zu sein, Angst davor, nicht gut genug zu sein ... Ich könnte noch einige Ängste aufzählen. Jeder, der nicht da draußen ist, sein Bestes tut, sich darauf konzentriert, sein höchstes Spiel zu spielen und in exzellenter Weise zu leben, ist in gewisser Weise ein Mensch, der Ängste in sich trägt und geheilt werden will. Ich muss das klar sagen: Es gibt keine Seele auf der Welt, die nicht irgendeine Angst hegt, die sie davon abhält, ihr wahrstes Potenzial auszuleben. Noch einmal: Schon dass man ein Mensch ist, ist ein Zustand der Unvollkommenheit, und ein Großteil dieser Unvollkommenheit entsteht aus den Ängsten, die wir aufgesammelt haben, als wir die Vollkommenheit unseres ursprünglichen Wesens verlassen haben und hinaus in die Welt gereist sind.«

»Dieses ganze Gerede heute, das man so oft hört, dass man nicht so ergebnisorientiert sein und sich auf die Gegenwart konzentrieren solle, zeigt also bloß Angst, oder?«

»Nicht ganz, Dar. Die Philosophie ist theoretisch richtig, aber diese Leute *führen sie falsch aus*. Denke an den Spruch, den ich dir als dein Coach mitgegeben habe: *Tue dein Bestes und überlasse dem Leben den Rest*. Jage deinen Träumen nach. Tue, was du kannst, um das Leben aufzubauen, das du dir wünschst. Besuche die Orte, die dir Angst machen, und schrecke nicht vor der Großartigkeit zurück, von der du in deinem Herzen weißt, dass du sie der Welt präsentieren sollst. Und wenn du *alles* in deiner Macht Stehende getan hast, um als Mensch deine Wünsche zu verwirklichen – *und nur dann* –, brauchst du nicht mehr ergebnisorientiert zu denken. Wenn du deinen Teil der Gleichung erfüllt hast, indem du alles gegeben hast, entspanne dich und nimm an, was immer dir zurückgegeben wird. Du hast alles getan, was du tun konntest. Du hast die Verantwortung übernommen und die besten Züge gemacht und die höchsten Entscheidungen getroffen, die in deiner Macht standen. Jetzt lass die höhere Macht übernehmen und dich dorthin führen, wo du hinzugehen bestimmt bist. Lass das Leben dich zum Weg deiner Bestimmung führen. An diesem Punkt musst du dich bloß noch entspannen und hingeben.«

»Gut, jetzt verstehe ich's. Es geht wieder um dieses Gleichgewicht. Ich muss meinen Teil dazu beitragen, und den Rest erledigt dann das Leben, die Natur, die unendliche Intelligenz oder Gott, wie auch immer man die höhere Macht nennen will, die letztlich die Kontrolle hat. Und bei allem, was dann eintrifft, kann ich voraussetzen, dass es einen Sinn hat.«

»Es tritt zu deinem höchsten Wohl ein und um dich dorthin zu bringen, wo du hingehen sollst. Wenn du dein Allerbestes getan und in Übereinstimmung mit den Naturgesetzen gelebt hast, dann ist alles, was daraufhin eintritt, eine Segnung, auch wenn es anfänglich wie ein Fluch aussieht.«

»Sehr kraftvolle Gedanken, Julian. Unglaublich kraftvoll. Diese ganzen sogenannten spirituellen Menschen und ihr ganzes Gerede übers Loslassen, ein Leben ohne Ziele und das Aufgehen im Augenblick haben also in Wirklichkeit Angst. Sie spielen um kleinen Einsatz und lassen ihr Leben von ihren Ängsten bestimmen. Sie sind aus dem Gleichgewicht«, bemerkte ich, indem ich versuchte, zu destillieren und zusammenzufassen, was Julian mich gerade gelehrt hatte.

»Ja. Für viele von ihnen ist ihre sogenannte Spiritualität nicht mehr als eine Maske, die sie tragen, um die verängstigten kleinen Kinder in ihnen zu schützen, die das Sagen haben. Sie haben Angst, dass sie versagen, nicht gut genug sind oder dass der Weg zu mühsam ist. Also bringen sie Ausreden vor, um sich von jeder Verantwortung loszusagen. Sie regeln ihr Leben nach der Stellung der Planeten oder nach dem Schicksal, das ihnen irgendein Wahrsager verkündet. Verstehe mich nicht falsch, Dar, ich habe in Indien erfahren, dass die Astrologie eine großartige Wissenschaft ist, die sehr zuverlässig sein kann. Sie wird seit Jahrtausenden mit Erfolg angewandt. Aber es dreht sich wirklich alles nur um ein Gleichgewicht. Mein Leben *vollständig* nach ihr auszurichten, heißt, sich selbst in die Opferrolle zu begeben. Meine Stimmungen, meine Versäumnisse und meine Fehler auf die Anordnung der Planeten zu schieben, heißt, die Kraft, die mir als Mensch verliehen wurde, den Planeten, den Monden und den Sternen zu übertragen. Das ist eine schwache Art zu leben. *Denke daran, du bist nicht deine Stimmungen, sondern eine Kraft, die viel größer als sie ist. Du bist nicht deine Psychologie, sondern eine Macht, die viel weiser als sie ist.*«

»Du sagst also, dass es sogar *unverantwortlich* ist, wenn jemand nicht unter Aufbietung aller Möglichkeiten als Mensch alles Nötige tut, um das Leben zu leben, das er möchte, weil er die Gaben, die er erhalten hat, nicht ausnutzt.«

»Wie ich gestern Abend in der Garderobe schon gesagt habe, ist Glück unser Geburtsrecht. Wir sind darauf ausgelegt, mit unserem Leben Außergewöhnliches anzufangen und der Welt außergewöhnliche Gaben zu schenken. Martin Luther King formulierte es sehr gut: ›Jeder hat das Zeug zur Größe, nicht zum Ruhm, sondern zur Größe.‹ Aber wir verraten uns selbst. Wir spielen um kleinen Einsatz und gehen zögernd mit unserem Leben um. Wir übernehmen das Glaubenssystem der Menschen unserer Umgebung, die uns lehren, unser Leben klein zu gestalten. Sie leben nach einem Glaubenssystem, das ihnen sagt: ›Wage nichts, träume nicht, leuchte nicht zu hell, sonst fällst du auf und scheiterst.‹«

Wir standen noch immer im Sonnenschein eines vollkommenen Tags vor dem Hotel. Der Ferrari zog bewundernde Blicke vieler derjenigen auf sich, die im Hotel ankamen. Er war ein atemberaubendes Fahrzeug und schien in makellosem Zustand zu sein, obwohl er ein älteres Modell war. Julian lächelte, als er ihn sich ansah.

»Auf geht's, *amigo,* wir machen eine Spritztour.«

Ich hatte noch nie in einem Ferrari gesessen und war hocherfreut über jeden Aspekt, den er bot. Es war ein wahrlich sinnliches Erlebnis. Während ich mich in einem der beigefarbenen Sitze entspannte, schloss ich die Augen und genoss den Geruch weichen italienischen Leders. Als Julian den Zündschlüssel drehte, sprang der Motor brüllend an. Julian legte elegant den ersten Gang ein und raste vom Hotel weg, während die Zuschauer den Wagen und seine zwei glücklichen Insassen anstarrten.

Julian langte zum CD-Spieler hinüber und schaltete ihn ein. »Beautiful Day« von U2 erklang aus den hochklassigen Lautsprechern, als wir durch die noch stillen Straßen der Stadt auf einen Freeway fuhren, der uns hinaus aufs Land führen würde.

»Hey, Julian, wem gehört das Auto eigentlich?«, fragte ich.

»Das ist ein Geheimnis«, erwiderte er einfach und klopfte den Takt der Musik auf dem Lenkrad mit.

»Kannst du mir wenigstens verraten, wohin wir fahren?«

»Zu den Camden Caves.« Julian trat aufs Gas. Seine Augen konzentrierten sich völlig auf die Straße und sein Gesicht spiegelte seine Freude wider. Ganz offensichtlich liebte er es, dieses Auto zu fahren.

Von den Camden Caves hatte ich schon gehört. Es waren mehrere alte Höhlen in der Nähe eines Wasserfalls, die von Archäologen wie von Abenteurern sehr oft erforscht wurden. Ich hatte keine Ahnung, warum Julian mit mir dorthin fuhr. Und ich fragte ihn nicht.

»Es wird Zeit, dass ich dir die sieben Stufen der Selbsterweckung beibringe, Dar. Gestern Abend und heute früh habe ich dich nur vorbereitet. Du lernst schnell; ich weiß, dass du in den nächsten Wochen und Monaten wirksame Ergebnisse sehen wirst. Wenn ich dir in die Augen schaue, sehe ich, dass du entschlossen bist. Entschlossenheit ist ein sehr großes und wichtiges Wort für mich. Ein Leben in Entschlossenheit ist ein unglaublich wichtiges Ziel. Entschlossenheit und Verantwortlichkeit sind Wörter, die den Kern deines Wesens überschwemmen müssen. Du solltest oft über diese Wörter nachdenken und unbedingt zu ihnen stehen.«

»Ich verspreche, dass ich sie ernst nehmen werde, Julian«, sagte ich voller Aufrichtigkeit.

»Die sieben Stufen der Selbsterweckung sind ein bemerkenswert wirksamer Prozess, um dein größtes Leben zu führen und den Weg zu deiner Bestimmung zu gehen. Die sieben Stufen sind eine Blaupause, um dein bestes Ich zu erwecken und das Potenzial zu verwirklichen, das dir von der Kraft mitgegeben worden ist, die dich in die Welt geschickt hat. In der heutigen Welt sind sich wenige Menschen dieser sieben Stufen gewahr, aber das wird sich bald ändern«, erklärte Julian geheimnisvoll. »Die sieben Stufen spiegeln den Pfad wider, den jeder Suchende beschreiten muss, um zu seinem ursprünglichen Wesen zurückzukehren, dem Zustand von Verstand, Körper und Geist, den er anfangs erlebte, als er noch vollkommen und rein war.«

»Und wenn ich alle sieben Stufen durchlaufe, was bin ich dann für ein Mensch?«, fragte ich hoffnungsvoll.

»Wenn du alle sieben Stufen durchläufst, mein Freund, wirst du einen Zustand erreichen, der gewöhnlich als erleuchtet bezeichnet wird. Nur eine Handvoll Menschen, die vor uns diesen Planeten beehrt haben, sind jemals bis an das Ende dieses Prozesses gelangt, aber auch das wird sich bald ändern. Wenn die Welt einmal diesen Prozess der Selbsterweckung entdeckt, den ich dir mitteilen will, wird sich die Welt verändern.«

»Das ist ein unglaubliches Versprechen, Julian.«

»Stimmt, ich weiß. Ich weiß auch, dass das System, das ich dir mitteilen will, zwar einfach zu verstehen, aber nur schwer ins eigene Leben einzubauen ist. Verstehe mich aber bitte nicht falsch; ich sage nicht, dass es schwierig zu befolgen ist. Zum Teil ist es sogar unglaublich leicht. Allerdings wirst du dir viel Mühe mit dem Lernen geben und unbedingt dranbleiben müssen, bis der Prozess dir zur zweiten Natur geworden ist.«

»Gut, und was sind nun die sieben Stufen der Selbsterweckung?«, fragte ich.

»Stufe eins ist die Stufe, in der sich die meisten Menschen auf der Welt gegenwärtig befinden. Es ist das Stadium, in dem man ein unbewusstes Leben führt. Man schläft sozusagen am Steuer. Diese Stufe heißt auch ›Lebenslüge‹, weil die Menschen auf dieser Anfangsplattform der individuellen Entwicklung in einer Lüge gefangen sind, was die Funktionsweise der Welt und ihre eigene Existenz darin angeht. Ich will damit gar kein Urteil über Menschen abgeben, die ihr ganzes Leben auf dieser Stufe verbringen. Wer bin ich, einen anderen Menschen zu verurteilen? Aber ich spreche eine Tatsache aus, wenn ich dir sage, dass dies die niedrigste Bewusstseinsstufe ist, auf der ein Mensch funktionieren kann, wenn man sie an allen sieben Stufen misst. Diejenigen von uns, die auf Stufe eins stehen, haben keine Verbindung zur Wahrheit.«

»Was meinst du damit, Julian?«

»Nun, in den kommenden Wochen werde ich dir viele Wahrheiten darüber mitteilen, wie diese unsere Welt funktioniert und was du tun musst, um *authentischen* Erfolg in ihr zu haben. Sich dieser Wahrheiten nicht gewahr zu sein, heißt, eine Lüge zu leben. Sich nicht bewusst zu sein, worum es im Leben geht und warum wir hier sind, heißt, in einer falschen Darstellung gefangen zu sein. Und leider ist das der Fall bei den weitaus meisten Menschen auf der Welt. Wie ich dir gestern Abend gesagt habe, ändert sich das gerade sehr schnell, und es wird bald einen Quantensprung in der Bewusstseinsebene der meisten Menschen geben. Hast du den Film *Matrix* gesehen?«, fragte Julian.

»Ja, habe ich. Ziemlich gute Spezialeffekte«, räumte ich ein.

»Dar, in diesem Film ging es um so viel mehr als um schöne Spezialeffekte. Das ist alles, was die meisten Menschen von diesem Film mitbekommen haben. Für viele war es bloß der nächste Actionfilm aus Hollywood. Aber für die Suchenden unter uns, das heißt, für jene von uns, die nach Antworten auf die Fragen suchen, die wir darüber stellen, warum wir hier sind, und über das wahre Wesen der Welt, war *Matrix* ein philosophisches Meisterwerk. Es ist ein sehr tiefer Film. Ich würde sogar so weit gehen und sagen, dass *Matrix* der philosophischste Film ist, der je gedreht wurde.«

»Ernsthaft?«, fragte ich, überrascht von Julians Aussage.

»Unbedingt. Morpheus erklärt Neo im Film, dass unsere ganze Welt, diejenige, die wir mit den Augen unserer gegenwärtigen Wahrnehmungsebene sehen, nichts weiter ist als eine Illusion. Sie ist eine Lüge, die wir uns selbst erzählen und verkaufen. Im Film stellt sich alles, was die handelnden Figuren für die reale Welt hielten, als eine computergenerierte Halluzination heraus, die als Matrix bezeichnet wird. Das ist der Science-Fiction-Aspekt des Films. Unsere Welt ist natürlich keine computergenerierte Fantasie. Aber was du gegenwärtig als die reale Welt siehst, mein Freund, *ist* wirklich nur eine Illusion.«

»Ich fürchte, ich verliere hier den Faden, Julian. Was meinst du genau damit, wenn du behauptest, dass die Welt, die ich sehe, nicht das ist, was ich zu sehen glaube?«

»Nun, die Art, wie du die Welt siehst, ist eine Funktion der Art, wie du sie zu sehen gelehrt worden bist. Schon seit du ein kleines Kind warst, bist du darauf trainiert und konditioniert worden, bestimmte Sachverhalte zu glauben. Zum Beispiel wurde dir beigebracht, dich in die Menge einzufügen und dich wie alle anderen zu verhalten. Dir wurde beigebracht, nicht zu laut zu singen, wenn du glücklich bist, und keine zu großen Träume zu haben, wenn du dich inspiriert fühltest. Du hast gelernt, dass diejenigen, die anders sind, nicht akzeptiert werden, und dass Anpassung zum Erfolg führt. Dir wurde beigebracht, nicht die Wahrheit zu sagen und nicht zu liebevoll zu sein, denn sonst würdest du ausgenutzt. Dir wurde beigebracht, dass Besitz und äußerliche Macht dir dauerhaftes Glück bringen würden.«

»Wer hat uns diese Glaubenssätze beigebracht?«

»Deine Eltern. Deine Lehrer. Religiöse Autoritätspersonen. Deine Freunde. Das Fernsehen und die Medien.«

»Und das, was mir beigebracht wurde, ist falsch?«

»Nun, es geht viel mehr in der Welt vor sich, als die meisten Menschen wahrnehmen. Oder lass es mich besser ausdrücken: Du bist nicht der, der du gegenwärtig zu sein glaubst. Du hast viel mehr innere Kraft und inneres Potenzial, als du dir in deinen wildesten Träumen vorstellen kannst. Du bist für Großes vorherbestimmt. Und vieles von dem, was dir beigebracht wurde und was du über unsere weite, schöne Welt glauben sollst, ist völlig falsch.«

»Was zum Beispiel?«

»Zuallererst sind wir alle auf einer unsichtbaren Ebene miteinander verbunden. Wir alle sind Brüder und Schwestern, die zur selben Familie gehören. Es ist nur eine Illusion, dass wir voneinander getrennt sind. Mystiker und Weise erzählen uns das seit Tausenden Jahren: Wir sind alle aus demselben Holz geschnitzt, und wenn man einen anderen Menschen verletzt, verletzt man auch sich selbst. Das ist eine der grundlegenden Wahrheiten der Natur, und dennoch können die meisten Menschen sie wegen der geringen Wahrnehmungsmöglichkeiten, die ihnen auf Stufe eins zur Verfügung stehen, nicht sehen. Also leben wir eine Lüge. Wir wetteifern miteinander um das, was wir für knappe Ressourcen halten. Wir unterstützen einander nicht. Wir horten und raffen, weil wir Angst haben.«

»Angst?«

»Ja, wir haben Angst, dass wir notwendigerweise verlieren, wenn ein anderer gewinnt. Wir haben Angst, dass es einfach nicht genug Überschuss und Reichtum für alle auf der Welt gibt. Wir haben Angst, dass wir, wenn wir einem anderen Menschen wirklich helfen, irgendwie etwas verlieren, anstatt die Wahrheit hinter dieser Lüge zu sehen, die lautet, dass umso mehr Fülle in unser Leben treten wird, je mehr wir anderen helfen. Eine der zeitlosen Wahrheiten des Universums kann einfach so ausgedrückt werden: *Wenn du dich von dem Drang, überleben zu müssen, einem aufrichtigen Entschluss zu dienen zuwendest, kann dein Leben nicht anders, als in Erfolg zu explodieren.*«

»Wirkungsvolle Aussage«, bemerkte ich.

»In Stufe eins geht es also nur um diesen Selbstverrat, den ich immer wieder angedeutet habe, seit wir uns zum ersten Mal begegnet sind. Wir wurden in Vollkommenheit geboren, furchtlos, unendlich weise, mit grenzenlosem Potenzial und in einem Zustand reiner Liebe. Und in unserer Angst, nicht in die Menge zu passen, *vergessen* wir unser ursprüngliches Wesen und übernehmen die Glaubenssätze, Werte und Verhaltensweisen der Welt um uns herum. Aber schau dir den Hass in der Welt um uns herum an. Die Welt ist vom Weg abgekommen und ist im traurigsten Zustand, in dem sie je gewesen ist. Es gibt viel zu viel Angst und Hass auf dem Planeten heute«, bemerkte Julian mit einiger Traurigkeit. »Man braucht viel Kraft, um die Menge zu verlassen und seinem ursprünglichen Wesen treu zu sein. Aber darum geht es beim Führertum; man verlässt die Menge und ist dem treu, der man wirklich ist. ›Man findet Diamanten nicht in Lagerräumen, Sandelholzbäume nicht in Obstplantagen, Löwen nicht in Elefantenherden und heilige Männer nicht in Scharen‹, sagte der Mystiker Kabir.«

»Warum sollte sich jemand bewusst selbst verraten und eine Lüge leben?«

»Ausgezeichnete Frage. Lass mich zuerst sagen, dass, wenn du dich tatsächlich selbst verrätst, der tiefere Teil deiner selbst weiß, was du tust. Jeder von uns hat einen Zeugen, einen tiefen Ort des Wissens, der in unserem authentischen Kern lebt, der *alles* beobachtet, was wir tun. Dieser Ort des Wissens wird gewöhnlich ein Gewissen genannt. Wenn wir nicht authentisch leben, sieht der Zeuge es. Wenn wir betrügen oder lügen oder auf selbstsüchtige Weise handeln, sieht der Zeuge es. Wenn wir uns selbst entehren, indem wir mit unserem Leben um kleinen Einsatz spielen und uns weigern, dem herrlichen Potenzial gerecht zu werden, das in uns investiert wurde, sieht der Zeuge es. Wenn wir darin versagen, Liebe in die Welt zur bringen, sieht der Zeuge es. Alle diese Akte des Verrats an unserem wahren Ich führen uns zu einem langsamen und schmerzvollen Tod. Der Zeuge kann nicht glauben, was wir uns selbst antun. Er kann nicht glauben, dass wir so inkonsequent sind. Er kann es nicht ertragen, solche Verbrechen gegen unsere eigene Menschlichkeit mit anzusehen. Er zieht sich also zurück und schaltet sich ab. Wir, als Menschen, verlieren unsere Selbstachtung. Unser Selbstwertgefühl stürzt ab. Wir fühlen uns unglücklich, wütend und reizbar. Auf körperlicher Ebene fehlen uns Energie und Vitalität, und wir werden vielleicht sogar krank. Wir tun uns das alles selbst an, aber es geschieht im Allgemeinen auf einer unbewussten Ebene. Wir akzeptieren einfach diese Lüge, wer wir sein und wie wir leben müssen. Und am Ende tötet sie uns. Dann, auf unserem Totenbett, verstehen wir schließlich, dass wir nicht das Leben geführt haben, das wir zu führen bestimmt waren. Aber dann ist es zu spät.«

»Warum also würde irgendjemand sich das antun?«, drängte ich.

»Weil wir es nicht besser wissen. Es fängt alles an, wenn wir noch Kleinkinder sind. Und als Kleinkind erwarten wir von unseren Eltern, dass sie uns beibringen, wie die Welt funktioniert. Wir hungern nach ihrer Liebe. Und deshalb tun wir alles, was wir tun müssen, um wie sie zu werden, und hoffen dabei, dass sie uns anbeten, wenn wir wie sie denken, fühlen und handeln. Leider lassen wir dadurch unser wahres Ich hinter uns.«

»Selbstverrat«, erklärte ich.

»Genau. Um also dein bestmögliches Ich zu erwecken, erfordert es tatsächlich eine Reise von dem Ort, an dem du jetzt als Erwachsener bist, an den Ort, den du einmal kanntest, als Neugeborenes. Es ist eine Reise nach Hause. Es ist eine Rückkehr zu deinem ursprünglichen Wesen. Wir sind bereits alles, was wir uns je zu sein erträumt haben. Wir haben es nur unterwegs vergessen. Und deshalb glaube ich, dass die ganze Vorstellung mit der Selbstverbesserung Unsinn ist. Es gibt nicht einen Menschen auf der Welt, der sich verbessern müsste; man kann Vollkommenheit nicht verbessern, und jede Forderung, dass wir das tun müssten, bringt uns nur mehr Schuldgefühle, nicht zu genügen. Die Pflicht jedes Menschen ist nicht Selbstverbesserung, sondern Selbsterinnerung. Sich an sich selbst zu erinnern heißt, den Seinszustand und die authentische Kraft zurückzugewinnen, die wir verloren haben, als wir den Idealzustand neugeborener Kinder verlassen und auf unser angsterfülltes Feld hinausgegangen sind, eine Welt, die uns unterwegs verdorben hat.«

Ich nickte nachdenklich, während Julian fortfuhr: »Und dieser Vorgang des Verderbens, wenn man so will, hat jeden von uns dazu gebracht, eine Illusion zu sehen. Ein Filter wird zwischen der Wahrheit des Lebens und unserer menschlichen Wahrnehmung aufgebaut. Dieser Filter oder persönliche Kontext besteht aus all den Lügen, die uns beigebracht wurden. Die Welt, die wir zu sehen glauben, wenn wir ein Leben auf Stufe eins des Prozesses führen, ist in Wirklichkeit nichts weiter als eine Fantasie. Sie ist in der Tat so etwas wie eine Lüge. Was wir sehen, ist nicht die Wahrheit, sondern eine Mischung all der Sichtweisen, die uns die Menschen um uns herum gelehrt haben, so wohlmeinend sie auch waren.«

»Man könnte meinen, wir seien ein Haufen Versuchsmäuse, die darauf dressiert sind, für ein Stückchen Käse in einer Tretmühle zu laufen«, sagte ich.

»Dem kann ich nur zustimmen. Denke also daran, *dass wir die Welt nicht so sehen, wie sie ist, sondern so, wie wir sind.* Wir sehen die Welt durch den Filter unserer persönlichen Wahrnehmung, die alle Glaubenssätze, Ängste, Annahmen und Werte umfasst, die wir von unseren Eltern, ersten Lehrern und der Welt insgesamt übernommen haben, um uns der Menge anzupassen und geliebt zu werden.«

»Absolut erstaunlich, Julian. Eigentlich sogar kaum zu glauben. Ich habe wirklich noch nie, nicht ein einziges Mal, darüber nachgedacht, dass die Welt, die ich sehe, während ich meinem Alltag nachgehe, nicht die Wahrheit widerspiegeln könnte, was tatsächlich geschieht.«

»Ich hatte vor einiger Zeit einen anderen Schüler. Ich saß mit ihm in einem Seminarraum und trug ihm die betreffende Lektion vor. Er stellte eine Frage, und ich beantwortete sie sanft. Sofort änderte sich seine Körpersprache, und er wurde wütend. Beim Nachforschen, was seiner Meinung nach diese negative Reaktion ausgelöst hatte, erklärte er, er habe geglaubt, ich weise ihn zurück. Die Wahrheit ist, dass ich nichts dergleichen getan hatte. Als wir tiefer in die Quellen seines Unbehagens vorstießen, hatte er einen tiefgreifenden Durchbruch. Sein Vater hatte außergewöhnlich hohe Ansprüche an ihn gestellt und ihm oft das Gefühl gegeben, er werde zurückgewiesen. So hatte sich in ihm der Glauben gebildet, die Leute wiesen ihn zurück, und dieses Verhaltensmuster wiederholte sich sein ganzes Leben lang. Das zu wissen, war äußerst wichtig für meinen Schüler. Bedenke also stets, dass das Bewusstsein einer Entscheidung vorausgeht und die Entscheidung einer Veränderung«, sagte Julian, während er vom Freeway auf eine einspurige Straße abbog, die zu den Camden Caves führte.

»Was bedeutet das?«

»Wenn du dir etwas, das in deinem Leben nicht stimmt, einmal bewusst gemacht hast, kannst du dich anders entscheiden. Und diese neuen Entscheidungen sind es, die zu positiven Veränderungen führen. Sagen wir zum Beispiel, du hast das Gefühl, im Mangel zu leben. Du glaubst zwar, du seist der großzügigste Mensch der Welt, aber das ist reiner Selbstbetrug. Du willst nicht sehen, was wirklich in dir vorgeht, unter der Oberfläche. Die Wahrheit ist, dass du sehr selbstsüchtig bist und dass du versuchst, möglichst alles für dich zu behalten. Jeder in deiner Umgebung sieht dein selbstsüchtiges Verhalten. Die Menschen können sehen, dass du die Welt nicht als einen Platz des Überflusses siehst, sodass du hortest. Wenn die Menschen in deiner Umgebung nur etwas an sich selbst gearbeitet und eine bestimmte Ebene der persönlichen Entwicklung erreicht haben, wissen sie, dass du so handelst, weil du auf einer bestimmten Ebene Angst hast. Du hast Angst zu verlieren, was du hast, Angst, übervorteilt zu werden, Angst zu versagen; das tiefere Problem ist im Moment nicht wichtig. Aber die anderen können sehen, dass dein Verhalten von Angst geprägt ist und dass es aus einer Kindheitsverletzung stammt – wie es jede Angst bei jedem

Menschen der Welt tut. Jedenfalls hältst du dich selbst für liebevoll und großzügig. Sagen wir nun, du hast den Mut, andere um ehrliche Rückmeldung zu bitten, wie du dich als Mensch verbessern könntest. Und sagen wir außerdem, deine Angehörigen sind mutig genug, ehrlich zu antworten. Sie sagen dir, was sie die ganze Zeit schon wissen: Du gehst von einem Gefühl des Mangels aus und du bist nicht so großzügig, wie du immer von dir selbst geglaubt hast. Wenn du auf sie hörst, baust du ein neues Bewusstsein in dir auf. Die Schatten, die zuvor im Reich des Unbewussten waren, würden jetzt in das Reich des Bewussten wandern, wo du sie anschauen kannst. *Selbstuntersuchung ist der erste Schritt zu individueller Größe.* Du könntest untersuchen, woher dieses Glaubenssystem gekommen ist und wo die Ängste zuerst begannen. Dieses neue Bewusstsein wiederum würde zu neuen Entscheidungen führen, wenn du bereit bist, sie zu treffen. Du könntest gebefreudiger werden und dich weigern, auf deine alte, selbstsüchtige Art zu reagieren. Diese neuen Entscheidungen würden zu neuen Veränderungen in der Art führen, auf die du denkst, fühlst und handelst. Und dann würde sich dein Leben verändern. Netter kleiner Prozess, oder?«

»Sehr interessant, Julian. Ich weiß, wir sind fast bei den Höhlen angekommen. Wow, das ist wirklich ein schönes Fleckchen Erde«, sagte ich, als ich hinaus auf die üppigen Wiesen voller gelber Blumen sah. Ein Bach floss neben der Straße her und eine Allee aus Eichenbäumen säumte den Weg. »Was ist mit dem Rest der sieben Stufen? Auf Stufe eins befindet man sich, wenn man sich der Wahrheiten des Lebens nicht bewusst ist und wenig Ahnung hat, wie die Welt wirklich funktioniert. Diese Menschen verschlafen die Tatsache, dass sie ihre eigenen Ängste, falschen Glaubenssätze und Vorurteile hinaus in die Welt projizieren und somit eine verzerrte Sicht der Realität bekommen. Ich kann nachvollziehen, dass sich die meisten Menschen auf dieser Stufe befinden und dass das der Grund ist, warum die Welt so verworren ist, wie sie ist. Wir sind von unserem ursprünglichen Wesen getrennt. Wir sind zu falschen Abbildern unseres zuvor großartigen Ichs herangewachsen. Dieser Selbstverrat hat uns zu Stillstand und Selbsthass geführt. Meine Vermutung ist, dass, wenn wir unser liebevolles, furchtloses und außergewöhnliches Ich verlassen und uns in Formen pressen, mit denen wir uns der Menge anpassen können, wir anfangen, uns auf einer tieferen, vielleicht unterbewussten, Ebene zu hassen. Kein Wunder, dass die meisten Menschen so unglücklich und wütend sind.«

Julian fing an, wild zu hupen. Er hob eine Faust in die Luft, während er die andere am Lenkrad behielt, und begann aus vollem Hals »It's a beautiful day« zu singen. Er war einmal mehr zufrieden damit, dass ich seine Weisheit und den Prozess, den er mir mitteilte, verstand. Ich wusste, dass er froh war, mein Coach zu sein, und ich war erfreut, sein Schüler zu sein. Was ich von Julian lernte, war wahrhaftig unschätzbar. Wenn mehr Menschen hören könnten, was ich gehört hatte, wäre unsere Welt tatsächlich ein sehr anderer Ort. Sie wäre ein Ort größerer Gerechtigkeit, Authentizität und Liebe.

In diesem Augenblick beschloss ich nicht nur, die Informationen zu meistern, die zu empfangen ich gesegnet war, sondern auch, sie an andere Menschen weiterzugeben. Der Begriff »Prophet« hat heutzutage eine negative Konnotation angenommen. In Wirklichkeit bedeutet er einfach: »jemand, der die gute Nachricht verbreitet«. Ich würde Julians Botschaft verbreiten. Ich würde Prophet werden.

Julian parkte den Wagen auf einem grasbewachsenen Abhang und wir nahmen den Pfad, der uns zu den Höhlen bringen würde. Julian entledigte sich seiner Sandalen und ging barfuß. Er sagte nichts, sondern zog es stattdessen vor, ein Lied zu summen, während er die wunderschönen Gaben der Natur in sich aufnahm, die uns umgab. Als wir uns den Höhlen näherten, begann er zu sprechen.

»Die erste der sieben Stufen ist, eine Lüge zu leben. Die richtige Frage zu stellen, führt zur richtigen Antwort. Fragen sind ein wirkungsvolles Mittel, um Selbsterkenntnis zu fördern. Tatsächlich ist das ein guter Punkt. Eine großartige Frage für dein Tagebuch oder für die Zeit, in der ich nicht da bin, lautet: Was dulde ich in meinem Leben nicht länger? Ich weiß, dass du dich nicht länger selbst verraten und ein Leben führen willst, das nicht deins ist. Stufe zwei der sieben Stufen ist als der Punkt der Entscheidung bekannt. Wenn du dir einmal bewusst wirst, dass du der Menge folgst und ein unauthentisches Leben führst, stehst du vor einer Entscheidung.«

»Das ist der Teil in *Matrix*, wo Neo vor die Entscheidung gestellt wird, die blaue Pille oder die rote Pille zu schlucken, oder? Ich glaube, ich verstehe langsam, wie tief und bedeutungsvoll dieser Film tatsächlich ist, Julian. Ich muss ihn mir unbedingt noch einmal anschauen«, versprach ich.

»Gute Idee. Und du hast recht. Wenn du einmal siehst, dass du die Illusion geglaubt hast, von der die Menge will, dass du sie für die Wirklichkeit hältst, hast du die Wahl: weiterleben, wie du schon immer gelebt hast und dich dadurch mit einem Leben in Unglück und Mittelmäßigkeit abzufinden oder sozusagen die rote Pille zu wählen und dein großartigstes Leben anzustreben. Und vergiss nie, was der Dichter David Whyte einmal bemerkt hat: ›Die Seele würde lieber in ihrem eigenen Leben scheitern, als im Leben eines anderen Erfolg zu haben.‹ Nichts ist wichtiger, als den Mut zu haben, dein eigenes Leben zu führen. Auf Stufe drei wird man sich der Wunder und Möglichkeiten bewusst. In dieser Phase fängst du an, mit einem neuen Paar Augen zu sehen. Du siehst mehr von der Wahrheit, als du je zuvor gesehen hast. Du beginnst zu verstehen, dass die Welt dich gewinnen sehen will und dass sie ein Ort großen Überflusses, vieler Möglichkeiten und großer Majestät ist. Du beginnst außerdem zu sehen, dass die Menschen im Kern gut sind und nur wegen der Verletzungen, die das Leben ihnen zugefügt hat, Schlechtes tun. Ich will damit nicht sagen, dass niemand von uns eine Wahl hat – natürlich haben wir alle eine Wahl und jeder kann sich dafür entscheiden, freundlich, gütig und herzlich zu sein, egal, wie sehr er gelitten hat. Was ich damit sagen will, ist, dass du in dieser Phase anfängst, das wahre Sein der Menschen von *ihrem Verhalten* zu trennen, das sich als verletzend und gemein darstellen kann. Du fängst an zu sehen, dass Menschen, die so handeln, Schmerzen haben. Niemand mit einem offenen und glücklichen Herzen könnte *jemals* einen anderen Menschen bewusst verletzen. An diesem Punkt im Prozess der Selbsterweckung wirst du dir auch deines besten Ichs bewusst. Du siehst den ganzen Selbstverrat deutlicher denn je und erkennst, woraus du wirklich gemacht bist. Das ist eine unglaublich inspirierende Phase der Reise nach Hause.«

»Was ist Stufe vier?«

»Nun, nachdem du die Stufe der Lebenslüge verlassen und den Punkt der Entscheidung passiert hast, nachdem du die Entscheidung getroffen hast, dein bestes Ich zu erwecken, und nachdem du dir der Welt jenseits der Illusion bewusst geworden bist, einer Welt außergewöhnlicher Wunder und grenzenloser Möglichkeiten, erreichst du die vierte Stufe, auf der du von Meistern belehrt wirst. Auf dieser Stufe nun beginnt der Suchende für gewöhnlich, nach verschiedenen Lehrern zu suchen, und erkundet viele unterschiedliche Pfade des Lernens, weil er sich nach Antworten und Heilung sehnt. Das kann eine sehr verwirrende Phase sein, weil viel neues Wissen in einem kurzen Zeitraum auf den Suchenden einströmt und es nicht leicht ist, alles aufzunehmen. Aber du sollst wissen, dass *Verwirrung mit der Zeit immer zu Klarheit führt* und dass der Augenblick kommen wird, in dem all das Neugelernte wunderbar mit in dein Verständnis integriert wird. Das ist der Anfang *echter* Weisheit. Danach kommt Stufe fünf, die Stufe der Verwandlung und Wiedergeburt. Sie kann die schwierigste Stufe sein, aber sie ist auch eine der unvergesslichsten. Auf dieser Stufe beginnt sich dein größtes Ich täglich zu präsentieren, und deine ganze Welt verändert sich. Sicher, Veränderung ist nicht immer einfach, aber die Vorteile, die du an diesem Punkt des Prozesses dadurch erhältst, werden dir für den Rest deines Lebens sehr nützlich sein. Stufe sechs ist die Prüfung. Bevor ein Suchender seinen Schatz erreicht, steht ihm eine Prüfung bevor. Die Prüfung hat zwei Ziele : Erstens soll sie sicherstellen, dass der Suchende alle Lektionen gelernt hat, die er auf dem Weg zu lernen hatte, und zweitens soll festgestellt werden, wie sehr es ihn nach dem Preis verlangt. Auf dieser Stufe geben die meisten Leute auf. Zu viele ziehen sich leider an diesem Punkt zurück, obwohl sie, wenn sie nur ein bisschen länger durchgehalten hätten, ihre größte Gabe hinter der nächsten Ecke hätten finden können. Stufe sieben schließlich ist die große Selbsterweckung. Wenn du bis zu diesem Punkt durchhältst – und das tun, wie gesagt, nur wenige –, erreichst du den Zustand der Erleuchtung. Du wirst all das, was dein ursprüngliches Wesen widerspiegelt. Du kehrst zu dem Seinszustand zurück, den du kanntest, als du noch mit der Naturkraft verbunden warst, die dich in die Welt geschickt hat. Du wirst furchtlos, unschuldig, unendlich weise, erhältst unendliches Potenzial und wirst reine Liebe. Keine Schatten, nur Licht. Du kannst diese Phase erreichen, wenn du bereit und *voller Hingabe* bist. Aber um an diesen letzten Ort zu kommen, muss dein Wille, ihn zu erreichen, selbst deinen Willen zu leben übersteigen. Dabei fällt mir ein, was Sheila Graham einmal geschrieben hat: ›Du kannst alles haben, was du willst, wenn du es verzweifelt genug haben willst. Du musst es mit einem Enthusiasmus haben wollen, der durch die Haut geht und sich der Energie anschließt, die die Welt geschaffen hat.‹«

»Schön gesagt«, pflichtete ich bei.

»Und welch besseren Ort könnte ein Mensch jemals zu erreichen anstreben als die Erleuchtung?«, fragte Julian, während wir in eine verdunkelte Höhle gingen. »Jetzt muss ich dir sagen, dass die sieben Stufen der Selbsterweckung keine magische Schnellreparatur für persönliche Verwandlung sind. Sie erfordern Mühe, Geduld und Zeit. In den kommenden Wochen werde ich dich verschiedenen Erlebnissen aussetzen, um die sieben Stufen für dich lebendig zu machen. Ich bin dein Coach und es ist meine Pflicht, dir diesen siebenstufigen Prozess vorzuführen. Aber es wird an dir liegen, diese sieben Stufen in den Wochen, Monaten und sogar Jahren nach meinem Besuch bei dir mit Leben zu füllen.«

Ich spürte einen Hauch Traurigkeit in mir. Julian war erst letzten Abend in mein Leben getreten; so rasch von seinem Abschied zu sprechen, war niederschmetternd. In unserer kurzen Zeit zusammen hatte er bereits mein Herz mit großer Inspiration erfüllt und mir so viel an Weisheit beigebracht. Ich wusste, dass mein Leben ein ganz anderes Aussehen annehmen würde, wenn ich mich entschied, auch nur einen kleinen Teil des Wissens, das er mir bereits gegeben hatte, in die Tat umzusetzen.

Erneut spürte Julian meine Gefühle.

»Hey, *amigo,* keine Sorge, wir haben Großes zusammen vor und ich bin noch eine Weile da. Und wenn ich mit dir fertig bin, brauchst du mich auch nicht mehr. Du wirst dann viel zu viel Spaß allein haben«, sagte er mit einem gesunden Lachen.

Dann nahm Julian meinen Arm und führte mich sanft in die dunkle Höhle. Nachdem wir ungefähr eine Minute gegangen waren, bat er mich, mich auf den Boden zu setzen und auf die Wand vor mir zu starren. »Konzentriere dich vollkommen auf diese Wand, Dar. Wende den Blick nicht von ihr ab. Versprochen?«

»Versprochen«, antwortete ich.

Ganz plötzlich erhellte sich die Höhle. Ich hatte keine Ahnung, was hinter mir vorging, aber ich konnte Julian herumschlurfen hören. Während ich an die Wand starrte, sah ich, wie verschiedene Bilder auf die Felsoberfläche vor mir projiziert wurden.

Nachdem ich ungefähr zehn Minuten die Gegenstände über die Wand der Höhle tanzen sehen hatte, hörte ich Julian sprechen.

»Was du auf der Höhlenwand beobachtest, ist eine bloße Illusion. Es ist eine Lüge. Jetzt ist es Zeit, die Wahrheit zu erblicken. Bist du bereit?«

»Ja, ich bin bereit«, sagte ich, wobei ich meine Augen weiter auf das gerichtet hielt, was sich vor mir abspielte.

»Dann drehe dich um und sieh, was *wirklich* geschieht.«

Ich drehte mich und sah, dass Julian ein kleines Feuer entfacht hatte. Er hielt außerdem in seinen Händen eine Anzahl kleiner Steingegenstände, die er vor das Feuer stellte. Diese

Gegenstände projizierten die Bilder, die ich auf der Höhlenwand vor mir beobachtet hatte.

»Hast du je Platons *Der Staat* gelesen, Dar?«, fragte Julian.

»Nein, bin nie dazu gekommen.«

»Es ist wichtig, die großen Bücher zuerst zu lesen, weißt du. Ansonsten kann es dir passieren, dass dir ganz einfach die Zeit ausgeht. Jedenfalls gibt es einen Abschnitt in dem Buch, in dem eine Gruppe Menschen in einer Höhle ganz ähnlich wie dieser hier sitzt. Diese Gruppe betrachtet die Bilder, die an die Wand projiziert werden, ähnlich wie du gerade. Das Traurige ist, dass sie ihr ganzes Leben lang glaubten, das, was sie sahen, sei die Wahrheit; sie machten sich nie klar, dass sie nur eine Illusion betrachteten. Eines Tages hatte einer der Menschen in der Gruppe den Mut, anders zu sein. Er hatte den Mut, ein Suchender zu werden, und er suchte nach der Wahrheit. Er kettete sich vom Boden los und verließ die Menge. Er hatte den Mut, zu sehen, was hinter ihm war, anstatt weiter auf die projizierten Bilder vor sich zu starren. Und was er erblickte, schockierte ihn.«

»Er hat bestimmt ein Feuer gesehen. Und er hat gesehen, dass die Bilder an der Wand bloße Projektionen der Gegenstände waren, die vor dem Feuer platziert waren. Er hörte auf, an die Lüge zu glauben, der er bisher aufgesessen war, und sah zum ersten Mal im Leben die Wahrheit.«

»Ganz genau«, sagte Julian und nickte, sehr zufrieden. »Du hast es ganz genau erfasst. Und dieses neue Bewusstsein veränderte sein Leben. Jetzt, da du verstanden hast, was ich dir begreiflich machen wollte, verschwinden wir lieber wieder von hier. Es ist ziemlich unheimlich hier drin, wenn du mich fragst«, grinste er. Julian löschte das Feuer, und wir stolperten aus der Höhle und zurück ans Tageslicht.

Julian führte mich einen Pfad durch bewaldetes Gelände entlang. Der Duft der Kiefern und Zedern erweckte in mir Kindheitserinnerungen an Wanderungen durch die Wälder mit meinem Vater. Bald hörte ich Wasser rauschen. Als wir näher kamen, sah ich einen kleinen Wasserfall, über dem ein Regenbogen stand.

»Das ist ein gutes Zeichen«, meinte Julian fröhlich. »Und jetzt stell dich unter den Wasserfall«, wies er mich an.

»Du machst Scherze.«

»Nein. Nur ein paar Minuten lang. Er wird dich reinigen und symbolisch die Unreinheiten abwaschen, die du angesammelt hast, seitdem du den ursprünglich vollkommenen Seinszustand verlassen hast. Stell dich unter den Wasserfall und schließe die Augen. Stell dir vor, wie das Wasser alle deine einschränkenden Glaubenssätze, falschen Annahmen, Ängste und Vorurteile wegspült.«

Ich tat, wie Julian mir geheißen hatte, und das Wasser war zwar zu Anfang kalt, aber das Erlebnis war erstaunlich. Ich fühlte mich leichter, glücklicher und reiner.

»Du bist dir jetzt der Illusion bewusst, in der du dein bisheriges Leben verbracht hast«, sagte Julian, als ich in die Sonne hinaustrat, um zu trocknen. »Nun bist du bereit, aufzuhören, dich selbst zu belügen. Du bist bereit, die Menge auf der Suche nach der Wahrheit hinter dir zu lassen. Lass die Ketten los, die dich an den Boden fesseln, und steh auf für dein größtes Leben. Damit, also indem du die Lüge loslässt und das Leben führst, das für dich bestimmt ist, wirst du etwas finden, nach dem sich jeder von uns sehnt: *Freiheit*. Du bist jetzt bereit, Stufe eins der sieben Stufen der Selbsterweckung zu verlassen.«

Anschließend bat Julian mich, die Augen zu schließen und mich auf eine grasbewachsene Uferbank neben dem Wasserfall zu setzen. »Dies sind die Worte des großen Dichters Hermann Hesse, und ich möchte, dass du sie auswendig lernst, Dar. Sie sprechen das an, was du heute früh gelernt hast.« Julian sprach mit lauter Stimme, als ob er der ganzen Natur die Wahrheit dessen proklamieren wolle, was er äußerte:

»Nehmen Sie endlich Vernunft an. Sie sollen leben und sie sollen das Lachen lernen. Sie sollen die verfluchte Radiomusik des Lebens anhören lernen, sollen den Geist hinter ihr verehren, sollen über den Klimbim in ihr lachen lernen. Fertig, mehr wird von ihnen nicht verlangt.«[1]

---

1 *Hermann Hesse: Steppenwolf, 1927 [Anm. d. Red.].*

KAPITEL 5

DER SUCHENDE ENTDECKT DIE WICHTIGSTE ENTSCHEIDUNG, DIE EIN MENSCH TREFFEN KANN

Nichts erscheint mir ermutigender als die Fähigkeit des Menschen, sein Leben durch bewusste Bemühung emporzuheben. Es ist eine Sache, ein bestimmtes Bild zu malen oder eine Statue zu schnitzen und so einige Gegenstände zu verschönern. Viel ruhmreicher ist es, die Atmosphäre selbst zu schnitzen und zu malen, das Medium, durch das wir schauen. In moralischer Hinsicht können wir dies erreichen.

Henry David Thoreau

Wir verließen die Wildnis, in der ich die erste Stufe der sieben Stufen der Selbsterweckung vollendet hatte. Julian saß wieder am Steuer des roten Ferrari.

»Jeder wahre Suchende auf dem Weg der Erweckung und Selbstverwirklichung erreicht schließlich einen Ort, an dem er vor die Möglichkeit gestellt wird, eine Entscheidung zu treffen, die sein Leben für immer dramatisch verändern wird. Dieser Wendepunkt wird das eine Mal vielleicht durch schweres Leiden herbeigeführt, etwa den Verlust eines Angehörigen, eine Krankheit, eine finanzielle Krise oder einen tragischen Unfall. Ein anderes Mal taucht er womöglich einfach deshalb auf, weil der Suchende bereit für die nächste Ebene ist und die innere Vorausarbeit geleistet hat, die erforderlich ist, um dies zu ermöglichen«, sagte Julian, während er eine scharfe Kurve auf einen der Highways fuhr, der uns zurück ins Stadtzentrum bringen würde. »Wenn du Stufe eins der sieben Stufen der Selbsterweckung verlassen hast, indem dir bewusst geworden ist, dass du dich selbst verraten hast, kannst du als Suchender der Wahrheit und als Erkunder deines größten Lebens gar nicht anders, als Stufe zwei zu erreichen: den Entscheidungspunkt.«

»Und meine Vermutung ist, Julian, dass die Art, wie der Suchende diesen Wendepunkt verlässt, in vielerlei Hinsicht über seine Bestimmung entscheidet. Trifft er die eine Entscheidung, kann er eine der Schnellstraßen nehmen, von denen du mir erzählt hast. Trifft er eine andere, fährt er die holprigeren Strecken.«

»Ja, das ist richtig, Dar. Die wahre Entscheidung, der du am Entscheidungspunkt gegenüberstehst, läuft darauf hinaus, dich entweder innerlich bereit zu zeigen, vertrauensvoll auf dem bewussten Weg zu deinem authentischen Leben voranzugehen, oder dich in das Leben zurückzuziehen, das du zuvor geführt hast, also in den wachenden Schlaf zurückzukehren, den du einmal gekannt hast. *Letztlich bietet dir der Entscheidungspunkt die Gelegenheit, dein größtes Leben zu wählen oder klein und in der Herde der Lemminge zu bleiben, wo du unbewusst denen um dich herum folgst, während sie nacheinander von der Klippe fallen. Ich möchte dir aus persönlicher Erfahrung eins sagen: Wenn du nicht die höhere und edlere der beiden Entscheidungen triffst, die sich dir am Entscheidungspunkt bieten, bereitest du dir selbst ein Leben, dass du zutiefst bedauerst und auf das du mit gebrochenem Herzen zurückblickst, wenn du an sein Ende gelangst.* Nichts zerstört das Herz so sehr wie das Wissen, dass du die Gelegenheit hattest, das Potenzial, das in dir steckt, zu entfalten und dass du dich geweigert hast, den Ruf anzunehmen. *Sich zu weigern, den Ruf deines besten Lebens anzunehmen, heißt, die Macht zu beleidigen, die dich geschaffen hat*«, sagte Julian noch eindringlicher als gewöhnlich. Plötzlich bog er vom Freeway auf eine Seitenstraße ab, die zu einem kleinen Gemeindekrankenhaus führte, das in einem Vorort der Stadt lag.

»Warum fahren wir zu diesem Krankenhaus, Julian?«, fragte ich etwas verwirrt. Julians Coaching-Methoden hörten nie auf, abenteuerlich und spannend zu sein.

»Das wirst du gleich sehen«, kam die prophetische Antwort.

Als wir durch die Haupteingangshalle des Krankenhauses gingen, eilten zwei attraktive Krankenschwestern herbei, um Julian zu begrüßen. »Hallo, mein Schatz«, sagte eine von ihnen kokett. »Schön, dass du vorbeischaust, um Hallo zu sagen.« Die andere grinste, als sie Julian neckte: »Hallo, Julian. Hast du dich endlich dazu entschlossen, dich untersuchen zu lassen?« Beide brachen in lautes Gelächter aus und gaben meinem einmaligen Coach eine warme Umarmung. Diejenige, die zuerst gesprochen hatte, sagte: »Im Ernst, Julian. Es ist toll, dich wiederzusehen. Geh nach oben, sie erwarten dich.«

»Könntet ihr einen Moment lang auf meinen Freund aufpassen?«, fragte Julian. »Ich muss kurz im Geschenkeladen vorbeischauen.«

Während Julian seine Besorgung erledigte, versuchte ich herauszufinden, was vorging. Ich brauchte Antworten.

»Woher kennen Sie beide Julian?«, fragte ich.

»Oh, er kommt fast jeden Tag hierher«, sagte eine von ihnen. »Er ist unser bester Freiwilliger«, ergänzte die andere. »Alle mögen Julian. Er kam eines Tages hier herein, erst vor ein paar Wochen sogar, und sagte, er wolle aushelfen. Er wollte ausdrücklich auf der Pflegestation für Todkranke eingeteilt werden. Ich erinnere mich immer noch, wie er etwas davon sagte, ein Werkzeug im Dienst am Menschen sein zu wollen, um den Betroffenen einen Wert zu geben. Julian ist ein ziemlicher Idealist, wissen Sie?«

»Ich weiß«, erwiderte ich mit einem Nicken.

Julian kam mit einem riesigen Blumenstrauß im Arm zurück. »Komm mit, Dar. Ich möchte dir eine besondere Gruppe Menschen vorstellen.«

Wir gingen einen langen Korridor mit sterilen weißen Wänden hinunter. Überall roch es nach Ammoniak und Kaffee. Am Ende des Gangs befand sich ein Aufenthaltsraum. Als wir ihn betraten, standen die sechs Menschen, die darin saßen, sofort auf, um Julian lächelnd zu begrüßen und ihn zu umarmen. Es war klar, dass Julian bei ihnen ungeheuer angesehen war. Es war außerdem klar, dass Julian durch ihre großzügige Demonstration der Zuneigung gerührt war. Ich entdeckte Tränen in seinen Augen. Er sah, dass ich ihn ansah.

»Es ist nichts dabei, wenn ein Mann weint«, flüsterte er mir ins Ohr. »Vergiss das nie. Jemand, der von seinen Gefühlen abgeschnitten ist, hat keine Empfindsamkeit, kein Mitleid und keine Empathie. Solche Menschen beginnen Kriege, begehen Verbrechen und verbreiten Hass. Lass deine Gefühle zu, Dar. Sie sind ein wesentlicher Teil der authentischen Person, die du bist.«

Dann sprach Julian laut zu der vor uns versammelten Gruppe. »Diese Damen und Herren sind meine Freunde«, sagte er. »Meine Damen und Herren, bitte sagen Sie Hallo zu meinem Freund Dar.« Alle schüttelten mir warm die Hand. Ich wurde gebeten, mich zu setzen, und tat es.

»Wir haben dich erwartet, Julian. Ist das der Mann, mit dem ich sprechen sollte?«, fragte ein Mann, der wohl in den Achtzigern war. Er trug einen karierten Anzug mit weißem

Hemd und einer Fliege. Sein schütteres graues Haar war ordentlich zurückgekämmt.

»Ja, Peter, das ist der Mann. Sag ihm doch einfach, was du mir vor einer Woche oder so erzählt hast, als ich vorbeikam, um dich zu besuchen. Deine Worte waren sehr eindrucksvoll. Ich wollte, dass er sie von dir selbst hört.«

»Nun«, begann der alte Mann, »ich habe unserem jungen Freund Julian hier nur gesagt, dass mein größtes Bedauern jetzt, wo ich am Ende meines Lebens stehe, darin besteht, dass ich die Musik in mir nicht habe singen lassen. Ich weiß tief in meinem Herzen, dass in mir ein Lied war, das ausgedrückt werden musste«, sagte er poetisch. »In mir war eine kreative Mission verborgen, die danach rief, befreit und verwirklicht zu werden. Ich denke, dass wir alle etwas Besonderes haben, das wir mit unserem Leben anfangen sollen. Jeder Einzelne von uns ist ein besonderes Geschöpf, versehen mit wunderbaren Fähigkeiten und unglaublichen Möglichkeiten.«

»Peter war früher Motivationsredner, bevor er hier gelandet ist«, scherzte eine der Frauen. Die ganze Gruppe fing an zu lachen. Es heißt, dass Lachen der kürzeste Abstand zwischen menschlichen Herzen ist. Wenn wir zusammen lachen, fallen alle sozialen Konstrukte, die uns auseinanderhalten, weg, und wir verbinden uns als echte Menschen. Es ist schön, das mitanzusehen. Es war in diesem Moment, als ich die Wahrheit einer Sache erkannte, die Julian mir gesagt hatte: Wir sind alle Brüder und Schwestern aus derselben Familie. Wir sind alle auf einer unsichtbaren Ebene miteinander verbunden. Eine wissende Stimme in mir sagte mir, dass diese

Wahrheit zu missachten bedeuten würde, der Illusion zu erliegen, die von der Menge genährt wurde. Wir sind nicht getrennt, erkannte ich. Wir sind *wirklich* mit unsichtbaren Banden verbunden. Sogar noch mehr als durch Lachen, so habe ich inzwischen entdeckt, können wir uns miteinander durch das gemeinsame Mitteilen unserer Schmerzen verbinden. Wenn alle Menschen der Welt eine halbe Stunde lang zusammenkämen und einander alles persönliche Leiden erzählten, dass sie im Lauf ihres Lebens erduldet haben, wären wir alle Freunde. Es gäbe keine Feinde. Es gäbe keinen Krieg.

Der alte Mann fuhr fort. »Wie gesagt, am meisten bedauere ich, nicht auf mich selbst gehört zu haben. Ich wusste, dass ich Großes mit meinem Leben anfangen konnte. Ich war ein sehr guter Schriftsteller, als ich jünger war; ich hatte sogar schon einige Literaturpreise gewonnen, als ich noch studierte. Aber meine Mutter wollte, dass ich Buchhalter werde. Sie sagte, wenn ich nicht auf sie hörte, wäre das der größte Fehler meines Lebens. In Wirklichkeit war es der größte Fehler meines Lebens, mir nicht selbst treu zu bleiben und nicht das zu tun, wofür ich vorherbestimmt war. Und jetzt, da mir die Ärzte – das sollten Sie wissen – nur noch wenige Wochen zu leben geben, bin ich sehr traurig über die Wahl, die ich getroffen habe. Ich habe das Gefühl, mein ganzes Leben verschwendet zu haben. Siebenundachtzig Jahre sind wie nichts vergangen. Es kommt mir vor, als sei es erst gestern gewesen, dass ich Margaret heiratete, meine Braut. Es kommt mir vor, als sei es erst gestern gewesen, dass ich zuschaute, wie meine Kinder geboren wurden. Jetzt ist Margaret tot, und die Kinder sind weggezogen und führen ihr eigenes Leben. Ihr Leben wird schneller an Ihnen vorbeirasen, als Sie es sich vorstellen können. Die Tage werden zu Wochen, die Wochen zu Monaten und die Monate zu Jahren. Sie sehen noch ziemlich jung aus, aber passen Sie auf: Ehe Sie sichs versehen, sehen Sie aus wie ich. So ist das Leben. Ihr Leben ist viel zu wichtig, um zu warten, bis Sie im Sterben liegen, ehe Sie aufwachen. Ich führte das Leben meiner Mutter, anstatt die Weisheit zu besitzen, mein eigenes zu führen. Ich verbrachte mein Leben mit dem Versuch, andere zufriedenzustellen. Aber wo sind diese Menschen jetzt? Alle die Menschen, die ich mit meinem Leben zufriedenstellen wollte, gibt es nicht mehr. *Auf Ihrem Totenbett ist der einzige Mensch, dem Sie Rechenschaft schuldig sind, derjenige, dem Sie jeden Morgen im Spiegel gegenüberstehen. Verraten Sie ihn nicht.* Ich habe das ›Verbrechen des Selbstverrats‹ begangen, um es mit Julians Worten auszudrücken. Das ist es, was mich jetzt in Wirklichkeit umbringt, nicht der Krebs.«

Im Zimmer wurde es völlig still. Peters Freunde schauten zu Boden. Anscheinend fühlten sie sich alle traurig, nicht nur, weil sie hörten, was ein anderer Mensch am meisten in seinem Leben bedauerte, sondern auch, weil er bald nicht mehr bei ihnen sein würde. *Das Leben ist etwas so Zerbrechliches. Ich wusste das bisher gar nicht richtig. Es ist ein unschätzbarer Schatz, den wir anvertraut bekommen, um ihn zu beschützen und zu benutzen, so gut wir können. Und dass es nicht wiederkommt, macht es gerade so heilig.* Dennoch drücken die meisten Menschen nie in ihrem Leben die Pausentaste und halten auch nur für sechzig Sekunden inne, um darüber nachzudenken, warum sie hier sind und was sie zu tun bestimmt sind.

Nachdem wir die Camden Caves verlassen hatten, hatte Julian mir eine kurze Geschichte erzählt: Ein Weiser traf eines Tages auf der Straße einen Bettler. Der Bettler, der nicht wusste, mit wem er sprach, hielt den Weisen an und stellte ihm drei Fragen: Warum bist du hier? Wohin gehst du? Gibt es einen wichtigen Grund dafür, dass du dorthin gehst? Der Weise schaute den Bettler an und fragte ihn, wie viel Geld er gewöhnlich an einem Tag einnehme. Als er die ehrliche Antwort hörte, sagte der Weise: »Komm bitte mit und arbeite für mich. Ich zahle dir zehnmal so viel, wenn du mir nur ganz früh jeden Morgen vor meiner Meditation diese drei Fragen stellst.«

Inzwischen habe ich gelernt, dass Nachdenken die Mutter der Weisheit ist. Wir müssen uns jeden Tag etwas Zeit nehmen, um uns zu fragen, warum wir hier sind, wie wir leben und ob wir den höchsten Gebrauch von den Gaben machen, die uns das Leben gegeben hat. Wir müssen dem Leben Aufmerksamkeit schenken. Wir müssen uns häufig mit unseren Träumen verbinden. Unser Universum ist ein freundlicher Ort, und wir wären nicht fähig, einen Traum zu haben, ohne auch die entsprechende Fähigkeit zu besitzen, den Traum zum Leben zu erwecken. Julian sagte oft: »Das Universum will, dass wir gewinnen. Wir dürfen uns nur nicht selbst im Weg stehen.«

Peters Bemerkungen berührten mich tief. Ich wusste, dass geschehen würde, worauf Julian hoffte. Ich musste einige

Entscheidungen treffen. Ich musste für mein größtes Leben aufstehen, ein für alle Mal.

Wir verbrachten etwa eine halbe Stunde im Krankenhaus, tranken Kräutertee und hörten uns die Geschichten der liebenswerten Menschen an, mit denen Julian sich angefreundet hatte. Julian verbrachte außerdem einige Augenblicke damit, die frischen Blumen für sie im Zimmer zu arrangieren. Er war ein Mann mit außergewöhnlichem Mitgefühl und außergewöhnlicher Empfindsamkeit. Wir dankten den anderen für ihre Gastfreundschaft, und dann ging die Gruppe mit Julian und mir hinaus zum Ferrari. Sie mochten Julian alle wirklich sehr gerne. Und alle bewunderten das Auto.

»Wenn du also auf diesem Weg zu deinem authentischen Leben fortschreitest, die Menge hinter dir lässt und anfängst, nach *deinen eigenen* Werten, *deinen eigenen* Glaubensannahmen und *deinen eigenen* Herzenswünschen zu leben, wirst du als ein Suchender *unweigerlich* den Entscheidungspunkt erreichen. Wie du an diesem Scheideweg reagierst, wird entscheidend dafür sein, wie sich der Rest deines Lebens entwickelt«, fasste Julian zusammen, als wir vom Krankenhausparkplatz rollten, während meine neuen Freunde uns zum Abschied winkten. »Vergiss nie, was Harriet Beecher Stowe einmal schrieb: ›Die bittersten Tränen, die an Gräbern vergossen werden, sind die über ungesagte Worte und unterlassene Taten.‹ Werde ein Mensch der Taten, werde eine dieser unerschrockenen Seelen, die aufbrechen und ihrem größten Leben nachjagen. Tue alles, so gut du nur kannst. Und dann lasse los und nimm frohen Herzens an, was immer zu dir kommt, in der vollkommenen Gewissheit, dass dies das ist, was die Natur für dich vorgesehen hat.«

»Verstanden, Coach. Hey, du hast mir immer noch nicht gesagt, wem dieses Auto gehört. Es ist nicht deins, oder?«

»Nein, es gehört nicht mir. Ich reise inzwischen mit zu leichtem Gepäck, um etwas Derartiges zu besitzen. Ich bin ein sehr einfacher Mensch. Aber er hat mir einmal gehört. Es ist mein alter Ferrari«, gestand Julian.

»Wirklich?«, rief ich aus. »Als ich klein war, fuhr mein Vater oft mit mir durch unser Stadtviertel. Ich habe dieses Auto jedes Mal angestarrt. Mann, ich fand dieses Baby toll.«

»Ich weiß«, erwiderte Julian. »Ich habe dich manchmal dabei erwischt«, sagte er mit einem Zwinkern.

»Wirklich?«

»Klar. Einer meiner Freunde, ein Großunternehmer, hat mir das Auto abgekauft, kurz bevor ich nach Indien gegangen bin. Er sagte, ich könne es jederzeit von ihm zurückkaufen, wenn ich wollte, und er würde keine Fragen stellen. Er sagte auch, dass ich ihn gerne ausleihen könne, wenn ich wieder in der Stadt sei. Er ist in vielerlei Hinsicht sehr großzügig zu mir gewesen. Er hat ihn mir geliehen, solange ich hier bin.«

Wir fuhren lange Zeit schweigend. Als wir in die Einfahrt des Hotels einbogen, hielt Julian an. Der Pförtner lächelte uns beiden zu und streckte mir die Faust mit erhobenem Daumen entgegen. Er wirkte gebührend beeindruckt.

»Öffne das Handschuhfach, Dar. Es liegt etwas für dich darin. Schau dir das Geschenk erst an, wenn ich weg bin.

Ich muss dich leider in ein paar Minuten verlassen. Ich habe einen Massagetermin und ich komme immer ungern zu spät zu Massageterminen. Die sind ein Geschenk, das ich mir regelmäßig selbst mache.«

»Ich hätte nie gedacht, dass du Massagen so sehr magst«, antwortete ich.

»Warum nicht, Dar? Massagen sind eine wunderbare Methode, um Vitalität zu fördern, Giftstoffe auszuscheiden und die Gesundheit insgesamt zu steigern. Ich habe eine ganze Reihe solcher ›Erfolgsmaßnahmen‹, wie ich sie gerne nenne. Ich mag solche Aktivitäten, die ich in meinen Wochenablauf einbaue und auf die ich mich verlasse, um gesund, glücklich und in tiefem Frieden zu bleiben. Ich treibe täglich Sport, halte eine Leistungsdiät, meditiere, verbringe Zeit in der Natur und gönne mir alle sieben Tage eine Massage; das sind Dinge, die ich für mich selbst tue, damit ich lang lebe und die Arbeit erledigen kann, zu der ich berufen bin. Ich habe einen Auftrag in meinem Leben zu erfüllen, und das will ich auch tun. Eine Massage pro Woche kommt manchen Leuten bestimmt teuer vor, aber für mich ist das eine Investition, keine Ausgabe. Es ist gut angelegtes Geld. Ich bin für niemanden von Wert, wenn ich in einem Krankenzimmer liege. Ich sehe meine Massagen als Geschäftsunkosten, sozusagen.«

»Interessante Sichtweise, Julian.«

»Heute war ein großer Tag für dich, Dar. Ich habe einige Samen gesät, die mit der Zeit zu wundervollen Erkenntnissen aufblühen werden. Vertrau mir in dieser Hinsicht: Du hast heute einige große Lernerfolge gehabt.«

»Ich bin sehr dankbar für diesen Tag mit dir, Julian. Du hast mir einige ziemlich tiefgründige Lektionen mitgeteilt. Ich weiß das. Und die Art, wie du sie mir mitgeteilt hast, macht sie unvergesslich. Ich hatte keine Ahnung, dass Lernen so viel Spaß machen und so einprägsam und bewegend sein kann.«

»Lernen sollte immer Spaß machen, einprägsam und bewegend sein. Intellektuell aus Büchern zu lernen ist großartig, aber auf eine Art zu lernen, die einen auch *emotional* mitnimmt, ist noch wirksamer und dauerhafter. Deshalb versuche ich, Erlebnisse zu gestalten, die dir helfen, zu lernen, was du brauchst. Erfahrung ist immer der beste Lehrer. Jedenfalls hast du dich heute wacker geschlagen.«

Ich klappte das Handschuhfach auf und fand ein in Geschenkpapier eingewickeltes Päckchen darin. Das Geschenkpapier war schief gefaltet und geklebt; offensichtlich hatte Julian das Päckchen selbst verpackt. Ich gab ihm trotzdem die volle Punktzahl für Mühe und gute Absicht.

»Danke, Julian. Ich habe zwar keine Ahnung, was da drin sein könnte, aber ich weiß, dass ich es wertschätzen werde, weil es von dir kommt.«

»Ach, und die hier sind auch noch für dich«, sagte er und hielt mir die Autoschlüssel des Ferrari hin.

»Soll ich ihn einparken?«, fragte ich; natürlich wollte ich Julian behilflich sein, so gut ich konnte.

»Nein, mein Freund.« Er machte eine Pause. »Der Wagen gehört dir.«

Ich war *sprachlos*. Wollte Julian mir wirklich sein ehemaliges Auto schenken? Als Kind wäre damit mein größter

Traum in Erfüllung gegangen. Selbst jetzt fand ich die Vorstellung, einen klassischen Ferrari in makellosem Zustand zu besitzen, einfach nur aufregend.

»Ich will den Entscheidungspunkt für dich nicht künstlich herbeiführen, Dar; der Weg, den du gehst, die Reise des Suchenden, wird dich von selbst zu einem führen. Wenn du weiter die Augen auf der Suche nach der Wahrheit öffnest, wird sich unweigerlich ein Entscheidungspunkt zeigen. Aber ich möchte wirklich mein Bestes tun, um die sieben Stufen der Selbsterweckung für dich lebendig zu machen, und deshalb versuche ich, einige einprägsame Erlebnisse zu gestalten, die dich das Wesen der einzelnen Stufen lehren sollen. Jetzt lasse ich dir die Wahl, und ich meine das ganz ernst: Du kannst den Ferrari haben, wenn du ihn möchtest. Mein ehemaliger Mandant hat nichts dagegen. Er hat gesagt, was immer ich damit anfange, ist ihm recht; ich habe ihm früher ein paar große Gefallen getan. Aber es ist ein Haken dabei.«

»Nur raus damit«, lächelte ich und fürchtete das Schlimmste.

»Nun, wenn du dich für den Wagen entscheidest, kann ich nicht länger dein Coach bleiben. Entweder dieses Auto oder mein Coaching. Wir könnten Freunde bleiben, aber ich müsste dann mit meinem nächsten Auftrag weitermachen. Du siehst nun, worum es am Entscheidungspunkt geht: Man muss ein Opfer bringen. Alles Gute erfordert ein Opfer. Am Entscheidungspunkt muss man die Welt, die man gekannt hat, hinter sich lassen und sich in die unbekannten Grenzgebiete des höchsten Lebens hinauswagen. Und um dieses höchste Leben zu erreichen, musst du es mehr wollen als alles andere auf der Welt, sogar mehr als diesen Ferrari. Die meisten Menschen glauben, es dauere Monate oder Jahre, sein Leben zu verwandeln. Tatsächlich kann man das von einer Sekunde auf die andere erreichen, indem man sich einfach entscheidet, niemals wieder zu seiner alten Lebensweise zurückzukehren, egal, was geschieht. Was dagegen Monate, Jahre und manchmal Jahrzehnte dauert, ist die ständige Mühe, bei dieser Entscheidung zu bleiben.«

»Das hast du schön verdeutlicht, Julian«, sagte ich.

»Also, *amigo*, du hast jetzt die Wahl: dieser seltene importierte Sportwagen oder die Gelegenheit, dir selbst treu zu sein. Liegt ganz bei dir.«

»Oh, Julian«, seufzte ich. »Du bringst mich noch um, Mann«, fügte ich lachend hinzu. »Du kennst doch meine Antwort schon. Ich bin kein Idiot. Natürlich nehme ich dein Coaching. Ich wähle mein größtes Leben!«, rief ich aus.

Julian klatschte in die Hände, froh über meine Entscheidung. »Ich würde auch sagen, das ist die einzig richtige Entscheidung am Entscheidungspunkt: die, nach den Sternen zu greifen und auf das Leben zuzugehen, für das du bestimmt bist. Aber ich sage dir was: Weil du die ganze Zeit so brav mitgespielt hast, mache ich dir noch ein Angebot. Wenn es dir nichts ausmacht, den Wagen zu meinem Freund zurückzufahren, kannst du vorher noch ein bisschen damit durch die Stadt gondeln. Abgemacht?«

»Abgemacht!«

Julian umarmte mich und stieg aus. Dann steckte er den Kopf wieder zum Fenster herein. »Wir treffen uns in einer

Woche wieder hier, pünktlich um fünf Uhr, bitte. Ich möchte dir Stufe drei der sieben Stufen der Selbsterweckung erklären. Es wird dir gefallen, was du dabei lernst. Bis dahin sei nett zu dir selbst. Du machst gerade viele Veränderungen durch, also nimm dir viel Zeit für Aktivitäten, die dich aufbauen. Mache lange Spaziergänge im Wald. Höre dir deine Lieblingsmusik an. Lasse dich massieren. Und natürlich: Nimm dir Zeit, um Stille, Ruhe und Einsamkeit zu erleben. Du hältst dich großartig. Bis nächste Woche, mein Freund.«

Und mit diesen Anweisungen drehte sich der ehemalige Staranwalt und jetzige allwissende Mönch und weise Life Coach um, ging ins Hotel Q zurück und verschwand. Ich blieb lange auf dem Beifahrersitz des Ferrari sitzen, dachte über den Tag nach und entschloss mich aus den tiefsten Tiefen meines Ichs heraus, weiter auf dem bewussten Weg des Lebens zu gehen. Ich packte Julians Geschenk aus. Es war ein brandneues Exemplar von Platons *Der Staat*. Als ich es durchblätterte, erkannte ich Julians Handschrift auf zwei der leeren Seiten vorne. Und das stand dort:

Lieber Dar,
zuerst möchte ich dich für deinen Mut ehren. Es erfordert große Entschlossenheit und Kraft, die Anziehung der Menge hinter sich zu lassen und anzufangen, wahrhaftiger zu leben. Das Space Shuttle verbrauchte in den ersten drei Minuten nach dem Start mehr Treibstoff, als es für den Rest der Umlaufbahn um die gesamte Erde brauchte, und zwar aus demselben Grund: Die Welt übt

einen Zug aus, der nur mit viel Energie überwunden werden kann. Aber überwinden musst du ihn, mein Freund, um ein Leben voller Bedauern und Traurigkeit zu vermeiden.

Wenn du dieses Buch in den Händen hältst, wirst du die schwerwiegendste Entscheidung deines Lebens bereits getroffen haben: den Weg deiner Bestimmung zu gehen und nach deinem großartigsten Leben zu greifen (ich wusste, dass du dich so entscheiden würdest; dein Vater war ein weiser und großer Mann, und der Apfel fällt nie weit vom Stamm). Ich lade dich jetzt ein, einige Alltagsentscheidungen zu treffen, die dir dabei helfen sollen, dein größtes Spiel als Mensch zu spielen. Dies sind fünf wesentliche Angewohnheiten, die du in den kommenden Wochen und Monaten in dein Leben einbauen solltest, wenn du wirklich das schöne Leben führen willst, das für dich vorgesehen ist. Ich nenne sie die fünf täglichen Praktiken:

1. *Stehe jeden Morgen um fünf Uhr früh auf. Wer früh aufsteht, holt sich das Beste vom Leben.*
2. *Erkläre die ersten sechzig Minuten deines Tagesablaufs zur heiligen Stunde. Das ist deine geheiligte Zeitspanne für die innere Arbeit, die erforderlich ist, um dein bestes Selbst zu werden. Nutze diese Zeitspanne, um weise Literatur zu lesen, zu meditieren oder zu beten, über den Zustand deines Lebens und das Fortschreiten deiner Träume in dein Tagebuch zu schreiben oder tief darüber nachzudenken, was sich in den kommenden Stunden des Tages ab-*

spielen muss, damit er für dich zum Erfolg wird. Dieses tägliche Ritual auszuführen, wird dir helfen, in der Welt hell zu strahlen und dein höchstmögliches Leben zu führen.

3. *Halte ein Ausmaß an Fürsorge, Mitgefühl und Charakterstärke aufrecht, das all das weit übersteigt, das jemals jemand von dir erwarten könnte. Dadurch tust du deinen Teil, um beim Aufbau einer neuen Welt zu helfen.*
4. *Arbeite daran, bei der Arbeit ein Leistungsniveau zu erreichen, das höher ist, als es jemand von dir erwarten könnte. Fülle und Erfüllung werden zu dir zurückfließen.*
5. *Sei der liebevollste Mensch, den du kennst, und denke, fühle und handele, als seist du einer der größten Menschen, die zurzeit auf der Welt leben (das bist du nämlich). Dein Leben wird sich für immer verändern, und du wirst Segen über das Leben vieler Menschen bringen.*

Lass mich dir zum Schluss sagen, dass ich dich als Mensch bewundere. Du hast viel durchgemacht, und bessere Zeiten werden kommen; das ist immer so. »Im Herzen jedes Winters liegt der bebende Frühling. Hinter dem Schleier jeder Nacht wartet eine lächelnde Dämmerung«, schrieb der weise Dichter Khalil Gibran. Du weißt, dass er recht hatte.

Dein Fan … Julian

Ich hegte keinen Zweifel, dass die glücklichsten Zeiten meines Lebens noch vor mir lagen. Ich hegte keinen Zweifel, dass das Beste für mich noch bevorstand.

KAPITEL 6

Der Suchende trifft auf Staunen und Möglichkeiten

Wenn es um das Leben geht, greife ich an. Ich stöbere rastlos jedes Vergnügen auf, sammle eifrig Antworten und quetsche es selbst nach Schmerzen aus. Ich plündere das Leben und jage es, bis ich es zu fassen kriege.

Marita Golden

Die Welt ist ein großes Buch, von dem diejenigen, die zu Hause bleiben, nur eine einzige Seite lesen.

Hl. Augustinus

In der Woche nach meinem letzten Besuch bei Julian setzten tiefgreifende Veränderungen ein. Ich fühlte mich anders und spürte, dass ich anfing, das Leben nach meinen eigenen Bedingungen und viel bewusster als je zuvor zu führen. Ich achtete aufmerksam auf meine Entscheidungen in Denken, Fühlen und Handeln und darauf, dass jede davon aus vollkommener Integrität und echter Ehre entstand. Das wiederum ließ mich mehr Selbstvertrauen und inneren Frieden fühlen, als ich in meinem Leben je gekannt hatte. In vielerlei Hinsicht kam ich mir unaufhaltsam vor. Ich fühlte mich lebendig. Ich fühlte enorme Freude. Ich fühlte, dass ich zu einer besseren Version meiner selbst wurde. Ich wusste, dass ich erwachte.

Um ehrlich zu sein, muss ich aber auch sagen, dass viele Ängste in mir aufstiegen. Ein Suchender auf dem Heimweg zu seinem authentischen und größten Ich wird sich immer Ängsten gegenübersehen, von denen er bis dahin nicht wusste, dass es sie gibt. Während man ein unbewusstes Leben führt, bleiben viele Ängste im Reich des Unterbewussten. Bewusst wissen wir nicht einmal, dass sie da sind. Aber sie sind da, beeinflussen jede unserer Entscheidungen und lenken unser Leben auf einer unsichtbaren Ebene. Wenn wir erwachen und uns entscheiden, unser Leben von einem wahrhaftigeren Bezugsrahmen aus zu sehen, kommen unsere Ängste ans Tageslicht und wir müssen uns ihnen stellen. Das ist für gewöhnlich eine beängstigende Sache.

Aber ich habe gelernt, dass unsere Ängste nur Monster aus Stroh sind. Wenn wir sie verleugnen, bleiben sie im Keller, sabotieren im Geheimen unser Leben und lassen uns vor unseren Träumen davonlaufen. Wenn wir uns ihnen aber stellen, indem wir diese unheimlichen Monster auf eine Tasse Tee nach oben einladen, wenn wir sie kennenlernen, wird uns klar, dass sie sehr viel kleiner sind, als wir gedacht haben. So wie ein Schatten verblasst, wenn er ans Sonnenlicht gebracht wird, verdampft auch eine Angst, die ans Licht unseres menschlichen Bewusstseins gebracht wird. Das jedoch, wogegen wir uns wehren, bleibt erst recht. Wenn wir uns weigern, die innere Arbeit zu erledigen, die erforderlich ist, um uns die eigenen Ängste anzuschauen und sie dann abzuarbeiten, werden sie uns immer beherrschen. Aber wenn wir den Mut haben, uns selbst zu entdecken und unsere Ängste kennenzulernen, werden sie sich durch uns hindurchbewegen und dann freigelassen. Kurz: Ängste, gegen die wir uns wehren, bleiben bestehen. Ängste jedoch, denen wir uns stellen, lösen wir auf.

Julian hatte mir die Geschichte eines Bergsteigers erzählt, der den Gipfel des Berges, den er erkletterte, am Mittag erreichte. Das Problem war dann, rechtzeitig abzusteigen und einen sicheren Ort zu erreichen, bevor die Sonne unterging. Während des Abstiegs bemerkte er, wie die Sonne immer tiefer sank. Er beschleunigte seinen Schritt, aber als die Stunden vergingen, wurde das Licht schwächer, und die Sonne stand immer tiefer über dem Horizont. Der Bergsteiger begann sich zu fürchten, und viele Ängste kamen an die Oberfläche. Er glaubte, dass er, wenn er den Fuß des Berges nicht erreichte, unterwegs festsitzen und in eine äußerst gefährliche Lage geraten, vielleicht sogar tödlich abstürzen würde.

Schließlich ging die Sonne unter und der Bergsteiger fand sich in völliger Dunkelheit wieder. Verzweifelt tastete er nach etwas, an dem er sich festhalten konnte, und klammerte sich zuletzt an einen Zweig, der aus einem Spalt in der Felswand des Berges wuchs. Der Bergsteiger hielt sich die ganze Nacht an diesem Zweig fest, erstarrt vor Angst, weil er glaubte, dass er auf die Felsen unter ihm abstürzen und sterben würde, ließe er los. Die Nacht war ein Alptraum für ihn – der blanke Horror.

Aber als die ersten Strahlen des Morgens wieder für Licht sorgten, begann er zu lachen. Er wollte nicht glauben, was er sah. *Seine Angst war nur eine Illusion.* Nur zwanzig Zentimeter unter ihm gab es einen Absatz. Im Dunkeln hatte er ihn nicht gesehen. Aber bei Licht wurde ihm klar, dass er nur zwanzig Zentimeter tiefer hätte klettern müssen, um die ganze Nacht in Sicherheit und vergleichsweise bequem zu verbringen. Seine Ängste waren unbegründet. Sie hatten keine Grundlage in der Wirklichkeit. Mit unseren Ängsten ist es genauso, habe ich gelernt. Sie halten uns klein und gefangen; sie verderben unser Leben. Aber jede einzelne dieser Ängste, die uns einschränken, ist nur zwanzig Zentimeter tief. Lassen Sie nicht zu, dass diese Ängste Sie beherrschen. Lassen Sie nicht zu, dass sie Ihr Leben verderben.

Ich traf pünktlich um fünf Uhr am Hotel Q ein. Früh aufzustehen, fiel mir mittlerweile viel leichter, und ich genoss die zusätzlichen Stunden, die das frühe Aufstehen mir einbrachte. Wie von Julian vorgeschlagen, benutzte ich dieses »Basislager« am Anfang des Tages, um meinen Tag zu planen, zu visualisieren, zu reflektieren und um in den großen Büchern der Weisheit zu lesen. Das verband mich mit den wesentlichen Wahrheiten, die die Grundlage jedes großen Lebens bilden. Jeden Morgen zu lesen, inspirierte mich auch und erinnerte mich daran, dass kein Leben, wie wundervoll es auch sein mag, frei von Problemen und Herausforderungen ist. Die einzigen Menschen ohne Probleme sind diejenigen, die schon im Grab liegen. Es sind gerade die Probleme und Herausforderungen, die uns größer, stärker und weiser machen. Wir können vor ihnen davonlaufen und verbittert werden und uns beklagen, dass das Leben schwer ist. Oder wir können sie annehmen und uns verbessern. Normalerweise sind es die Zeiten unseres größten Schmerzes, in denen wir am intensivsten mit der Person verbunden sind, die wir wirklich sind und die wir auch zu sein vorherbestimmt sind. Martin Luther King sagte einmal: »Letztlich wird der Mensch nicht daran gemessen, wo er in Augenblicken des Selbstvertrauens steht, sondern daran, wo er in Zeiten der Herausforderung und des Streits steht.«

Als ich durch die Tür in die Eingangshalle schritt, sah ich Julian mit dem Personal hinter der Empfangstheke plaudern. Er brachte sie zum Lachen und lachte mit ihnen. Ihn einfach nur lachen zu hören, brachte auch mich zum Lachen. Sein Lachen war so rein, wirklich und kindlich. Ich hatte noch nie jemanden wie Julian getroffen. Er war so echt und hatte keine Fassade. Er schien mir die Art Mensch zu sein, die wir alle werden wollen: verspielt, liebevoll, weise und ohne Furcht.

Ich sah überrascht, dass Julian heute sein Gewand trug. Ich hatte erwartet, er würde sich wieder leger kleiden, freute mich aber über seine Kleidung und die Pracht, die sie widerspiegelte. Ich spürte, dass Julian stolz war, diese traditionelle Kleidung der Weisen von Sivana zu tragen. Ich bekam außerdem das Gefühl, dass das Gewand Julian nicht nur an den

Weg erinnerte, den er gewählt hatte, sondern auch an sie selbst.

»Guten Morgen, *amigo*«, brüllte er quer durch die Eingangshalle. »Ich habe bloß gerade ein bisschen Spaß mit diesen Frühaufstehern hier drüben. Ein wichtiger Verein, zu dem wir alle gehören, weißt du. Es gibt nichts Besseres als ein bisschen Disziplin im Leben, um es groß und schön zu machen.«

»Finde ich auch, Julian. Ich gewöhne mich gerade daran.«

»Nun, das ist toll«, sagte er, während er herüberkam und einen seiner gebräunten Arme mit großer Zuneigung um mich legte. »Du hast mir gefehlt, weißt du?«

»Du hast mir auch gefehlt, Julian. Das war ein unglaublicher Tag, den wir letzte Woche zusammen verbracht haben. Ich kann es gar nicht erwarten zu erfahren, worum es bei der heutigen Coaching-Sitzung geht.«

»Heute lernst du, was es mit Stufe drei der sieben Stufen der Selbsterweckung auf sich hat, Dar. Bei Stufe drei geht es darum, mit neuen Augen zu sehen. Die meisten Menschen auf der Erde heutzutage gehen blind durchs Leben und folgen nur der Menge. Sie leben eine Lüge. Sie glauben, die Wirklichkeit zu sehen, während sie durch ihre Tage voranschreiten. Und doch sind sie nur ein Teil dieser Menge, die falsche Bilder betrachtet, die an der Wand der Höhle real aussehen. Sie sehen eine Illusion. Das Leben ist so viel mehr, als sie anerkennen. Sie müssen sich nicht selbst verraten und unter Glaubenssätzen, Werten und Annahmen leben, von denen sie tief in ihrem Inneren wissen, dass sie nicht richtig für sie sind. Sie müssen nicht so leben, wie andere es von ihnen erwarten. Sie müssen ihre Träume nicht begraben und ein Leben äußerster Mittelmäßigkeit und Langeweile führen. Sie können ihre Ketten zerbrechen, um ihr größtes Leben kämpfen und die Welt mit neuen Augen sehen, mit Augen, die die Wahrheit sehen, anstatt mit Augen, die Lügen sehen.«

»Kannst du mir noch einmal sagen, wie Stufe drei heißt, Julian?«, fragte ich, während wir das Hotel verließen und in ein Taxi stiegen.

»Stufe drei heißt ›Bewusstsein für Staunen und Möglichkeiten‹. Wenn ein Suchender auf dem Heimweg zu seinem wahren Ich, zu seiner Bestimmung, die Lüge von Stufe eins hinter sich lässt und sich entscheidet, wahrlich auf das Leben zuzugehen, das am Entscheidungspunkt von Stufe zwei für ihn bestimmt war, erreicht er unweigerlich Stufe drei. Das ist der Zeitpunkt, an dem er anfängt zu sehen, dass die Welt dort draußen eine völlig andere ist als die, die er bisher gekannt hat. Das ist ein unglaublicher Ort, wenn man als Mensch dort ankommt. Denke einmal darüber nach. Der Suchende hat die Fesseln der Menge verlassen und handelt auf eine sehr viel authentischere Weise. Die Grenzen sind weg. *Er ist bereit, mit Möglichkeiten zu spielen.* Er denkt über die Werte, Glaubensannahmen und Verhaltensweisen nach, die ihm richtig vorkommen, egal, was andere denken. Er ist sich selbst treu. Er geht auch tiefer in sich selbst hinein als je zuvor, prüft seine Ängste, seine Einstellungen und alle Arten, sein Leben zu führen, von denen die Menschen um ihn herum ihn gelehrt haben, dass sie der Weg zum Erfolg in der Welt seien. Das ist auf jeden Fall eine Phase großer Veränderungen. Aber es ist auch eine Phase großer Aufregung.

»Wie das?«

»Weil er wirklich anfängt, die Wahrheit zu sehen. Er erkennt, dass diese Welt ein Wunder ist. Sie ist ein wunderschönes Universum des Staunens und der Möglichkeiten, ja, auf dieser Stufe lässt der Suchende das Bekannte hinter sich, den Ort, an dem er bisher sein Leben verbracht hat, und geht direkt ins Unbekannte hinein, einen Ort der Ungewissheit und der Geheimnisse. Und natürlich bekommt er dabei Angst, denn Menschen bekommen immer Angst, wenn sie ihre vertraute Umgebung verlassen. Aber nur in diesem Reich des Unbekannten leben neue Möglichkeiten. Nichts Neues lebt im Reich des Bekannten, denn wenn das so wäre, wäre es ja nicht neu, oder?«, fragte Julian.

»Ich glaube, ich kann dir folgen«, antwortete ich, weil ich erkannte, worauf Julian mit seiner Argumentation hinauswollte. »Du sagst also, dass nur an diesen unbekannten, fremden Orten die höchsten Möglichkeiten für mein Leben zu finden sind. Richtig?«

»Genau. Kolumbus war der erste Europäer, der die Neue Welt sah, weil er bereit war, die Orte, die er kannte, zu verlassen und die Orte aufzusuchen, die ihm Angst machten, neue, nicht vermessene Länder. Alle Entdeckungen und alle Erfindungen sind das Ergebnis der Bemühungen von Männern und Frauen, die es wagen, das Unbekannte auszuprobieren. Man muss auf seine Ängste zugehen und bereit sein, an neue Orte zu gehen, um als Mensch zu wachsen und die Schätze aufzudecken, die einen als Mensch erwarten. In der Welt zu bleiben, in der du bisher gelebt hast, heißt, klein und zaghaft zu bleiben.«

»Verstanden«, sagte ich zufrieden.

»Wenn also der Suchende auf dem Weg der Erleuchtung die Lüge verlässt, unter der er gelebt hat, und die erste Entscheidung trifft, um seine authentische Kraft und sein wahres Leben zurückzuerobern, verändert sich seine Weltsicht. Er sieht die Welt wirklich mit anderen Augen, mit neuen Augen. Er sieht wirklich, wie sich ein ganz neues Erleben der Realität entfaltet. Er tritt in eine schöne neue Welt voller Staunen und neuer Entscheidungsmöglichkeiten ein. Ich weiß, dass das in deinem Leben schon begonnen hat, Dar. Und während du weiter auf dem bewussten Weg vorangehst, den du gewählt hast, wird sich das für dich nur noch verstärken.«

»Kannst du mir einige Beispiele nennen?«

»Klar. Wenn du in Stufe drei eintrittst, spürst du Gefühle, die du nie zuvor gespürt hast. Oder, genauer gesagt, du beginnst, die Gefühle zu spüren, die du als kleines Kind gespürt, aber dann unterdrückt hast, als die Welt um dich herum dich gelehrt hat, dass es sich nicht gehöre, zu laut zu singen oder zu hell zu leuchten. Du beginnst die Art Freude zu fühlen, die dir Tränen in die Augen treibt, und die Art Dankbarkeit dafür, an einem sonnendurchtränkten Tag am Leben zu sein, die dein Herz schneller schlagen lässt.«

»Das klingt fantastisch«, sagte ich aufgeregt, begierig, die Wunder zu erleben, von denen Julian sprach, und im Wissen, dass manche dieser Wunder bereits dabei waren, in mein Leben einzutreten, seit er mich coachte.

»Du wirst deine Gefühle auf einer ganz neuen Ebene erleben; und ich sollte dazusagen, dass du nicht nur die Höhepunkte spüren wirst, die du so lange Jahre nicht erlebt hast, sondern auch einige Tiefpunkte«, sagte Julian. »Ja, auf dieser Stufe wirst du größeres Glück und größere Freude erleben als in den vergangenen Jahren. Aber du wirst auch Zugang zur Quelle deines Schmerzes bekommen. Du wirst dich tiefer kennenlernen als je zuvor, weil du die Lüge verlässt, die bisher dein Leben war, und du für die Wahrheit empfänglich wirst. Und die Wahrheit lautet, dass du einen Großteil deiner Traurigkeit verleugnet hast. Als du den Menschen, der du einmal warst, verlassen hast, als du dein ursprüngliches Wesen durch Selbstverrat verlassen hast, ist ein Teil deiner selbst gestorben. Und das hat dich verletzt. Als du dein authentisches Ich verlassen hast und in diese Welt hinausgegangen bist, eine Welt, die von Furcht statt Liebe erfüllt ist, hat sich große Traurigkeit in dir angesammelt. Nicht nur das, sondern die Welt hat dich auf verschiedene Weise verletzt. Menschen haben deine Hoffnungen zertrümmert. Menschen haben deinen Geist erstickt. Menschen haben deine Träume zertreten. Sie haben dich gelehrt, auf eine Weise zu handeln, von der du wusstest, dass sie für dich nicht richtig ist. Sie haben dich Ängste und Verhaltensweisen gelehrt, von denen der größte und beste Teil deiner selbst wusste, dass sie falsch sind. Aber du hast es getan.«

»Um geliebt zu werden und mich der Menge anzupassen«, fügte ich hinzu, in Erinnerung daran, was Julian mich gelehrt hatte.

»Genau. Du musst also diese Traurigkeit verarbeiten. Du musst die Verletzungen verarbeiten, die du mit dir trägst, und die alten Wunden, die im unterbewussten Teil deiner selbst vor sich hin eitern. Dadurch beginnt sich das schmale Band der Gefühle, das die meisten Leute dazu bringt, ein graues farbloses Leben zu führen, zu vergrößern. Während du mehr von der Traurigkeit und den Schmerzen mitbekommst, die du bisher hinuntergeschluckt hast, wirst du dir auch der Freuden und Vergnügungen des Lebens stärker bewusst. Sonnenaufgänge werden dich bewegen, Regenbögen dir Vergnügen bereiten. Du wirst entdecken, dass die Welt viel bunter und lebendiger ist, als du bisher gedacht hast. Du wirst auch mehr Liebe empfinden, als du seit langer Zeit gefühlt hast, und zwar nicht nur Liebe zu den Menschen um dich herum, sondern auch Liebe zu dir selbst.«

»Unglaublich.«

»Wenn du die Illusion deines bisherigen Lebens hinter dir lässt und anfängst, die Welt so zu sehen, wie sie wirklich ist, nämlich als einen Ort erstaunlicher Schönheit, wird dein Leben auf Stufe drei auch um ein Vielfaches harmonischer. Je mehr Mut und Überzeugung du dabei beweist, das Leben zu führen, das das Universum für dich vorgesehen hat, desto mehr wird es dir seine Segnungen schicken. Es wird dir überall grünes Licht geben. Dinge werden geschehen, die du dir nicht vorstellen kannst. Menschen werden zum richtigen Zeitpunkt in dein Leben treten, fast als ob sie Engel seien, die geschickt wurden, um dir zu helfen, zu bekommen, was immer du willst. In mancher Hinsicht wirst du dich fast so fühlen, als würdest du von einem Paar unsichtbarer Hände geleitet, die dich zum schönen Leben hinführen, das bis dahin nur im Reich deiner Vorstellung lebte. Deine Träume werden zu deiner Wirklichkeit.«

Während das Taxi die öden Straßen der Stadt entlangfuhr, griff Julian in sein Gewand und zog ein Stück Stoff hervor. Bevor ich ein Wort sagen konnte, beugte er sich herüber und legte es mir sanft über die Augen.

»Julian, was ist los?«, fragte ich mit einer Mischung aus Überraschung und Aufregung. »Ich sehe überhaupt nichts mehr.«

»Entspanne dich einfach, *amigo*. Das hat seinen Sinn. Siehst du, die meisten Menschen heute auf der Welt tragen eine Art Augenbinde, während sie sich durch ihr Leben mühen. Sie tappen sozusagen im Dunkeln. Sie sind in einem Zustand völliger Unwissenheit darüber, wie die Welt wirklich funktioniert. Sie wissen nichts über die Rolle, die sie in ihr zu spielen bestimmt sind. Im Grunde leben die meisten Menschen auf eine Art, die man nur als unbewusst inkompetent beschreiben kann, ohne dass ich mit dieser Aussage jemanden beleidigen möchte, ich spreche nur ein paar Wahrheiten aus.«

»Was meinst du damit genau, Julian?«, fragte ich, während wir unsere Taxifahrt zu einem unbekannten Bestimmungsort fortsetzten.

»Nun, wenn man eine Fähigkeit erlernt, ob nun die Fähigkeit des Fahrradfahrens oder die Fähigkeit, ein großartiges Leben zu führen, gibt es vier Ebenen, über die der Lernende voranschreiten muss, um zur Ebene der Meisterschaft zu gelangen. Die anfängliche Ebene oder Phase ist die der unbewussten Inkompetenz. An diesem Punkt weiß der Schüler nicht, was er nicht weiß. Am Beispiel des Fahrrads heißt das, der Schüler kann nicht Rad fahren und hat keine Ahnung, welches Wissen ihm fehlt, um Rad fahren zu können. Leider verbringen viele Menschen die besten Jahre ihres Lebens auf dieser Anfängerstufe.«

»Sie gehen mit einer metaphorischen Augenbinde durchs Leben, weil sie sich nicht bewusst sind, wer sie wirklich sind und wie sie zu leben bestimmt sind«, bekräftigte ich und behielt die Augenbinde auf.

»Genau. Solche Menschen nehmen sich keine Zeit, um nachzudenken, wie sie sich verhalten, welche Art Entscheidungen sie treffen und was sich verbessern muss, damit sie ihr größtes Spiel als Mensch auf dem Spielfeld des Lebens erleben können. Wenn der Wille, sich zu verbessern, vorhanden ist, steigen manche Menschen zur zweiten Phase auf, der sogenannten bewussten Inkompetenz. Auf dieser Ebene ist der Lernende immer noch unfähig in Hinsicht auf die Fähigkeit, ist sich aber wenigstens dessen bewusst, was er alles nicht weiß und noch lernen muss. Im Fahrradszenario heißt das, er kann immer noch nicht Rad fahren, aber er weiß, dass er sein Gleichgewicht verbessern, die Lenkergriffe auf eine bestimmte Art halten und die Pedale auf spezifische Weise gebrauchen muss, um das Fahrrad vorwärts zu bewegen. Das Bewusstsein nimmt zu. Und wenn das Bewusstsein für das, was du nicht weißt, zunimmt, kannst du neue

Entscheidungen treffen. Und neue, bessere Entscheidungen bewirken positive Veränderungen.«

»Wie ist das bei einem Menschen, der sich im Hinblick auf die Fähigkeit der Lebensführung auf der Ebene der bewussten Inkompetenz befindet? Wie sähe das aus?«

»Ausgezeichnete Frage«, bemerkte Julian, während das Taxi beschleunigte. »Ein solcher Mensch wäre immer noch weit von der Meisterschaft entfernt, wäre aber wenigstens für die Wahrheit in dem Sinn zugänglich, dass er sich schmerzlich bewusst wäre, was er alles nicht weiß und woran er arbeiten muss. Er wäre immer noch unfähig, was Lebensführung angeht, aber er hätte das Bewusstsein, das erforderlich ist, um alle Fehler zu sehen, die er macht. Zum Beispiel sähe er alle Bereiche in seinem Leben, in denen er von seinen Ängsten gesteuert wird, oder alle Ereignisse, bei denen er nicht integer gehandelt hat. Er könnte alle Fälle sehen, in denen er nicht authentisch war oder sich mit Mittelmäßigkeit statt mit Großartigkeit zufriedengegeben hat. Und weil das Bewusstsein der Entscheidung vorausgeht, und weil neue Entscheidungen neue Veränderungen im Leben schaffen, würde er einige riesige Schritte vorwärts gehen. Diese Art Wissen würde ihn dann auf die dritte Ebene heben, die als bewusste Kompetenz bezeichnet wird. Auf dieser Ebene ist der Schüler kompetent geworden, aber er muss immer noch viel Mühe investieren, um darauf zu achten, was er tut; er ist noch nicht auf der Ebene der Meisterschaft, doch es besteht kein Zweifel, dass er gut vorankommt. Am Beispiel des Radfahrens ausgedrückt, kann der Lernende jetzt gut mit dem Rad fahren, aber er muss immer noch bewusst darauf achten, wie er den Lenker hält, wie er auf dem Rad das Gleichgewicht hält und wie er in die Pedale tritt.«

»Und wie sieht jemand aus, der sich in der Phase der bewussten Kompetenz *in Bezug auf sein Leben* befindet?«

»Es geht ihm gut. Er hat Zugang zu vielen der Naturgesetze, die die Welt regieren. Er hat die Lüge verlassen, die sein Leben bisher war, und ist sich schmerzlich seines Selbstverrats bewusst. Er hat die Menge verlassen und führt jetzt ein Leben nach seinen eigenen Bedingungen. Er hört auf das stumme Flüstern seines Herzens und beachtet die Ratschläge seines Gewissens. Aber er muss seine täglichen Entscheidungen immer noch auf eine sehr bewusste und absichtsvolle Weise treffen. Viele Suchende auf dem Weg zu ihrem größten Leben erreichen diesen Ort, und ich sollte dir sagen, dass es ein wunderschöner Ort ist, wenn man ihn erreicht. Wenn du aber bereit und entschlossen bist, kannst du auf eine noch höhere Betriebsebene gelangen, und das ist die Ebene der unbewussten Kompetenz. Auf dieser hohen Ebene erreicht der Schüler die wahre Meisterschaft der Fähigkeit, die er erlernt. Auf dieser Ebene muss der Radfahrer nicht mehr an irgendetwas bewusst denken. Er läuft einfach nach draußen, springt auf sein Fahrrad und rast die Straße entlang, wobei er viel mehr auf den Wind in seinem Gesicht und die Sonnenstrahlen auf seinem Rücken achtet als auf die Stellung des Lenkers. Und jemand, der sein Leben auf dieser Ebene führt, ist voll im gegenwärtigen Moment präsent. Er wäre ein Meister darin, seine Tage zu verbringen. Er wäre unendlich weise und erwacht. Und das wäre eine wunderschöne Sache«, bemerkte Julian, als das Taxi mit quietschenden Bremsen anhielt.

»Wir sind da, mein Freund. Bitte behalte die Augenbinde auf, bis wir im Gebäude sind.«

»Wo sind wir?«

»Eines der wichtigsten Dinge, die du auf Stufe drei der sieben Stufen der Selbsterweckung tun musst, ist, die Kontrolle aufzugeben. Du musst bereit sein loszulassen. *Du musst bereit sein, alles aufzugeben, das du kennst, und in eine neue Realität zu gehen.* Ja, das kann eine große Herausforderung sein, aber es wird auch eine deiner besten Entscheidungen sein, weil sie dir ein Universum von Möglichkeiten und einen ganzen Haufen kostbarer Geschenke eröffnet. Der Autor Marcel Proust drückte es gut aus, als er bemerkte: ›Warte nicht auf das Leben. Verlange nicht danach. Sei dir bewusst, immer und in jedem Augenblick, dass das Wunder im Hier und Jetzt liegt.‹ E. E. Cummings sagte es noch treffender: ›Es erfordert Mut, erwachsen zu werden und der zu werden, der man wirklich ist.‹«

Wir stiegen aus dem Wagen aus und Julian führte mich am Arm zu einem Gebäude. Die Augenbinde bedeckte immer noch meine Augen.

»In Ordnung, *amigo*, du kannst jetzt aus der Dunkelheit heraus und an den Ort des Staunens kommen.«

Ich nahm die Augenbinde ab. Sofort wurde mir klar, dass wir uns in einer der Hauptausstellungshallen unserer örtlichen Kunstgalerie befanden. Julian grinste.

»Den ganzen Monat lang beherbergt die Galerie eine internationale Salvador-Dalí-Ausstellung. Sie haben einige seiner berühmtesten Werke hier. Seine Kunst ist unglaublich; ich verbringe jeden Tag Stunden hier und starre einfach nur seine Gemälde an. Ich habe dich hierhergebracht, um dir etwas im Hinblick auf Stufe drei der Reise des Suchenden zu demonstrieren. Wenn du die Lüge, die dein Leben bisher war, verlassen und die Entscheidung getroffen hast, aufzuwachen und den bewussten Weg zu gehen, tritt Stufe drei sofort in deinem Leben ein und du beginnst, die Welt mit neuen Augen zu sehen, wie ich bereits geschildert habe. Dieser Weg ist nicht immer eine leichte Reiseroute, das weißt du inzwischen. Aber es ist der einzige Weg, der infrage kommt, wenn du das edle Leben führen willst, das für dich vorgesehen ist. ›Alltagsmut hat wenige Zeugen. Aber deiner ist nicht weniger edel, weil kein Trommler dir vorangeht und keine Mengen deinen Namen schreien‹, schrieb Robert Louis Stevenson. Die Augenbinde, die dich bisher davon abgehalten hat zu sehen, wie groß, schön und reichhaltig unsere Welt wahrhaftig ist, wird fallen und du wirst dein Leben als ein Kunstwerk sehen. Salvador Dalís Kunst gleicht der keines anderen Malers. Er sah die Welt mit anderen Augen und schuf deshalb Werke, die atemberaubend in ihrer Kraft und konkurrenzlos in ihrer kreativen Wirkung sind. Ich möchte, dass du weiter aus der Dunkelheit heraustrittst, die dein Leben bisher war. Ich möchte, dass du weiter bewusst kompetent in der Gestaltung deines Tagesablaufs bist, sodass du eines Tages jene Ebene der Meisterschaft und authentischen

Kraft erreichen wirst, die als unbewusste Kompetenz bekannt ist. Ich möchte, dass du ein Leben schaffst, das tatsächlich als Kunstwerk gelten wird. Du hast das Potenzial dazu. Wir alle haben es nämlich. Es geht letztlich darum, ob du die innere Arbeit leisten willst, die erforderlich ist, um dorthin zu gelangen. Werde der Salvador Dalí deines Lebens, mein Freund, und sieh einfach zu, wie sich die Wunder entfalten.«

Den restlichen Vormittag über schlenderten Julian und ich durch die Galerie, studierten die Kunstwerke und genossen die Gesellschaft des anderen. Julian öffnete sich mir noch mehr und erzählte mir von den persönlichen Problemen, denen er als Anwalt gegenübergestanden hatte, und von einigen der Umstände, die ihn dazu gebracht hatten, die Kanzlei aufzugeben und nach Indien zu wandern, auf der Suche nach Antworten auf die Fragen, mit denen er sich quälte. Ich lachte mehr, als ich seit langer Zeit gelacht hatte, als er mir einige Anekdoten und Abenteuer aus seiner Zeit als Jetset-Staranwalt erzählte. Und er rührte mich zu Tränen, als er erzählte, dass sein Rückzug als Anwalt, über den ausführlich berichtet worden war, vom Tod seines einzigen Kindes ausgelöst worden war. Ein betrunkener Fahrer war mit dem Auto zusammengestoßen, in dem seine Tochter als Beifahrerin saß. Darüber hatte die Presse kaum berichtet.

»›Das Leben bringt dir ganz von selbst Schmerz‹«, sagte Julian mit einem Zitat des berühmten Psychologen Milton Erickson, »›du bist dafür verantwortlich, Freude zu bringen.‹ Das Leben hat mir ein paar ziemlich schwere Rückschläge serviert. Aber ich bin ein Überlebenstyp und stehe immer wieder auf. Ich habe außerdem entdeckt, dass nichts, was uns im Leben zustößt, eine andere Bedeutung hat als die, die wir ihm zuschreiben. Schmerz und Leiden kommen nur durch Beurteilung zustande. Wenn wir das Beurteilen aufgeben und aufhören, Dinge als positiv oder negativ zu etikettieren und sie einfach als Gelegenheiten akzeptieren, uns zu unserem größten Ich zu entwickeln, verwandelt sich unser Leben. So etwas wie ein schlechtes oder ein gutes Erlebnis gibt es in Wirklichkeit gar nicht. Das Leben *ist* einfach, wenn du verstehst, was ich sage. Erst durch die Art, wie wir die Erfahrungen unseres Lebens auslegen und verarbeiten, formen wir unsere Wirklichkeit. Unsere Gedanken formen unsere Welt auf so viele verschiedene Weisen. Ich sehe das Leben als ein prächtiges Abenteuer. Die schweren Zeiten fördern mein Wachstum und machen mich weiser. Die leichten geraden Strecken erfüllen mich mit Freude und sind wie Belohnungen für ein Leben in Übereinstimmung mit den natürlichen Spielregeln. Wie Peter uns letzte Woche gesagt hat, ist das Leben wirklich kurz, mein Freund, und wir müssen täglich Schritte unternehmen, um die Größe zu erreichen, die in ihm wohnt. Das Leben ist eine sensationelle Reise und ich jedenfalls beabsichtige sie zu genießen.«

KAPITEL 7

Der Suchende empfängt Belehrung von Meistern

Sage dir zunächst, was du sein willst, und dann tue, was du tun musst.

Epiktet

Wie nun, wenn ich entdeckte, dass der ärmste Bettler wie der frechste Verbrecher in mir selbst steckt, und dass ich meiner eigenen milden Gaben bedarf, dass ich selbst der Feind bin, den es zu lieben gilt ... was dann?

C. G. Jung

Ein ganzer Monat war seit meiner letzten Begegnung mit Julian in der Kunstgalerie vergangen. Ich stand jeden Morgen früh auf und verbrachte viel Zeit mit stiller Selbstbetrachtung, wobei ich tiefer in mich ging als je zuvor. Ich wurde mir vieler der Muster im Denken, Fühlen und Handeln, denen ich vor dem Coaching durch Julian jahrelang gefolgt war und die ich nie erkannt hatte, gründlich bewusst. Bewusstsein ging wirklich neuen Entscheidungen voraus. Wie konnte ich bessere Lebensweisen wählen, wenn ich nicht einmal wusste, was verbessert werden musste? Und meine neuen Entscheidungen führten wirklich zu neuen Veränderungen. Ich begann zu sehen, wie oft ich mich selbst sabotierte und die Größe des Lebens, das ich führte, begrenzte. Ich schaute hinter meine Verhaltensweisen und zum ersten Mal in meinem Leben betrieb ich ernsthafte Selbstprüfung, welche tieferen Ursachen dahintersteckten. Es war eine ungeheuer aufregende Zeit für mich, weil ich mich selbst kennenlernte. Es war auch eine Zeit der Melancholie, weil ich bemerkte, wie oft ich mich selbst verraten hatte.

In den Wochen, in denen ich Julian nicht sah, begann ich auch, mich selbst abzufangen, wenn ich in eine der alten selbstschädigenden Verhaltensweisen abzurutschen drohte, die mich, wie ich jetzt sah, in so viel Schmerz und Leid geführt hatten. In der Vergangenheit hätte ich in bestimmten Momenten ohne nachzudenken auf negative Weise reagiert, während ich jetzt innehielt, bevor ich reagierte. Es war kaum zu glauben, wie oft Menschen oder Umstände reflexhafte Reaktionen bei mir auslösten. Früher hätte ich meine Gefühle und Reaktionen auf die Menschen oder Umstände geschoben. Jetzt, dank Julians weiser Beratung, übernahm ich die Verantwortung dafür, wie ich mich fühlte, und machte mir klar, dass *alles bei mir selbst begann*. Das war eine erstaunliche Beobachtung für mich, und ich fühlte mich danach viel wohler in meiner Haut. Ich glaube, ich war wirklich dabei zu wachsen und mehr zu dem Menschen zu werden, der ich zu sein bestimmt war.

Als ich Julian anrief, bestätigte er mir, dies sei tatsächlich eines der auffälligsten Anzeichen persönlichen Wachstums. Er ließ mich außerdem wissen, Neurologen hätten kürzlich herausgefunden, dass der Mensch eine Viertelsekunde Zeit habe, um zwischen einem Reiz und der dazugehörigen Reaktion bewusst zu überlegen und eine bessere Entscheidung zu treffen. Er vermutete, dass ich in diesem Zeitfenster von einer Viertelsekunde einen Großteil meines Verhaltens umschreiben und einen Großteil meines Lebens umgestalten könne, indem ich die höheren Entscheidungen traf, die mich zu einem weit erwachteren Zustand führen würden.

Je mehr ich über all das nachdachte, was Julian mir mitgeteilt hatte, desto mehr verstand ich, dass er eine überaus weise, aber dennoch außergewöhnlich praktische Philosophie entwickelt hatte, um ein schönes Leben zu führen. Ja, meine täglichen Entscheidungen würden große Auswirkungen darauf haben, wie sich mein Leben entwickelte. Ich spielte eine gewaltige Rolle bei der Schaffung dessen, was ich wollte. Aber die Art, auf die sich meine Bestimmung letztlich verwirklichen würde, würde das Ergebnis von sehr viel mehr als dem sein, was ich als Mensch wählen oder beherrschen konnte. Julian hatte mir in unseren Coaching-Sitzungen oft gesagt: »Tu dein Bestes und überlass der Natur den Rest.« Ich konnte nur versuchen, der beste Mensch zu werden, der ich werden konnte, und auf jeder Etappe des Wegs so wahrhaftig zu leben, wie ich nur wollte. Das Leben würde dann übernehmen und mich dorthin führen, wo ich zu sein bestimmt war. Vielleicht würde mir nicht immer gefallen, wo ich landete, aber Julian betonte, dass ich darauf vertrauen musste, dass der Ort, an den ich geführt wurde, wo auch immer er lag, mir zum größten Wachstum, zur höchsten Heilung und zum effektivsten Lernen verhelfen würde. Es gab eine höhere Ordnung, die letztlich Regie führte, eine höhere Ordnung, die ich mit der begrenzten Wahrnehmung, die mir als Mensch zur Verfügung stand, unmöglich verstehen konnte.

Ich spielte früher, als Jugendlicher, viel Tennis, und Julians persönliche Philosophie über die Partnerschaft zwischen Schicksal und Entscheidung und die Erkenntnisse, wie sie sich beide auf die Entfaltung unserer Bestimmung auswirken, erinnerte mich manchmal an dieses Spiel. Anscheinend konnte ich nur das kontrollieren, was sich auf meiner Seite des Netzes abspielte. Meine einzige Verpflichtung bestand darin, meinen besten Aufschlag zu liefern und die ankommenden Bälle so gut wie möglich zurückzugeben. In Hinsicht auf das Leben hatte ich die Pflicht, mein Licht leuchten zu lassen und im Sinn meiner Träume zu handeln. Alles Geringere hätte geheißen, die Gaben zu entweihen, die mir gewährt worden waren. Aber wenn ich das einmal getan hatte und der Ball auf die andere Seite des Netzes flog, musste ich mich vom Gedanken an das Ergebnis lösen und mich entspannen. Ich musste der Freundlichkeit unseres unendlich weisen Universums vertrauen. Es war nur meine Angst, die mich über die Ergebnisse in Sorge verfallen ließ. Sobald ich die Angst losließ und auf den größeren Plan vertraute, versprach Julian, würde ich sehen, dass sich *alles immer zum Besten regelte.*

Ich vertiefte in dem Monat, seit Julian und ich uns zuletzt getroffen hatten, außerdem mein Verständnis der persönlichen Verantwortung und der Rechenschaftspflicht. Ich erkannte zwar an, dass das Schicksal für mich eine raue Bestimmung festgelegt hatte, war mir aber der Kraft, die ich besaß, um die Leerstellen im Hinblick auf meine Bestimmung zu füllen, sicherer denn je. Es hing alles davon ab, wie ich tagtäglich handelte. Wenn ich authentisch war, das Richtige tat, meine Talente anwandte, um zu schaffen, was ich wollte, und meinen Träumen nachjagte, dann würde mein Leben – und das stand völlig außer Frage – besser funktionieren als je zuvor. Julian hatte mir gesagt: »Der Himmel hilft denen, die sich selbst helfen. Du kannst einen Großteil deines Glücks wirklich selbst erschaffen.« Es war in der Tat alles ein großer Balanceakt zwischen der Kraft meiner Entscheidungen und den Händen des Schicksals, zwischen Handeln und Geschehenlassen, zwischen Tun und Sein.

Von all dem, was ich neu gelernt hatte, beeindruckte mich wohl am stärksten das wachsende Bewusstsein über all das, dem ich in meinem Leben bisher widerstanden hatte. Julian glaubte fest daran, dass man sich ständig mit den eigenen Widerständen konfrontieren müsse, und je mehr ich darüber nachdachte, desto mehr sah ich all das, wovor ich bisher weggelaufen war. Der Autor Sam Keen schrieb einmal, dass wir »von dem eingefangen werden, wovor wir weglaufen«. Wahrhafte Worte.

Julian hatte mich aufgefordert, ihn in einem Schulgebäude zu treffen, das dem Stone Institute for Gifted Children gehörte. Er hatte eine Uhrzeit später am Abend ausgewählt, und ich fragte mich, was mein abenteuerlustiger Coach für diese Lernsitzung für mich geplant hatte. Ich fragte mich auch, wie lange ich noch das Privileg genießen würde, von Julian betreut zu werden. Die Medien waren noch nicht darauf aufmerksam geworden, dass Julian zurück in der Stadt war, und ich wusste, dass er die Öffentlichkeit mied. Was ich mitbekam, war, dass er seine Tage als Freiwilliger in dem Krankenhaus verbrachte, in dem ich Peter getroffen hatte, in der Kunstgalerie mit Salvador Dalí in Gedankenaustausch trat, mit mir arbeitete, wenn die Zeit gekommen war, und an sich selbst arbeitete, indem er meditierte, las, Tagebuch führte und geduldig nachdachte. Er hatte mir außerdem erzählt, dass er viel Zeit mit Waldspaziergängen verbrachte und in die Natur eintauchte. Julian war wahrhaftig ein sehr einfacher Mensch. Mir wurde außerdem klar, dass er auch ein sehr großartiger Mensch war. Punkt.

Als ich das Gebäude betrat, sah ich ein Blatt Papier mit Julians Handschrift darauf an die Wand geklebt. Er hatte geschrieben: »Das Leben ist eine Schule für Wachstum, ideal geschaffen, um uns Gelegenheiten zu geben, alle Lektionen zu lernen, die wir im Lauf unseres Lebens auf der Erde lernen müssen. Wir leben auf dem Schulhaus Erde. Und einer deiner Lehrer erwartet dich begeistert. Ich bin in Zimmer 101. Das Programm des heutigen Abends heißt: *Das beste Ich erwecken.*« Am unteren Rand stand die Abkürzung

D.M.D.S.F.V. Ich wusste, das stand für *Der Mönch, der seinen Ferrari verkaufte*. Daneben war ein Smiley gemalt.

Ich ging den verdunkelten Flur entlang. Plötzlich hörte ich Trommelschläge. Als ich darauf zuging, stellte sich heraus, dass sie aus Zimmer 101 drangen. Ich hatte keine Ahnung, was mich erwartete. Die Tür war geschlossen und die Trommelschläge wurden lauter, als ich näher kam. Mein Herz begann vor nervöser Aufregung zu hämmern. Was geschah auf der anderen Seite der Tür?

»Besuche die Orte, die dir Angst machen«, war einer der Sätze, nach denen ich mich zu leben entschlossen hatte, so wie es mich Julian gelehrt hatte. Also öffnete ich mutig die Tür und trat ein. Das Zimmer war dunkel bis auf den leuchtenden Schein Hunderter winziger Kerzen, die einen großen Kreis bildeten. In der Mitte des Kreises stand niemand anderer als Julian. Er trug sein Gewand und spielte seine Trommel auf rhythmische und dramatische Weise. Seine Augen waren geschlossen, und er sprach leise zum Takt der Trommel: »In deinem Herzen liegen alle Antworten. Gehe auf deine Ängste zu, und du wirst fliegen lernen.« Er wiederholte diese beiden Sätze immer wieder. Die Augen hielt er dabei ständig geschlossen. Es war fast, als befinde er sich in tiefer Trance. Ich schloss die Tür hinter mir und stand einfach nur da. Nach ungefähr fünf Minuten hörte Julian auf, die Trommel zu schlagen. Im Zimmer war es völlig still. Julian öffnete die Augen.

»Willkommen, Dar. Verzeih meine unorthodoxen Unterrichtsmethoden«, grinste er. »Beurteile sie nach den Ergebnissen, wie immer. Du wirst mit der Zeit entdecken, dass mein Coaching in deinem Leben Wunder wirkt. Vertraue mir einfach weiter. Du bist bis jetzt ein glänzender Schüler. Ich möchte dir dafür meine Anerkennung aussprechen. Und ich weiß, dass du dein größtes Leben bereits zu dir hinziehst.«

»Wo soll ich mich hinsetzen, Julian?«, fragte ich in einem Zustand höchster Erwartung auf das Life-Coaching, das ich empfangen sollte.

»Komm hierher, in die Mitte des Wahrheitskreises. Die amerikanischen Ureinwohner glauben, dass das Leben einen Kreis bildet, sie nennen ihn den Kreis des Lebens. Am Ende unseres Lebens kehren wir an den Ort zurück, an dem wir die Reise begannen. Ein Kreis erzählt von Ganzheit und Integrität. In diesem Kreis wollen wir heute Abend nur die Wahrheit sagen. *Denke daran, beim Sinn des Lebens geht es darum, die Reise nach Hause zur Ganzheit zu machen, zurück an einen Ort der Integrität, zurück zu deinem authentischen Ich, zu dem furchtlosen, allwissenden und grenzenlos liebevollen Ich. Der Sinn des Lebens ist, die Integritätslücke zu schließen.*«

»Das Konzept der Integritätslücke kenne ich nicht. Sollte ich es kennen?«

»Nein, *amigo*. Ich stelle es dir gerade vor, weil du jetzt bereit dafür bist. Seit unserer ersten Begegnung spreche ich davon, was mit dem Menschen geschieht, nachdem er geboren wurde, von dem Prozess, durch den wir die Verbindung mit dem verlieren, der wir wirklich sind. Geboren werden wir authentisch und rein. Wir werden furchtlos und mit weit offenem Herzen geboren. Wenn wir geboren werden, kennen wir die Naturgesetze, die die Welt beherrschen, und wissen, warum wir hier sind. Jedoch – und ich weiß, dass du das weißt – wollen wir die Menschen um uns herum zufriedenstellen und uns in die Menge einfügen ...«

»In die Menge, die ein Trugbild der Realität auf der Höhlenwand anschaut anstatt die Wahrheit zu betrachten«, warf ich ein und bezog mich auf das Höhlengleichnis aus Platons *Der Staat*, das Julian mir während der Coaching-Sitzung in den Camden Caves mitgeteilt hatte.

»Ganz genau«, brüllte Julian und stieß seine Faust in die Luft. »Der Prozess, mit dem wir unser authentisches Ich verlassen und zu Menschen werden, die wir nicht sind, indem wir Glaubenssätze, Werte und Verhaltensweisen von den Menschen unserer Umgebung übernehmen, heißt *Inkulturation.* Und wenn wir unser wahres Ich verlassen und uns in unser soziales Ich verwandeln, bildet sich eine Lücke. Wir verlassen unser ursprüngliches Wesen und setzen eine falsche Maske der Persönlichkeit auf. Wir verlieren die Integrität, daher die Bezeichnung Integritätslücke. Je größer die Lücke zwischen dem ist, der wir wirklich sind, und der öffentlichen Maske, die wir der Welt zeigen, desto schlechter funktioniert unser Leben. Je größer der Abgrund, desto weniger unterstützt uns das Universum, weil wir vergessen, wer wir sind, und nicht länger nach den Regeln spielen, nach denen wir spielen sollen. Bei einer großen Integritätslücke spürt man wenig Freude, hat wenig Kraft und lebt ein kleines Leben. Man lebt im Persönlichkeitskult, und das ist nicht die Lebensweise, nach der wir leben sollen. Deine Persönlichkeit ist nicht real. Sie ist einfach etwas, das du geschaffen hast, um gemocht zu werden, nein, um geliebt zu werden. Du hast eine soziale Maske aufgesetzt, und zwar aus Angst.«

»Im Ernst?«

»Im Ernst. Ein kleines Kind, das Liebe begehrt, führt bei den meisten Menschen Regie. Dieses kleine Kind hat Angst, nicht geliebt zu werden. Dieses kleine Kind hat Angst, sich nicht einzufügen. Dieses kleine Kind projiziert seine Mama und seinen Papa auf alle anderen Erwachsenen um sich herum und hofft, dass es die Zustimmung finden wird, die es so verzweifelt sucht, wenn es handelt wie sie, wie die Menge. Fängst du an zu verstehen, warum so viele von uns Angst haben, diesen Weg der Wahrheit zu gehen? Auf einer sehr tiefen und oft unbemerkten Ebene haben die Menschen Angst, nicht mehr geliebt zu werden. Und jeder Mensch hat einen ursprünglichen Drang, gemocht zu werden. Also gehen wir in eine Falle. Wir verraten uns selbst, geben unsere Träume auf und übernehmen Lebensweisen, die nie für uns bestimmt waren.«

»Und das bewirkt eine Integritätslücke, die uns abschaltet und unser Leben begrenzt. Und all das wird durch Angst ausgelöst. Ich sehe jetzt, warum es für den Menschen so wichtig ist, an sich selbst zu arbeiten. Wenn wir einmal die innere Arbeit leisten, die erforderlich ist, um durch die Ängste hindurchzukommen, die uns antreiben, verschieben wir diese Schatten in das Licht des menschlichen Bewusstseins. Und wie du gesagt hast, verschwindet ein Schatten, wenn man ihn in das Licht verschiebt. Die Angst verlässt uns.«

»Tatsächlich beginnt die Angst nicht nur zu verschwinden, sondern sie wird sogar durch Liebe ersetzt, Dar. Wie ich dir gesagt habe, ist die Dunkelheit nicht mehr als eine Abwesenheit von Licht: Wenn du einmal das Licht menschlichen Bewusstseins und Verstehens in die dunkelsten Winkel deines Wesens gegossen hast, wirst du zu einem Wesen, das von Licht erfüllt ist. Wo zuvor Angst war, wird jetzt Liebe sein. Denke daran, was es bedeutet, *erleuchtet* zu sein: jemand, der von Licht erfüllt ist. Jeder Schritt, den du tust, um die Integritätslücke zu schließen, ist ein Schritt nach Hause, hin zu dem Zustand der Erleuchtung, der du wirklich bist. Mit jeder Bewegung, die du machen kannst, um Liebe zu sein, wenn die Angst dich in Besitz nehmen will, forderst du deine ursprüngliche Wesensart zurück und erinnerst dich an sie. Jede einzelne Tat, die du unternimmst, um dein größtes Ich der Welt zu präsentieren, hat die entsprechende Wirkung, dir mehr von der authentischen Kraft zurückzuholen, mit der du geboren wurdest. Deshalb habe ich dir gesagt, dass ich glaube, das ganze Konzept der Selbstverbesserung sei Unsinn. Die Aufgabe jedes menschlichen Wesens ist nicht, sich zu verbessern, denn wir sind auf der tiefsten Ebene schon vollkommen, und Vollkommenheit kann man nicht verbessern. Habe ich dir die Geschichte vom goldenen Buddha schon erzählt, *amigo*?«

»Nein, ich glaube nicht.«

Julian setzte sich im Schneidersitz in die Mitte des Kreises der Wahrheit. Das Zimmer wirkte im Licht der flackernden Kerzen mystisch. Julian sah unfassbar friedvoll aus, und sein Blick schien sich mit einem tiefen Teil meiner selbst zu verbinden. Es kam mir fast vor, als schaue er in mich hinein und fordere den edelsten und realsten Teil meiner selbst auf, sich zu enthüllen.

»Vor vielen Jahren lebte im Fernen Osten eine Gruppe Mönche, die eine riesige goldene Buddhastatue hatten, die sie verehrten. Sie beteten zu ihr, meditierten um sie herum und wertschätzten ihre Gegenwart in ihrem Leben. Dann kam eine Zeit, in der der Ort, an dem sie lebten, von ausländischen Invasoren bedroht wurde. Jeder der Mönche fürchtete, dass sie den kostbaren Besitz ihrer Gemeinschaft verlieren könnten, und deshalb begannen sie alle darüber nachzudenken, wie man ihn schützen könnte. Einem der Mönche fiel eine einfache, aber anscheinend wirkungsvolle Methode ein: Die Mönche sollten in gemeinsamer Arbeit den goldenen Buddha unter Schichten von Schlamm verbergen, um ihn zu bedecken und damit zu schützen. Und der Plan funktionierte: Die Invasoren fanden ihn nicht.«

»Sehr interessant.«

»Aber es geht noch weiter, mein Freund. Einige Jahre später sah ein junger Mönch bei seinem Morgenspaziergang etwas in der Bergerde schimmern, an der er schon so oft vorbeigekommen war. Er rief seine Mönchsbrüder und -schwestern herbei und sie fingen an, sich durch die Schichten zu graben. Und während sie sich durch die Schichten aus Schlamm bewegten, die den goldenen Buddha bedeckten, wurde immer mehr Gold sichtbar. Schließlich, als alle Schichten entfernt waren, konnte sich die volle Pracht des goldenen Buddhas wieder zeigen. Sie sahen einen unschätzbaren Schatz.«

»Großartige Geschichte«, sagte ich anerkennend.

»Nun, sie dient uns heute Abend in diesem Schulhaus als wirkungsvolles Gleichnis. Siehst du, im Leben geht es darum, dass man erzogen wird. Jeden Tag lehrt dich das Leben die Lektionen, die du lernen musst, sofern du darauf achtest. Das Problem ist, dass die meisten Menschen das nicht tun. Das Problem ist, dass die meisten Menschen schlafen, dass sie förmlich bewusstlos durchs Leben gehen. Wie du inzwischen weißt, bleiben sie auf Stufe eins der sieben Stufen der Selbsterweckung. Aber wenn du erwachst und dich die Stufen hinaufbewegst, um dein bestes Ich zurückzuerobern und das Endstadium der Erleuchtung zu erreichen, lernst du dein ursprüngliches Wesen kennen. Jeder Tag gibt dir Gelegenheiten, dich durch eine weitere Schicht des Schlamms vorwärtszubewegen, der den Glanz und das Gold bedeckt, aus dem du wirklich bestehst. Und deshalb besteht der Hauptweg, um wieder nach Hause zu kommen und die Integritätslücke zu schließen, darin, sich selbst zu entdecken und die innere Arbeit zu leisten, von der ich oft spreche. Du musst dir die Zeit nehmen, deinen Widerständen gegenüberzutreten und dich selbst zu untersuchen, wenn Frustrationen oder Ängste an die Oberfläche kommen, statt anderen die Schuld zu geben und Selbstverantwortung zu vermeiden. Wenn du andere für das verantwortlich machst, was dich ärgert oder reizt, verlierst du eine wertvolle Gelegenheit, mehr von den Schatten kennenzulernen, die dich antreiben. Du verlierst die Gelegenheit, tiefer zu gehen und das, was im Reich deines Unterbewussten verborgen ist, an die Oberfläche des Bewusstseins zu bringen, wo es geheilt und entlassen werden kann. Jeder Mensch, der heute lebt, hat Schichten von Schlamm, die sein authentisches Ich überdecken. Manche von uns müssen sich durch mehr Schichten bewegen als andere. Wir nehmen diese Schichten an, wenn wir unser authentisches Ich verlassen und uns der Menge anschließen.«

»Und dieser Vorgang heißt Inkulturation«, fügte ich hinzu.

»Richtig. Der Sinn des Lebens ist es, die Schichten zu entfernen, sodass mehr von dem Gold in uns leuchten und das Tageslicht sehen kann, genauso wie mehr von dem goldenen Buddha hervorlugte, als die Mönche die Schichten entfernten. Und das Aufregende daran ist, dass *jede mutige Handlung, jede gütige Handlung und jede selbstverantwortliche Handlung dir eine unmittelbare Belohnung einbringt: Jedes Mal, wenn du das tust, wovon du weißt, dass es das Richtige ist, und der Wahrheit anstatt den Vorschriften der Menge folgst, beginnt ein bisschen mehr von dem Schlamm zu leuchten, der den überdeckt, der du wirklich bist. Jedes Mal, wenn du aus Liebe statt aus Angst handelst, wirst du mehr zu demjenigen, der du zu sein bestimmt bist. Jedes Mal, wenn du nach deinen Träumen greifst und auf dein Herz hörst, erinnerst du dich ein bisschen besser daran, wer du bist.* So erkennst du dich selbst. So spielst du dein höchstes Spiel. So lebst du gemäß deiner Bestimmung.«

Julian hielt inne. »Was ich dich also heute lehren muss – die wichtigste Lektion, die du im Schulhaus der Erde lernen kannst –, ist: *Der Sinn des Lebens besteht darin, die Integritätslücke zu schließen.* Im Idealfall gäbe es keine Lücke, und die Person, die du der Welt zeigst, wäre dieselbe Person, die du wirklich bist. Im Idealfall würde die Person, die du der Welt zeigst, dein authentisches Selbst vollkommen widerspiegeln. Du hättest keine Ängste, wegen derer du dich verstellen müsstest, um dich anzupassen und geliebt zu werden. Du hättest so viel Selbstliebe, dass es dir gleichgültig wäre, was andere von dir denken. Solange du dir nur selbst treu bliebst, wäre alles gut. Und das, mein Freund, ist, woraus echter Erfolg als menschliches Wesen besteht.«

»Deine Philosophie ist tiefgründig, Julian. Sie verändert wirklich das Leben. Welche konkreten Mittel sollte ich hier im Schulhaus Erde, wie du es nennst, einsetzen, um die Integritätslücke zu schließen?«

»Regelmäßig Tagebuch zu schreiben ist sehr wirkungsvoll. Das hilft dir, dich selbst kennenzulernen, und vertieft deine Beziehung zu dir selbst. Dein Tagebuch sollte ein Ort sein, den du aufsuchst, um dich selbst zu untersuchen. Mit dem Bewusstsein, das dadurch entsteht, kannst du dich dann entschließen, bessere Entscheidungen zu treffen. Auch Meditation und Stille habe ich bereits erwähnt. Jeden Tag eine Zeitspanne allein und in der Stille zu verbringen, ist ein Mittel, um dir bei der Erweckung zu helfen und deine authentische Kraft zurückzugewinnen. Natürlich brauchst du, um im Schulhaus Erde Erfolg zu haben, auch gute Lehrer. Und das bringt mich auf elegante Weise zu Stufe vier der sieben Stufen der Selbsterweckung. Suchende auf dem Weg der Erweckung sind wie Reisende, die eine alte Welt verlassen und eine neue betreten. Wenn man einen neuen Ort besucht, braucht man Führer, die einem die Richtung sagen und den Weg zeigen. Auf Stufe vier geht es darum, Belehrung durch Meister zu suchen. Auf dieser Stufe wendet sich der Suchende an Lehrer, Bücher und andere Lernressourcen. Auf Stufe vier schreibt der Suchende oft stundenlang Tagebuch und liest ein Buch nach dem anderen. Manchmal steigt sogar ein Gefühl der Panik in dir als Suchender auf. Du fühlst dich *frustriert* und hast Angst, weil deine Welt sich verändert. Es gibt so viel zu lernen und so wenig Zeit. Alles ist im Übergang. Indem du aus vielen verschiedenen Quellen lernst, spielst du die Rolle eines guten Schülers. Und du bist jetzt entschlossener denn je auf deiner Suche nach der Wahrheit darüber, wie das Leben funktioniert und welche Rolle du dabei spielst.«

»Julian, das ist ja *genau* das, was ich erlebe! Je mehr ich die Kontrolle aufgebe und an die unbekannten Orte meines Lebens gehe, desto mehr Fragen stellen sich mir. Ich frage mich, wer ich wirklich bin. Ich frage mich, worin meine Bestimmung liegt. Ich frage mich, was meine tiefsten Werte wirklich sind. Ich kämpfe mit den Annahmen, die ich bisher darüber hatte, wie die Welt funktioniert, und ich will die wahren Naturgesetze kennenlernen, auf denen die Welt errichtet wurde. Ich frage mich außerdem, ob es einen Gott gibt und warum ich so viel leiden muss. Und ich will wissen, wie sich mein Leben entwickeln wird und was ich genau tun muss, um mein bestes, authentischstes Leben zu führen.«

»All das sind gute Kämpfe. Die Tatsache, dass du diese großen Fragen stellst, bedeutet, dass du wächst und erwachst. Du verlasst die Menge und wirst bewusster. Und deshalb stellst du alles infrage. Großartig! Die richtigen Fragen zu stellen macht oft schon 90 Prozent beim Finden der richtigen

Antwort aus. Dadurch entdeckst du *deine* Wahrheit und *dein* authentisches Leben. Und denke daran: Fragen zu stellen erschließt das Wissen, das bereits in deinem Herzen existiert. Stelle die richtige Frage, und ich verspreche, die Antwort, die du suchst, wird auftauchen, wenn die Zeit reif ist.«

»Was meinst du mit ›wenn die Zeit reif ist‹, Julian?«

»Nun, ein wichtiges Naturgesetz lautet wie folgt: *Wir bekommen nie mehr, als wir vertragen können.* Der Weg ist liebevoll für dich vorausgeplant, und du wirst niemals mehr Wissen oder Wahrheit empfangen, als das, wofür du bereit bist. Die einzelnen Teile erreichen dich also erst, wenn du bereit bist, sie zu empfangen. Der Schüler muss Geduld haben. Aber die Antworten *werden* schließlich kommen.«

Julian fuhr fort: »Vertraue darauf, dass du genau dort bist, wo du sein sollst. Du bist auf dem Weg, den bereits viele weise Seelen vor dir beschritten haben. Deine Erfahrung ist nicht einmalig. Behalte deinen Glauben und fahre fort, tiefer und tiefer in dich selbst hineinzugehen. Alle Antworten, nach denen du suchst, liegen in dir. Ja, die Bücher und Lehrer und Seminare werden dir helfen. Aber denke an eines: Das Buch eines anderen Menschen zu lesen, spiegelt *seine* Wahrheit wider. Einen Redner auf einem Seminar zu hören, heißt, du hörst *dessen* Wahrheit und *dessen* Philosophie über die Welt und das Leben selbst. Das ist in dieser Phase deines Lebens auch in Ordnung. *Zu erfahren, was andere denken, hilft dir herauszufinden, was du selbst wirklich denkst.* Aber verfalle nicht in den Fehler zu glauben, dass die Wahrheit einer anderen Person unbedingt auch deine sein muss. Werde nicht zu sehr zum Jünger. Sei ein Anführer. Anführer gehen dorthin, wo noch niemand war, und schaffen sich ihren *eigenen* Weg. Bei diesem ganzen Abenteuer geht es darum, authentisch zu sein. Wenn du dich auf immer höhere Stufen auf dem Weg zu deiner persönlichen Meisterschaft begibst, wirst du deine *eigene* Philosophie darüber entwickeln, wie das Leben funktioniert und welchen Platz du darin einnimmst. Du wirst diejenigen Wahrheiten anderer Menschen auswählen, die im tiefsten Teil deiner selbst widerhallen. Du wirst die Weisheit anderer aufnehmen, die für dich wahr klingt. Und du musst jene Ideen verwerfen, die nicht zu dir sprechen und keinen Sinn ergeben. Dadurch schmiedest du deinen eigenen authentischen Kodex und deine eigene Verfassung, nach der du dein größtes Leben führst. Das ist meine Definition von Erfolg: dein Leben auf deine eigene Art zu führen. Und authentischer Erfolg bedeutet auch, dass du dich jeden Augenblick deiner Tage im Prozess befindest, das Leben zu erschaffen, das du für dich wählst. Du wirst nicht das Leben führen, das andere dir vorschreiben, sondern gemäß der Wahrheit deines Herzens leben. Und dadurch wirst du zu einer Macht heranwachsen, die dich zu einer Naturkraft in der Welt machen wird.«

»Das ist wirklich faszinierend, Julian. Wie gesagt, das ist genau das, was ich zurzeit erlebe. Ich spüre, dass ein Hunger in mir erwacht ist. Ich habe mehr als je zuvor die Kontrolle aufgegeben und bin mir meiner Unwissenheit schmerzlich bewusst. Und das Ergebnis ist, dass ich ein Buch nach dem anderen lese. Ich suche nach allen diesen Antworten. Ich glaube, ich bin wirklich ein Suchender geworden.«

»Ja, Dar. Du wirst bewusst. Du wachst auf. Du suchst nach Wegen, um nach Hause zurückzukehren. Manche Bücher predigen die Route zur Erleuchtung oder zumindest zu einem glücklichen Leben durch positives Denken. Andere Bücher sagen dir, du sollst aus deinem Kopf herausgehen und in deinem Herzen leben. Wieder andere Führer fordern dich auf, ein Macher zu werden, jemand, der sich Hunderte von Zielen setzt und dem nachjagt, was er erreichen will. Und dann gibt es noch Bücher, die dich auffordern, im Hier und Jetzt zu leben und das Leben sanft zeigen zu lassen, was es für dich auf Lager hat.«

»Genau. Wem soll ich glauben? Das alles ist so widersprüchlich. Soll ich in der Welt leben oder den spirituellen Weg wählen?«

»Tja«, seufzte Julian. »Das sind die Fragen, die du stellen musst, um *deine* Wahrheit zu finden. Du bist wirklich am Wachsen, und all das ist gut. Du suchst nach Mitteln, die Integritätslücke zu schließen, deine wahre Identität zurückzuerobern und dich an dein authentisches Ich zu *erinnern.* Also experimentierst du mit vielen verschiedenen Ansätzen und bist offen für viele verschiedene Lehrer, und das ist ganz richtig so«, bemerkte Julian mit einem vertrauensvollen Lächeln.

»So viel auf einmal kommt auf mich zu. Mir fällt allmählich auf, wie sehr ich von der Integrität abgewichen bin; meine Integritätslücke muss ziemlich groß sein. Anscheinend trage ich in jeder möglichen Situation meine soziale Maske. Ich glaube, ich habe den Großteil meines Lebens damit verbracht, anderen Menschen gefallen zu wollen, meinen Eltern und anderen in meiner Umgebung. Ich glaube, ich weiß nicht einmal mehr, wer ich bin. Du sprichst von einer großartigen Beziehung zu sich selbst und der Selbsterkenntnis als Mittel zur Erleuchtung. Ich habe wirklich keine Vorstellung, wer ich bin. Das erfüllt mich mit großer Traurigkeit, ehrlich gesagt.« Tränen stiegen mir in die Augen. Ich hatte noch nie solche Emotionen gefühlt.

»Fühle diese Traurigkeit, Dar. Ich habe ja schon darüber gesprochen«, antwortete Julian und legte mir sanft die Hand auf die Schulter. »Je mehr du deine Gefühle spürst, desto mehr werden sie sich in dir vollenden. Gefühle sind wie Wolkenbrüche: Sie haben einen Anfang, eine Mitte und ein Ende. Und wenn du ein Gefühl auslebst, ob es jetzt Wut, Traurigkeit, Ablehnung oder Enttäuschung ist, wirst du dich weiter durch die Schichten bewegen, um dich an den goldenen Buddha in dir zu erinnern.«

Julian wartete geduldig, bis ich meine Fassung wiedergewonnen hatte.

»Gut, Dar. Wenn der *Sinn* des Lebens darin besteht, die Integritätslücke zu schließen, stellt sich die Frage, durch welchen *Prozess* das Leben dich in diese Richtung drückt. Das Universum möchte, wie gesagt, dass du gewinnst. Das Leben ist so angelegt, dass du dazu bestimmt bist, glücklich und großartig zu sein.«

»Aber ich muss nach den Regeln spielen«, antwortete ich. »Und wenn ich noch schlafe und sie nicht erkenne, also noch auf Stufe eins bin, kann mein Leben gar nicht funktionieren.«

»Hervorragend«, rief Julian aus und umarmte mich. Er fing wieder an, die Trommel zu schlagen, zuerst leise, dann liebevoll. Ich wusste, das war seine Art, mich für die Weisheit zu ehren, die ich in mich aufnahm. Julian hörte auf, und im Zimmer herrschte wieder Stille.

»Der Prozess, durch den die Natur oder das Universum oder Gott oder die unendliche Intelligenz – wie auch immer man die Quelle aller Schöpfung nennen möchte – dich dazu ermuntert, die Integritätslücke zu schließen, wird als Recycling bezeichnet. Recycling ist ein Begriff, der erklärt, wie ein Großteil des Lebens funktioniert. Im Wesentlichen beschreibt er die Erscheinung, dass, während wir durchs Leben gehen, bestimmte Menschen und Umstände zu uns geschickt werden, um uns die Lektionen zu lehren, die wir in dieser Phase des Weges am meisten brauchen. Sagen wir, die Lektion, die wir an einem bestimmten Punkt unserer Reise lernen müssen, ist die der Vergebung. In diesem Fall wird uns dieses vollkommen gestaltete Universum eine Person schicken, die uns zum Beispiel verrät. Wie immer haben wir die Wahl, wie wir auf das reagieren, was sich in unserem Leben abspielt. Wenn wir alles auf die andere Person schieben und ihr ausschließlich Vorwürfe machen, werden andere solche Lehrer in unserem Leben erscheinen. Ähnliche Typen von Menschen werden wiederholt auftreten, also sozusagen *recycelt*. Das Problem ist nur, dass die Lektion umso stärker, intensiver und schmerzlicher wiederholt wird, je mehr du ihr widerstehst.«

»Um meine Aufmerksamkeit zu bekommen, oder?«

»Ja. Denke nur daran, dass es bestehen bleibt, wenn du es ablehnst. Wenn du es aber annimmst, wirst du es schließlich überwinden. Die Natur möchte, dass du die Integritätslücke schließt und deine Lektionen lernst, während du das Schulhaus Erde besuchst. Sie möchte, dass du dadurch zu deinem Ort der Authentizität zurückkehrst. Recycling tritt auf, um diese Bewegung zu unterstützen, diese Reise zur Erweckung deines besten Ichs. Aber wenn du den Prozess verschläfst, wie das Leben funktioniert, wird dich das Leben härter treffen. Wenn du aufmerksam bist und aufwachst und ein *bewusstes* Leben führst, indem du persönliche Verantwortung für deine Heilung und dein Wachstum übernimmst, wirst du die vorgesehene Lektion lernen und dich deinem wahren Ich nähern. Wenn du deine Lektionen akzeptierst anstatt ihnen zu widerstehen, wird sich die Lücke schließen und das Leben besser werden.«

»Unglaublich«, war die einzige Antwort, die mir einfiel, als ich Julians Vorstellung davon hörte, wie das Leben funktioniert. Mir wurde klar, dass ich einer Gelegenheit widerstand, eine für mich bestimmte Lektion zu lernen, wenn ich andere für das verantwortlich machte, was Wut oder Ärger oder Eifersucht in mir auslöste. Die Lektion würde sich in meinem Leben wiederholen, und zwar mit zunehmender Intensität und mehr Leiden. Für mich war der wesentliche Punkt einfach der: *Indem ich persönliche Verantwortung dafür übernahm, was in mir vorging, und indem ich mich selbst und die tieferen Ursachen meiner negativen Reaktionen kennenlernte, konnte ich das Recycling in meinem Leben buchstäblich minimie-*

ren. Indem ich mich weigerte, andere für meine nicht ganz liebevollen Reaktionen verantwortlich zu machen, konnte ich die Verletzungen in meinem Leben enorm zurückfahren. Ich würde nach den Regeln der Natur spielen und deshalb würde mich die Natur unterstützen. Ich wäre wach genug, um die Wahrheit darüber zu erfahren, wie das Leben wirklich arbeitet, und deshalb würde mir das Leben größere Belohnungen gewähren.

Julian stand auf und verließ den Wahrheitskreis. Er ging zu einer Wandtafel auf der anderen Seite des Klassenzimmers hinüber. Er hatte eine Reihe Kerzen an der Tafel aufgestellt, damit ich sah, was er darauf zeichnete. Er zog mit der Kreide einen großen Kreis. Er teilte ihn in Viertel. In das erste Viertel schrieb er »Verstand«. In das zweite schrieb er »Körper«. In das dritte schrieb er »Gefühle«. Und in das vierte schrieb er das Wort »Geist«. Über den Kreis schrieb er: »Die vier Erweckungen«. Er schaute mich an und setzte seinen Vortrag fort.

»Wie ich dir bereits gesagt habe, geht es bei der Reise des Anführers zurück zu deinem authentischen Ich – und das ist eine *Anführer*-Reise – darum, die Integritätslücke zu schließen. Integrität bedeutet Ganzheit. Ganzheit wird durch einen Kreis dargestellt. Der *Sinn* des Lebens ist die Rückkehr zur Ganzheit. Der *Prozess,* mit dem das Leben diese Rückkehr unterstützt, heißt Recycling. Das letzte Stück umfasst die konkreten *Praktiken,* die die Integritätslücke schließen. Auf der Belehrungsstufe des Weges der Erweckung, also auf Stufe vier, fängst du an, bewusste Entscheidungen zu treffen, um zur Ganzheit zurückzukehren. Es gibt vier Dimensionen deines authentischen Ichs, die erweckt werden müssen, um wieder ganz zu werden. Wenn du diese vier Dimensionen erweckst, wirst du dich auch erinnern, wer du wirklich bist. Hier sind also die vier Erweckungen«, sagte Julian und zeigte auf die Tafel. »Wenn du nach Hause reist, musst du deinen Verstand *und* deinen Körper *und* deine Gefühle *und* deinen Geist erwecken.«

»Das ist wirklich aufschlussreich Julian. Ich kämpfe sehr mit diesem Punkt. Manche Bücher sagen, wie du erwähnt hast, dass wir unser bestes Leben finden, wenn wir das höchste Potenzial unseres Verstands kultivieren. Diese Autoren wollen, dass wir mehr Bücher lesen und mehr lernen, um die Qualität unseres Denkens zu erforschen. Sie sagen, unsere Gedanken erschaffen die Wirklichkeit. Sie sagen, dass unser Leben sich verwandelt, wenn wir ändern, was wir denken.«

»Das ist schon wahr, Dar. Aber es ist nicht die ganze Geschichte. Den Verstand zu erwecken ist nur *ein Viertel* des Weges zurück zu deiner Ganzheit und deiner Integrität. Ja, du musst den Verstand erwecken, was bedeutet, dass du deine grundlegenden Glaubenssätze, deine Annahmen und deine Ängste erforschst. Das kannst du erreichen, indem du lernst und die Wahrheiten anderer Menschen durch ihre Bücher, CDs und Seminare entdeckst. Den Verstand erwecken – ich nenne das die erste Erweckung – kannst du auch durch Tagebuchschreiben, geduldiges Nachdenken und durch Stille, sodass du dir deiner Lebensweise und all dessen, was du nicht weißt, bewusster wirst. Bei der ersten Erweckung geht es darum, Wissen ansammeln, zu lernen und dir der höheren Entscheidungen bewusst zu werden, die du treffen kannst. Das ist die intellektuelle Arbeit, die der Schüler auf dem spirituellen Weg erledigen muss. Aber zusammen mit dem Erwecken des Verstands gibt es drei weitere Dimensionen, die erweckt werden müssen, um zur Ganzheit zurückzukehren und eine vorhandene Integritätslücke zu schließen: der Körper, die Gefühle und der Geist. Du musst den Körper erwecken, auf jeden Fall. Ein gesunder Verstand ohne einen gesunden Körper spiegelt keine Integrität wider. Darin ist keine Ganzheit. Zusammen mit der ersten Erweckung musst du also auch die zweite Erweckung vollziehen.«

»Was kann ich tun, um meinen Körper zu erwecken?«

»Regelmäßig Sport treiben, dich hervorragend ernähren, Sonnenlicht tanken, dich massieren lassen, frische Luft atmen, viel Wasser, Vitamine und Nahrungsergänzungsmittel zu dir nehmen, Reiki erfahren, Yoga praktizieren ...«

»Ich verstehe, was du meinst«, antwortete ich. »Es gibt eine ganze Reihe Mittel, die mir zur Verfügung stehen, oder?«

»Auf jeden Fall. Die zweite Erweckung, die Heilung des Körpers, dreht sich darum, dass deine körperliche Dimension in wunderbarer Verfassung ist. Und *während* du den Verstand zusammen mit dem Körper erweckst, achte auch darauf, dass du deine Gefühle erweckst. Das ist die dritte Erweckung. Es ist wichtig, dass du die ganze Wut verarbeitest, die du im Leben mit dir herumträgst. Es ist wichtig, das du allen Menschen vergibst, die dich verwundet und verletzt haben. Vergebung ist etwas, das du für dich selbst tust, weißt du?«

»Das wusste ich nicht«, sagte ich ernsthaft.

»Doch, das ist so. Wenn du jemandem nicht vergibst, ist das fast so, als trügest du den Betreffenden auf deinem Rücken mit dir, und das ist eine sehr schwere Last. Und wenn du ihm einmal vergibst, gibst du ihn damit frei. Du kannst endlich mit deinem Leben weitermachen. Er zieht dich nicht länger herunter, und du bist als Mensch viel freier. Jemandem zu vergeben, hat nichts damit zu tun, sein Verhalten gutzuheißen. Jemandem zu vergeben, heißt einfach zu sehen, dass Menschen im Schmerz schmerzliche Dinge tun, wie ich bereits gesagt habe.«

»Aber ist es wirklich gesund, nicht gegen verletzendes Verhalten aufzutreten?«, fragte ich.

»Was ich dir sagen will, ist, dass du tiefer gehen und die Wahrheit unter deinem Urteil über andere Menschen erkennen musst. Ich möchte, dass du verstehst, dass Menschen, die andere Menschen verletzen, selbst verletzt worden sind. Menschen, die sich selbst nicht lieben, können anderen keine Liebe erweisen. *Und Menschen, die keine Selbstachtung haben, haben keine Ahnung, wie man anderen Achtung erweist.* Denke immer daran, und du wirst befreit. Führe immer weiter Tagebuch über diese Tatsachen und zeitlosen Wahrheiten, damit sie tiefer in dein Bewusstsein sinken. Gib deinen Ängsten immer weiter eine Stimme, und sie werden sich durch dich hindurchbewegen. Gefühle sind wie Wolkenbrüche, mit einem Anfang, einer Mitte und einem Ende. Wenn wir sie ersticken, werden sie wie Wunden unter der Oberfläche eitern. Wenn wir auf sie achten und sie ans Licht des Bewusstseins bringen, bewegen wir uns durch sie hindurch und sie werden sich auflösen. Und wir schreiten voran zu immer größerer Gesundheit.«

»Und was ist mit der vierten Erweckung, der des Geistes?«, fragte ich, ging hinüber zur Tafel und zeigte auf das letzte Viertel.

»Ausgezeichnete Frage. Wenn wir den Geist erwecken, nähren wir unser höchstes Ich. Das sieht für jeden Menschen jeweils anders aus. Für manche hat der Geist mit Gebeten oder Gesprächen mit Gott zu tun. Andere pflegen ihren Geist, indem sie eins werden mit der Natur oder indem sie sich bewegender Musik hingeben. Für wieder andere bedeutet es, den Geist zu erwecken, dass man Dienste leistet, als Freiwilliger arbeitet und für einen Kreuzzug lebt, der über einen selbst hinausgeht. Was auch immer es ist, das du für dich tust, denke stets daran, dass wir den Prozess der Erweckung *gleichzeitig für alle vier unserer Kerndimensionen* durchführen müssen.«

»Das klingt nach viel Arbeit, Julian«, sagte ich ehrlich.

»Selbst eine Reise von tausend Meilen beginnt immer mit dem ersten Schritt. Du musst das alles nicht in einer Woche oder einem Monat schaffen. Achte aber darauf, dass du jeden einzelnen Tag *irgendetwas* tust, um zu dem zu erwachen, der du wirklich bist, egal, wie bedeutungslos es erscheinen mag. Ich empfehle dir sehr, dich gleich hier in diesem Zimmer zu etwas zu verpflichten. Nutze einen Großteil der ersten sechzig Minuten des Tages, deine heilige Stunde, um an den vier Erweckungen zu arbeiten. Das ist eine unglaublich wirkungsvolle Methode, dein größtes Leben zu führen und deine Bestimmung zu verwirklichen.«

»Das kann ich tun«, gelobte ich. »Ich verbringe bereits jetzt jeden Morgen Zeit damit, innerlich an mir zu arbeiten, wie du es mir gesagt hast. Das ergibt viel Sinn, Julian.«

»Versprich dir selbst hier in diesem Zimmer, dass du am Anfang jedes Tages Zeit damit verbringen wirst, an den vier Kernbereichen deines Innenlebens zu arbeiten. Du kannst diese Zeit damit verbringen, Tagebuch zu führen, zu lesen oder zu meditieren. Du kannst einen Teil dieser Zeit für Gebete und einen anderen Teil dieser Stunde für sportliche Übungen nutzen. Allein diese Strategie wird dein Leben schon wirklich verändern, wenn du sie wirklich annimmst und in deinen Tag einbaust. Glaube mir das. Es ist so, mein Freund: Wenn du nicht auf das Leben einwirkst, wirkt das Leben auf dich ein. Die Tage werden unmerklich zu Wochen und die Wochen zu Monaten. Schneller als gedacht wird das Leben vorbei sein. Lass dir den glänzenden und schönen Schatz deines Lebens nicht entgleiten. Triff weiter Entscheidungen, die dir helfen, dich daran zu erinnern, wer du bist. Nimm dir sechzig Minuten zu Beginn deines Tages Zeit, um dich der inneren Arbeit zu widmen, die notwendig ist, um dich selbst zu vertiefen und den goldenen Buddha in dir zu erwecken. Das wird das allergrößte Geschenk, das du dir jemals gemacht hast.«

Julian kehrte zum Wahrheitskreis zurück.

»Eins will ich dir zu Stufe vier, der Stufe der Belehrung durch Meister, noch mitteilen. Es ist eine sehr weise Philosophie, sich jeden Tag mit seiner Sterblichkeit zu verbinden.

Denke daran, dass das Leben kurz ist und du nicht weißt, wann es enden wird. Wir können beide morgen abberufen werden, Dar. Entscheidend ist, dass du dein höchstes Spiel jetzt spielst und deine größten Möglichkeiten jetzt lebst. Weise Menschen erinnern sich selbst daran, dass jeder Tag ihr letzter sein kann. Dadurch machen sie es zu ihrer Verpflichtung, während der Stunden ihres Tages Liebe zu sein statt Angst.« Julian beugte sich zu einem Schreibtisch, der neben ihm stand, und hob ein elegantes Blatt Schreibpapier hoch.

Er fuhr fort: »Wir alle haben die Wahl und die Gelegenheit, die Geschichte unseres Lebens zu schreiben, wenn wir wollen. Jeder Tag ist eine Gelegenheit, etwas daran zu ändern, wie unser Nachruf sich einmal lesen wird. Das Leben muss nicht auf uns einwirken. Wir können uns dafür entscheiden, bewusste Schritte innerhalb der Stunden unserer Tage zu gehen, um die Integritätslücke zu schließen und das Recycling zu vermindern. Wir können uns täglich dafür entscheiden, etwas zu tun, um die vier Erweckungen zu fördern. Wir können jeden Tag als ein Sprungbrett benutzen, um ein höheres und größeres Leben zu führen. Mit unseren Entscheidungen wird unsere *persönliche* Bestimmung geformt. Eines der wirkungsvollsten Mittel, die du dazu anwenden kannst, ist, die Geschichte deines Lebens im Voraus aufzuschreiben. Sie wird sich vielleicht nicht ganz so entwickeln, wie du sie ausdrückst, aber ein altes Sprichwort sagt: ›Wenn du nicht weißt, wohin du gehst, bringt dich jede Straße ans Ziel.‹ Ich hätte lieber irgendeinen Plan als gar keinen Plan.

Du kennst meine Philosophie: Man soll sein Bestes geben und der Natur den Rest überlassen. Versuche dein Bestes, setze dir klare Absichten, verfolge deine Träume und nimm dann an, was kommt. Das Leben ist ein sanftes Gleichgewicht zwischen Handeln und *Geschehenlassen.* Gib dein *Allerbestes,* so gut du nur kannst. Setze dir deine Ziele und nenne deine Absichten, verfolge deine Träume im Hinblick darauf, was du vom Leben empfangen willst. Dann habe den Mut und die Weisheit loszulassen. Gib deine Absichten auf und nimm an, was auch immer kommt, in dem Wissen, dass es zum Besten ist, selbst wenn es dir im jeweiligen Augenblick nicht so vorkommt. Das Leben ist ein schöner Wandteppich, der vollkommen geknüpft ist. Wir empfangen oft nicht, was wir wollen, aber wir empfangen *immer,* was wir brauchen. Wir bekommen immer, was in unserem höchsten Interesse ist. Das ist eine der *größten* Lektionen des Lebens.«

»Was rätst du mir also zu tun?«

»Ich möchte, dass du die Geschichte deines Lebens aufschreibst. Ich möchte, dass du deinen Nachruf schreibst. Ich möchte, dass du wieder groß träumst und mit dem Potenzial spielst, das dein Leben zu sein bestimmt ist, mein Freund. Das ist ein emotionales Erlebnis; es wird dir vielleicht sogar Tränen in die Augen treiben. Aber ich möchte, dass du mit all deinen Gefühlen und jeder Unze deiner Liebe schreibst. Öffne dieser Übung dein Herz.«

In diesem Raum, an jenem Frühlingsabend, schrieb ich die Geschichte meines Lebens auf, umgeben von Kerzen und einem liebevollen Menschen, der das Beste für mich wollte.

Ich schrieb über den Menschen, der ich werden wollte, und über das Leben, das ich schaffen wollte. Ich schrieb über die Frau, die ich finden, und den Ehemann, zu dem ich werden wollte. Ich schrieb über das Familienleben, das ich schon immer verdient zu haben glaubte. Und ich schrieb darüber, wofür mein Leben als Mensch stehen sollte. Ich schrieb machtvoll über die Werte, authentischen Glaubenssätze und Maßstäbe, an die ich mich halten wollte. Ich widmete mich an jenem magischen Abend der Aufgabe, mein größtes Spiel als Person zu spielen und das Licht, das ich in mir entdeckt hatte, das Licht des Tages sehen zu lassen. Die Schichten über meinem Gold würden entfernt. Die Ketten, die mich gefesselt hatten, würden weiter zerbrochen. Ich würde weiter auf die Wahrheit und Erleuchtung zugehen. Ich würde weiter ins Leben erwachen.

Tränen begannen aus meinen Augen zu strömen. Ich fing an, laut zu weinen. Bald schluchzte ich wie ein kleines Kind. Julian begann ebenfalls zu weinen, deutlich bewegt von meinem Mut wie auch von meiner Bereitschaft, die »Orte, die mich ängstigten« zu besuchen und tiefer zu gehen, als ich je zuvor gegangen war. Ich spürte, dass das Herz dieses Mannes weit geöffnet war. Er legte seine Arme um mich und tröstete mich. Dann erbat er sich meine Erlaubnis, zu lesen, was ich geschrieben hatte. Ich freute mich, das Verlangen meines Herzens zu teilen.

Nachdem er das Blatt weggelegt hatte, schaute er mich an und sagte einfach: »Wunderschön. Du bist auf dem Weg nach Hause.«

KAPITEL 8

Der Schüler verwandelt sich und erschafft sich neu

Ein Träumer ist jemand, der seinen Weg nur bei Mondlicht findet, und seine Strafe ist, dass er die Dämmerung vor allen anderen sieht.

Oscar Wilde

Geringe Zweifel, geringe Erleuchtung. Große Zweifel, große Erleuchtung.

Zen-Spruch

In dunkler Zeit beginnt das Auge zu sehen.

Theodore Roethke

Es war die schwerste Zeit meines Lebens. Sechs Wochen waren vergangen, seit ich Julian im Schulhaus getroffen hatte. Ich sah die Welt jetzt mit anderen Augen, und die Fundamente, auf denen meine alte Welt ruhte, hatten angefangen zu bröckeln. Einen Großteil der Zeit über fragte ich mich, was geschah, und war manchmal verwirrt. Als mich Julian nach unserer letzten Sitzung verließ, erklärte er mir, dass meine *größten* Ängste an die Oberfläche kommen würden und ich mich an das klammern würde, was ich kannte, an meine alte Weltsicht, wenn ich meine alte Art, die Dinge zu sehen, aufgab. Er sagte, dass ich wie immer bei allem die Wahl haben würde. Ich könne weiter auf dem Weg nach Hause zu dem gehen, der ich wirklich war, oder ich könne dieser Anführerreise widerstehen und weiter stagnieren. Julian zitierte den Philosophen Joseph Campbell, der gesagt hatte: »Das heldische Leben heißt, das individuelle Abenteuer zu erleben. Den Ruf zu verweigern, heißt Stagnation.« Am tiefsten Ort innerhalb meiner selbst wollte ich weiter auf der Reise voranschreiten, die ich begonnen hatte, als ich Julian zum ersten Mal bei dem Motivationsseminar getroffen hatte, aber es wurde zunehmend schwierig.

Was, wenn Julian nun Unrecht hatte, fragte ich mich manchmal. Wenn die Art, wie er die Welt sah, und alle seine Theorien falsch waren? Wenn meine alte Art, die Welt zu sehen, richtig war, und dieses vertraute Muster loszulassen mich an einen unbekannten Ort brachte, an dem mein Leben womöglich noch schlimmer wurde? Was, wenn all die Glaubenssätze und Annahmen, auf die ich mich mein ganzes Leben lang gestützt hatte, doch die wahren Wahrheiten waren, die die Welt beherrschten, zum Beispiel »Wenn du anderen zu viel gibst, nutzen sie dich aus«, »Erfolg hat nur, wer die Konkurrenz aussticht« oder »Je mehr man ansammelt, desto glücklicher wird man«? Wenn ich ihnen nicht mehr folgte, würde mein Leben womöglich ein *totaler* Fehlschlag. Vielleicht meinte Julian es gut, war aber selbst aus dem Gleichgewicht und zu extrem in seiner Philosophie.

Meine Arbeit nahm ich kaum noch wahr. Mich verzehrte der innere Kampf, dem ich mich gegenübersah. In Augenblicken der Klarheit wurde mir bewusst, dass meine Verwirrung vielleicht daher kam, dass ich mit einem Fuß noch in meiner alten Welt stand und mit dem anderen eine ganz neue betrat. Ich hatte ein Zitat von Aristoteles gefunden, das etwas Sinn in die Herausforderungen brachte, die mir auf dieser Reise nach Hause zur Authentizität und meinem größten Leben begegneten. Ich klebte es an meinen Badezimmerspiegel, damit ich es jeden Morgen lesen konnte. Es lautete folgendermaßen:

> *Die Schönheit der Seele leuchtet hervor, wenn ein Mensch mit Fassung ein Unglück nach dem anderen erträgt; nicht, weil er es nicht spürte, sondern weil er hohen und heldenhaften Gemüts ist.*

Es war unheimlich, die Welt, die ich kannte, loszulassen und mich einer neuen zu öffnen, die ich gar nicht kannte. Aber Julian sagte mir, dass wir am lebendigsten sind, wenn wir ins Unbekannte gehen und den Mut haben, durch unsere Angst hindurchzuschreiten. Ich erinnerte mich außerdem immer wieder daran, was Julian mir über die Verwirrung gesagt hatte, die der Klarheit weicht, und über das Chaos, das schließlich zu Selbstsicherheit wird. Ich *musste* Julian vertrauen. Keiner meiner Freunde hätte verstanden, worüber ich in diesen Tagen sprach, und meine Arbeitskollegen hätten geglaubt, ich werde verrückt. Während dieser Phase fühlte ich mich sehr allein und beschloss, viel Zeit in der Natur zu verbringen. Ich ging nach draußen und im Wald spazieren. Ich fühlte mich ein wenig getröstet. Ich fühlte mich als Teil eines größeren Universums und ein Gefühl des Friedens erfüllte mich.

Während dieser Phase der intensiven Selbstprüfung und des Übergangs wachte ich oft mitten in der Nacht schwitzend und zitternd auf, manchmal mit einem scharfen Schmerz, der mir das Herz zu versengen schien. »Was habe ich mit diesem Coaching-Prozess bloß angefangen?«, fragte ich mich dann. Vorher war alles *so viel* einfacher. Ich verstand nun, warum Philosophen gesagt haben, Unwissenheit sei ein Segen. Ich hatte vielleicht die Wahrheit nicht gekannt, bevor ich Julian begegnete, aber die Illusion meines alten Lebens war auch ein Trost gewesen.

Und dennoch, bei allen riesigen Ängsten und der Verwirrung, die sich jetzt zeigten, und all den Fragen, die durch meinen Geist rasten, und all den alten Schmerzen, die an die Oberfläche kamen, als ich tief in meine Weltsicht hineinging, fand ich auch ein neues Gefühl der Freude. Es geschah anfangs nicht sehr oft, aber ich fing an, mich lebendiger zu *fühlen* als je zuvor in meinem Leben. Vielleicht erwachte ich ja wirklich zu einem Leben wie nie zuvor. All das geschah, als ich begann, mich durch diese »alten Wunden« zu arbeiten, von denen Julian gesprochen hatte, und Verantwortung für die Fehler übernahm, die ich in der Vergangenheit gemacht hatte. Indem ich über meine Erlebnisse in der Kindheit wie auch als Erwachsener nachdachte, tauchten Gefühle und alte, lang vergessene Erinnerungen wieder auf. Ich schrieb täglich Tagebuch darüber. Ich schrieb auch Briefe an mich selbst, um mich durch die Gefühle zu arbeiten. Und je mehr ich meine Gefühle fühlte, desto tiefer ging ich in mich selbst hinein. Es war wirklich so, als ob ich mich durch verschiedene Schichten bewegte und die alten wegschälte, damit ich zur Wahrheit gelangte. Ich lernte den kennen, der ich wirklich war. Und Julian sagte, das sei »edle Arbeit«.

Noch einmal: Ich muss ehrlich mit Ihnen sein. Dieser Prozess war kein leichter Vorgang. Aber er wurde *äußerst* erfüllend, je tiefer ich ging. Und wie gesagt fühlte ich mehr und mehr ein Glück, das ich noch nie zuvor verspürt hatte. Der Ort des Wissens tief in mir wusste, dass dies *echte* Freude war.

Eines Morgens stand ich bei Anbruch der Dämmerung auf und sah dem Sonnenaufgang zu. Ich merkte, dass ich weinte, gebannt von der Schönheit dieser Szene aus der Natur. Zu anderen Zeiten wieder war die Musik, die ich mir täglich anhörte, jetzt etwas, das ich auf einer ganz neuen Ebene fühlte. Ein Lächeln trat auf mein Gesicht, wenn ich mich von einer glänzend geschriebenen Oper bewegt oder von einem Popsong inspiriert fühlte. Und die Art, wie ich mich Menschen gegenüber verhielt, veränderte sich auch. Ich sah meine Freunde und Familienangehörigen und auch meine Kollegen mit neuen Augen und fühlte eine Liebe für sie, die ich zuvor nie gekannt hatte. Handlungen von Menschen, die mich in der Vergangenheit geärgert hätten, reizten mich jetzt viel weniger, weil mir klar war, dass diese Menschen nur aus ihren Wunden und ihren Ängsten heraus so handelten. Sie handelten auf der Grundlage ihres Wissens so gut wie möglich, und wie Maya Angelou gesagt hatte: »Wenn wir es besser wissen, können wir besser handeln.« Ich erinnerte mich selbst daran, dass tief in jedem von ihnen Gold, Großartigkeit und ein liebevolles menschliches Wesen verborgen lag. Jedes Mal, wenn jemand etwas tat, um mich zu verletzen, selbst in noch so geringfügiger Weise, erinnerte ich mich an Julians Aussage, dass Menschen in Schmerzen schmerzliche Dinge tun. Wer Angst hat, reagiert beängstigend. Sie brauchten meine Vergebung, nicht meine Wut. Wenn ich Vergebung nicht in mir selbst fand, musste ich die Verantwortung dafür übernehmen und tiefer gehen, bis ich Zugang zu einem größeren Teil meines Herzens bekam. In allem, was mich an einem anderen Menschen ärgerte, lebte eine Gabe persönlichen Wachstums. In jedem Umstand, der mich frustrierte, lag eine hervorragende Gelegenheit, mich durch eine meiner eigenen Schichten zu arbeiten und mich dadurch an einen größeren Teil meines besten Ichs zu *erinnern* und einen größeren Teil meiner authentischen Macht zurückzugewinnen. Die Entscheidung lag bei mir: *dem anderen Vorwürfe machen oder etwas in mir zurückgewinnen.*

Das war eine neue Philosophie für mich, um das Offensichtliche auszusprechen. Wenige Menschen in der Welt, aus der ich kam, dachten so. Aber es fühlte sich richtig an: Der

Ort des Wissens in mir wusste, dass mein Leben umso besser werden würde, je mehr ich diese Lebensweise annahm. Meine Instinkte sagten mir, so zu leben sei der Weg der Weisheit.

Julian hatte mich gebeten, mich mit ihm im städtischen Zoo zu treffen. Genauer gesagt hatte er mich gebeten, in dem Abschnitt aufzutauchen, der als Schmetterlingshimmel bekannt und das Zuhause von Tausenden Schmetterlingen war, sowohl von einheimischen als auch von hochexotischen Arten.

Als ich mich zu der bezeichneten Örtlichkeit begab, weckte der Duft der süßen Blumen, die den Fußweg säumten, ein wundervolles Gefühl in mir und erinnerte mich an die Schönheit des Lebens. Das Leben ist wahrhaft ein großer Segen. Nur zu oft sind wir mit dem beschäftigt, was in unserem Leben nicht funktioniert, und achten nicht auf die Dinge, die funktionieren. Julian hatte mir gesagt, eines der Naturgesetze, die die Welt beeinflussen, laute, *wenn wir uns auf das konzentrieren, was wir in unserem Leben nicht haben wollen, blockieren wir damit das, was wir haben möchten.* Und die Dinge, denen wir Aufmerksamkeit schenken, werden in unserem Leben zunehmen. Das bedeutet: Konzentriere dich auf das, was du willst, und du bekommst mehr davon. Die Welt ist ein Spiegel. Wie Julian mich gelehrt hatte, empfangen wir vom Leben nicht, was wir wollen, sondern wer wir sind, als spirituelle Wesen. Mir war klar geworden, dass in vielerlei Hinsicht die einfachen Freuden des Lebens die erfüllendsten sind. Auf sie konzentrierte ich mich daher jetzt.

Ich schaute mich nach Julian um, aber er war nirgends zu finden. Ich fragte sogar einige der Zooführer, die anwesend waren, um Touristen herumzuführen, ob sie einen gutaussehenden Mann in einem Mönchsgewand gesehen hätten. »Sie könnten ihn gar nicht übersehen«, sagte ich. Sie lächelten und sagten, sie hätten keinen solchen Menschen gesehen. Während ich auf Julian wartete, nutzte ich die Gelegenheit, einige der Notizen durchzugehen, die ich in meinem Tagebuch gemacht hatte. Ich fand, dass das Schreiben nicht nur die Schritte dieser bemerkenswerten Reise festhielt, zu der ich aufgebrochen war, sondern dass mein Tagebuch mir auch ein Mittel bot, mich selbst kennenzulernen und zu versuchen Klarheit über das Erwachen zu gewinnen, das sich gerade in meinem Leben ereignete.

Indem ich Tagebuch schrieb, konnte ich auf dem Papier denken. Ich konnte aus mir heraustreten und meine Gedanken und Handlungen objektiv bewerten. Indem ich Tagebuch schrieb, erhielt ich die Gelegenheit, intensiv über die Qualität meines Denkens nachzudenken. Wenn eine meiner Denk- oder Verhaltensweisen nicht zu dem Leben passte, das ich mir erschaffen wollte, konnte ich neue Entscheidungen treffen, die besser zu dem passten, der ich werden und was ich haben wollte. Es fühlte sich einfach großartig an, einen Ort zu haben, an dem ich mich selbst ausdrücken und, wie Julian es nannte, eine Unterhaltung mit mir selbst führen konnte. Diesen Punkt fand ich sehr wichtig: Wenn man keine Unterhaltung mit sich selbst führt, wie kann man sich dann selbst kennenlernen? Und je tiefer wir uns selbst kennen, desto besser können wir authentische Entscheidungen treffen, um als Anführer an den Ort zurückzukehren, von dem wir im Innersten schon immer wussten, dass wir dort sein wollten. In den griechisch-römischen Tempeln der Vergangenheit fand man über dem Eingang oft die folgenden Worte: »Erkenne dich selbst, und du wirst das Universum und die Götter kennenlernen.« Das kam mir sinnvoller vor denn je zuvor.

Ich stand auf und schaute mich weiter nach Julian um, aber nach zehn Minuten hatte ich ihn immer noch nicht entdeckt. Plötzlich hörte ich ein lautes Klopfen aus einem der Glasräume, in denen die seltenen Schmetterlinge gehalten wurden. Ich schaute hinein und wollte meinen Augen nicht trauen. Julian erstaunte mich doch immer wieder! Er stand in dem verglasten Raum, bedeckt von Hunderten der schönsten Schmetterlinge, die ich je gesehen hatte. Es waren so viele Farben und so viel Leben in diesem Raum. Julian hatte immer noch sein rotes Gewand an. Er hatte immer noch seine Sandalen an. Aber diesmal hatte er auch einen dieser Hüte auf, die Zoowärter oft tragen, mit einem Netz, das sein Gesicht komplett bedeckte. Er lachte, als er zu mir durch das Glas hinausschrie: »Komm hier herein, *amigo*. Die heutige Lektion ist eine große! Und ich weiß, dass du bereit bist, sie zu entdecken. Hinter der Tür liegt einer dieser Hüte für dich; ich habe alles mit dem Zoo arrangiert.«

Ich ging zur Tür und setzte mir den Hut mit dem daran baumelnden Netz auf, wie mich mein exzentrischer, aber sehr wirkungsvoller Life Coach angewiesen hatte. Ich betrat den Raum und war voller Ehrfurcht vor dem Naturwunder, das diese Schmetterlinge verkörperten. Vielleicht ist die Welt vollkommen, und alles, was geschieht, geschieht nach einem ungeheuer intelligenten Plan. Wir versuchen zu verstehen, warum unser Leben sich so abspielt, wie es das tut, aber vielleicht versuchen wir in etwas Sinn hineinzulesen, das von einer Intelligenz geschaffen worden ist, die die menschliche Vernunft übersteigt. Vielleicht hat das Leben *jedes* Menschen eine Vollkommenheit, eine Vollkommenheit, die uns entgeht, wenn wir durch die Augen der Verurteilung und der Angst schauen. Ja, unsere Entscheidungen zählen. Ja, Handlungen haben Folgen. Ja, wir haben große Macht, unsere Bestimmung zu formen. Aber es gibt eine viel stärkere Macht, die letztlich im Spiel ist und die Kontrolle hat.

Julian sah wie ein kleines Kind aus, als er mit den Schmetterlingen spielte – er war voller Staunen und Freude. Er lachte und klatschte in die Hände, als er durch den Raum huschte, die Schmetterlinge im Schlepptau. Dann wedelte er die Schmetterlinge weg; sie schienen sich nach seinen Anweisungen zu richten. Er kam auf mich zu.

»Wie geht es dir, mein Freund?«, fragte er fröhlich, als er mich umarmte. Ein paar Schmetterlinge waren auf der Schulter sitzen geblieben.

»Nun, ich habe ein paar bessere Wochen hinter mir«, erwiderte ich wahrheitsgemäß. »So viel kommt auf mich zu. Ich weiß manchmal nicht, ob ich komme oder gehe, Julian. Ich erlebe gerade viel Schmerz. Ich hätte nie geglaubt, dass dieser Weg des Erwachens auch Leiden mit sich bringt.«

»Das gehört alles zum Sieben-Stufen-Prozess, Dar. Dieser Weg erfordert großen Mut. Du lernst das aus erster Hand, was die beste Lernmethode ist. Kein Buch könnte dir je auch nur annähernd so gut beibringen, was das Leben selbst dir beibringen kann, wenn du es mit offenen Augen lebst und wach bist, um seine Lektionen aufzunehmen. Risiko heißt leben, mein Freund. Wir spielen ein kleines Spiel, weil wir denken, dies sei eine sichere Lebensweise, dabei ist es in Wirklichkeit die unsicherste von allen. Das ist ein Teil der Illusion.«

»Ich stimme dir zu, Julian. Neale Donald Walsh sagte: ›Du hast so viel Angst zu leben, so viel Angst vor dem Leben selbst, dass du sogar das Wesen deines Seins im Tausch für Sicherheit aufgegeben hast.‹«

»Wunderschön gesagt. Das kannte ich noch nicht«, sagte Julian. Er schloss die Augen, war anscheinend in Gedanken versunken, um in sich aufzunehmen, was ich gerade gesagt hatte. Julian war ein guter Zuhörer. Ich war sehr gerne mit ihm zusammen. Er gab mir das Gefühl, jemand Besonderes zu sein.

»Hier, schau dir das an.« Julian zeigte auf einen Kokon. »Richard Bach schrieb einmal: ›Was die Raupe als das Ende der Welt sieht, sieht der Meister als Schmetterling.‹«

Diese Worte sprachen auf einer Seelenebene zu mir. Sie *fühlten* sich richtig an.

Julian fuhr fort. »Du machst gerade eine Metamorphose durch. Du erlebst eine tiefe Verwandlung. Du hast dein ganzes Leben bisher als eine große Lüge geführt. Du hast dich selbst verraten und unauthentisch gelebt, einfach um dich der Menge anzupassen. Deine Entscheidungen und dein Verhalten beruhten auf einer Illusion. Erinnerst du dich an diese falschen Bilder, die an der Höhlenwand real erschienen?«

»Wie könnte ich sie je vergessen, Julian?«, erwiderte ich.

»Du wirst dich erinnern, dass Stufe zwei des Weges des Wahrheitssuchenden eine grundlegende Entscheidung beinhaltet: weiterzuschlafen und klein zu bleiben oder sich auf eine bewusste Reise zur Erleuchtung und zum größten Ich zu begeben. Wenn die Entscheidung für Letzteres getroffen wird, bewegt sich der Suchende anschließend durch Stufe drei, auf der er sieht, wie sich eine ganz neue Realität entfaltet, und Stufe vier, auf der er nach den von den Meistern angebotenen Antworten auf die Frage verlangt, was mit ihm geschieht. Er sucht ein wahrhaftigeres Verständnis der Welt, die hinter der Illusion existiert. Das bringt uns zu Stufe fünf, der Stufe der Verwandlung und Wiedergeburt. Das ist eine schwere, schwere Zeit für den Suchenden, weil es eine Zeit *tiefer* Verwandlung ist. Es ist außerdem die aufregendste und wichtigste Zeit seines Lebens. Wachstum kommt manchmal auf schwierige Weise zustande. Aber Wachstum ist immer gut. Der bekannte Denker Rick Tarquinio drückt es so aus: ›Den Weg zu unseren Träumen kann man nur finden, wenn man mit dem einem Fuß in der Ewigkeit und mit dem anderen auf bebendem Boden steht.‹«

Julian fuhr fort: »Ich weiß, wie verwirrt du dich inzwischen fühlen musst. Ich verstehe den Schmerz, den du erduldest. Es gehört tatsächlich Leiden dazu, wenn man den Weg geht. Ich will nicht kleinreden, was du durchmachst. Aber ich muss dir sagen, dass *alles,* was geschieht, sehr schön ist, wenn du nur aus zwanzig Kilometern Höhe auf dein Leben hinunterschauen könntest.«

»Schön? Ich habe noch nie im Leben so sehr gelitten. Ich war noch nie im Leben so verwirrt. Mein Leben scheint eher im Chaos zu versinken als sich zu bessern.«

»So nimmst du das nur gerade jetzt wahr«, erwiderte Julian. »Dein menschliches Auge sieht Verwirrung und Chaos. Aber du bist gerade dabei, eine neue Sichtweise zu gewinnen. Dabei wirst du sehen, dass alles, was dir geschieht, Teil des Prozesses ist, dein altes Lebensmuster loszulassen. Alles, was für dich geschieht, spiegelt die Tatsache wider, dass du eine Phase massiven Wachstums durchmachst. Du lässt alles los, was du kennst, alle Sicht- und Verhaltensweisen, die dein früheres Leben beherrschten. Und wenn du loslässt und dich von allem entledigst, was du bisher warst, schaffst du Platz für Neues in deinem Leben. Du schaffst Raum für ein neues Bewusstsein und eine neue Art zu handeln und zu sein.

Ja, es ist manchmal unordentlich. Wie könnte es anders sein? Selbst die Fundamente, auf die sich dein bisheriges Leben stützte, werden angegriffen und niedergerissen. Aber vertraue mir, wenn ich sage, dass dies eines der besten Dinge ist, die dir je passiert sind. Dein Bewusstsein erwacht. Dein Herz öffnet sich. Deine Gefühle heilen und dein Geist steigt auf. Du eroberst deine authentische Kraft zurück, die sich stark von der äußerlichen Macht unterscheidet, die irgendwelche Titel, gefüllte Bankkonten und ein Eckbüro gewähren. Diese Dinge kommen und gehen mit den Gezeiten des Lebens. Und wenn sie weg sind, ist auch deine Macht weg. Aber niemand kann dir die authentische Kraft wegnehmen, Dar. Du verdienst sie dir, und dann gehört sie dir, für immer. Das alles *ist* also wirklich schön. Du lässt die Kontrolle los, die einmal deine Tage beherrschte. Wie eine Raupe, die aus einem Kokon schlüpft, bewegst du dich durch die Dunkelheit und wirst etwas Neues. Und ja, es ist dunkel in diesem Kokon, und an manchen Tagen kommt es dir so vor, als gebe es keinen Ausweg. Aber in Wirklichkeit wird die Raupe zu einem Schmetterling. Stagnation verwandelt sich in Freiheit. So sieht tiefe Veränderung aus, und ich verstehe, wenn du sagst, es sei nicht angenehm.

Auf dieser Stufe deiner Reise als Suchender ist es fast so, als ob die innere Regierung, mit der du bisher dein Leben betrieben hast, gestürzt und durch ein ganz neues Regime ersetzt wurde. Eine Revolution ist im Gang. Neue Glaubenssätze bilden sich. Neue Annahmen im Hinblick auf die Art, wie die Welt funktioniert, werden geschmiedet. Ängste werden losgelassen und transzendiert. Ein größeres Bekenntnis in Richtung persönliche Authentizität wird sichtbar. Siehst du, wie unglaublich das ist? Versuche dem, was vor sich geht, nicht zu widerstehen. Du bist unterwegs zu einem wundervollen Ort, mein Freund. Die Übergangsphasen deines Lebens sind die fruchtbarsten Zeiten deines Lebens. Du gehst auf das Licht zu. Die Dunkelheit wird vorübergehen. Der Schmetterling kommt.«

»Wirklich?«, konnte ich mich nicht zurückhalten zu fragen.

»Die Gesetze der Natur erklären die Gesetze des Lebens«, sagte Julian. »Das weißt du. Eine Raupe kann nicht für immer im Kokon bleiben. Ein Schmetterling *muss* hervorkommen, *wenn die richtige Zeit gekommen ist.* Vertraue einfach auf die Zeitplanung der Natur; sie läuft nicht nach derselben Uhr wie deine. Denke immer daran. Deine Schmerzen werden vorübergehen, das tun sie immer. Und wie C. G. Jung sagte: ›Man kann nicht ohne Schmerzen zu Bewusstsein kommen.‹ Noch einmal: Gib die Kontrolle auf und mach dir einfach klar, dass eine größere Entfaltung stattfindet. Und alles ist gut.«

»Woher weißt du, dass es wirklich so ist?«

»Weil ich diesen Weg zum Erwachen in meinem Leben selbst gegangen bin. Denke daran, was T. S. Eliot sagt: ›Nur jene, die riskieren, zu weit zu gehen, können überhaupt herausfinden, wie weit man gehen kann.‹ Du machst das durch, was die Mystiker die dunkle Nacht der Seele nennen. Ich weiß, dass du alles infrage stellst. Das ist gut. Alles infrage zu stellen heißt, dass du nicht länger den bestehenden Zustand für die Wahrheit hältst. Du bist nicht länger ein Schaf, das blind der Herde folgt. Du wachst auf und wächst. Das ist das, was Anführer tun. Sie verlassen die Menge ein für alle Mal und schaffen ihren eigenen Weg. Mahatma Gandhi folgte nicht der Menge. Er setzte sich seine eigene individuelle Vision und hatte dann den Mut, zu ihr zu stehen. Helen Keller, Amelia Earhart, Mutter Teresa, Martin Luther King und alle anderen Führungspersönlichkeiten, von Staatsmännern bis zu Künstlern wie Salvador Dalí und Picasso, taten dasselbe. Dalí versuchte nicht, Rembrandt oder Michelangelo nachzuahmen. Er setzte seine eigene Fantasie in die Wirklichkeit um und hatte den Mut, die kreative Brillanz, die in seinem Herz schlummerte, in die Welt hinauszutragen.«

»Das ist wahr«, sagte ich anerkennend und ließ zwei Schmetterlinge auf einer meiner Hände rasten.

»Du führst dein Leben nicht mehr, um anderen zu gefallen und dich anzupassen, weil du Angst hast, sonst verlassen zu werden. Stattdessen bewegst du dich in dein Herz hinein und fängst an, mehr Liebe in die Welt zu tragen, indem du dich vollständig als menschliches Wesen zeigst. Du eroberst wirklich deine Authentizität zurück. Du wirst ein Schmetterling und gewinnst deine Freiheit zurück. Ich freue mich so für dich. Und ja, dieser Prozess schafft Schmerzen im Leben.«

Julian fuhr mit einer weiteren hilfreichen Metapher fort. »Wenn sich ein Kind den Geburtskanal entlangkämpft, sind schreckliche Schmerzen dabei. Aber das Kind und die Mutter geben nicht auf. Sie halten die Übergangsphase durch, weil sie wissen, dass das Ergebnis ein Wunder sein wird. Du *wirst* ganz sicher ein Wunder erleben, wenn du bereit bist und weiter Entscheidungen triffst. Wir haben immer die Wahl als menschliche Wesen. Jeder von uns hat mehr Wahlfreiheit, als er sich bewusst ist. Wir glauben, dass wir so begrenzt im Leben sind, dass wir so leben und das tun *müssen*, was wir gegenwärtig tun. Das ist nur ein weiteres Beispiel der Sprache, die Opfer zu benutzen geneigt sind. Es liegt immer an dir, wie weit du den Weg nach Hause von deinem sozialen Ich zu deinem authentischen Ich gehen willst. Manche Menschen erreichen den bewussten Weg nie und schlafen ihr ganzes Leben lang. Andere tun einige Schritte nach Hause und erinnern sich teilweise daran, wer sie wirklich sind. Und eine Handvoll Männer und Frauen haben den ganzen Weg nach Hause geschafft und erinnern sich vollständig daran, wer sie sind. Diese mutigen Seelen haben ihre authentische Kraft vollkommen zurückgewonnen – eine Kraft, die jeder von uns in sich hat – und sind der Welt als Erleuchtete bekannt. Sie waren wahre Führer auf dem Planeten, die spirituellen Riesen, wenn du so willst. Der Schmerz, den du jetzt erduldest, kommt daher, dass du dich durch den Geburtskanal windest. Du erlebst eine Wiedergeburt, und ein ganz neues Wesen wird herauskommen, wenn die Zeit reif ist. Dieses Universum ist viel intelligenter, als wir ihm zutrauen, das ist es wirklich. Das Leben des Menschen wird von einem wunderbaren Zusammenhang bestimmt. Je mehr wir uns davon abhalten können, Ergebnisse erzwingen zu wollen, je mehr wir einfach im Fluss mitgehen, desto mehr erscheint der Zauber, der unser Leben sein soll. Zu versuchen, alles geschehen zu machen und Ergebnisse zu erzwingen, ohne bereit zu sein, die Dinge geschehen zu lassen, ist nichts anderes als Kontrolle. Werde dir einfach bewusst, dass du durch eine Zeit der Veränderung gehst, und lebe im gegenwärtigen Moment mit ihr. Triff eine Entscheidung, zu genießen und anzuerkennen, was du durchmachst und wohin es dich bringt. Erlebe sie einfach, ohne sie als schlecht zu etikettieren. Lasse jede Beurteilung los; Beurteilung ist nur ein Teil der Illusion. Sie ist nicht real. Die Menge hat dich gelehrt, diese Art Erlebnis sei schlecht. Habe Vertrauen. Fühle die Gefühle, die sich zeigen, und arbeite sie vollständig durch. Irgendwann wirst du auf diese Zeit als *den bestimmenden Augenblick* deines ganzen Lebens zurückblicken.«

Julian zog ein abgenutztes Buch aus seinem Rucksack. »Hier, schau dir das an. Das sind einige der Gedichte Rumis. Ich liebe sie.« Er las von einer Seite vor: »*Ich sah Kummer eine Tasse Sorgen trinken und rief: ›Das schmeckt süß, oder?‹ – ›Du hast mich erwischt‹, erwiderte Kummer, ›und mein Geschäft ruiniert. Wie kann ich Sorgen verkaufen, wenn du weißt, dass sie ein Segen sind?‹* Deine Sorgen sind in Wahrheit ein Segen. Sie formen und erwecken dich. Bitte denke daran, wenn du durch die fünfte Phase gehst.«

»Und wie komme ich durch diese Phase, Julian? Ich muss ehrlich mit dir sein. Ich würde am liebsten aufgeben. Ich weiß nicht mehr, auf wen ich noch hören soll. Meine Freunde und Kollegen kommen aus einer anderen Welt. Ein Teil von mir weiß, dass sie zur Menge gehören und dass ihre Glaubenssätze auf einer Illusion beruhen. Aber es ist *so* schwierig, zu ignorieren, was sie mir sagen. Was ich damit sagen möchte, ist, dass es manchmal schwierig ist, sich daran zu erinnern, dass die Art, auf die ich die Welt bisher gesehen habe, auf einer Lüge beruht, und dass es eine ganz neue und weit wahrhaftigere Art gibt, als Mensch zu handeln. Ich fühle mich wie zwischen zwei Welten gefangen. Manchmal stelle ich fest, dass ich mich frage, ob all das, was du zu mir sagst, tatsächlich die Wahrheit ist. Ich stelle in keiner Weise deine Ehrlichkeit und Integrität infrage. Das will ich damit nicht sagen, Julian. Ich frage mich nur: Was, wenn du Unrecht hast? Was, wenn ich mein Leben nur verschlechtere und alles komplizierter für mich mache?«

»Ausgezeichnete Arbeit, Dar. Je mehr du deine Angst auszusprechen lernst, desto mehr wird sich die Angst durch dich hindurchbewegen. Je mehr du darüber sprechen kannst, desto mehr kommen die verborgenen Schatten heraus ans Licht, wo sie untersucht und freigelassen werden können. Danke, dass du deine Wahrheit ausgesprochen hast; so wenige tun das. Denke daran, dass es ungefähr so ist, als lädst du das Monster, das im Keller wohnt, nach oben an den Küchentisch zu einer Tasse Tee ein, wenn du über deine Angst sprichst und sie ans Licht bringst. Das Monster fängt an, sich aufzulösen, sobald es ans Licht deines Bewusstseins gebracht wird. Was vorher im Reich des Unterbewussten verborgen war, tritt jetzt ins Reich des Bewusstseins, wo du es untersuchen und bewerten kannst und wo du Entscheidungen darüber treffen kannst, wenn du es wünscht. Die meisten Ängste sind nichts weiter als eine Illusion. Das weißt du inzwischen. Aber dennoch beherrschen sie unser Leben. Sie halten uns klein. Sie halten uns in Ketten und begrenzen unser Leben eher, als dass sie es mit Möglichkeiten füllen. Alles, was ich von dir fordere, ist, dass du mir weiter vertraust. *Es ist immer am dunkelsten, kurz bevor es dämmert. Im Leben jedes Menschen kommt eine Zeit, in der er am Rand spielen und einige große Risiken eingehen muss. Für jeden Suchenden kommt eine Zeit, in der er weiß, tief unten im Herzen, dass es ihn zu einem Leben in Mittelmäßigkeit verdammt, wenn er sich weigert, das Risiko einzugehen. Aber den Sprung zu wagen, auch wenn er große Angst zusammen mit großem Mut aufbringt, ermöglicht es ihm, in ein ganz neues Land zu reisen. Ein Land des Potenzials, des Glücks und der Freiheit. Gehe tief und höre auf die innere Stimme in dir. Dann vertraue auf ihre Führung. ›Das Leben schrumpft oder dehnt sich aus im Verhältnis zum Mut, den man hat‹, schrieb Anaïs Nin.«*

»Weißt du was, Julian? Ich höre neuerdings eine Art innere Stimme in mir, die lauter wird. Das ist eine weitere Sache, die sich verschiebt. Vorher wurde ich einfach von deiner Weisheit geführt. Dein Coaching hat mich an diesen Punkt gebracht. Es ist fast so, als konnte ich meine innere Weisheit und meine persönliche Wahrheit nicht erreichen. Aber das ändert sich jetzt, fällt mir gerade auf.«

»Sehr gut gesagt, Dar. Und das ist ein weiterer Grund, warum du weiter *Gespräche* führen musst, nicht nur mit dir selbst, sondern auch mit anderen Menschen, die denselben Weg gehen, auf dem du bist. Und viele Menschen auf der Welt tun das heute. Wie ich dir schon einmal gesagt habe, vertiefen Unterhaltungen die Überzeugung. Je mehr du darüber sprechen kannst, was du werden willst, desto mehr wirst du fähig sein, dich dem zu widmen, was getan werden muss.«

Julian fing an, mit den Schmetterlingen zu spielen. Das Kind in ihm war deutlich lebendig und gesund. Die Schmetterlinge schienen ihn zu lieben und setzten sich auf seine Arme und Schultern. Ich machte mit. Wir sahen aus wie zwei Kinder, die auf einem Schulhof herumtollten, vollständig im Hier und Jetzt, und vollständig lebendig, frei von allem Gefühl der Peinlichkeit und allen Hemmungen. Vielleicht hatte ich das Leben bisher zu ernst genommen. Vielleicht war jetzt die wichtigste und reichhaltigste Zeit meines Lebens. Je tiefer ich darüber nachdachte, desto mehr wusste ich, dass dies die Wahrheit war. Ich spürte sie in meinem Körper, spürte sie ganz tief in mir. Das Geschwätz in meinem Geist wollte mir etwas anderes sagen. Aber Julian hatte recht: Oft ist dieses Geschwätz nichts weiter als die Stimme der Angst. Der Kopf ist ein Begrenzer, das Herz ist der Befreier. Mehr als je zuvor wollte ich in meinem Leben wie ein Anführer spielen. Ich wollte mich voll und ganz einbringen und meine verbleibenden Tage sinnvoll nutzen. Ich wollte meine Begrenzungen loslassen und die Heimreise schaffen. Ich wollte die Person, die ich wirklich war, zurückerobern, mich an sie erinnern und sie unter all den Schichten wiederfinden, die sich gebildet hatten, als ich die begrenzenden Glaubenssätze, Annahmen und Ängste der Welt um mich herum aufgenommen hatte. Meine Größe kam tatsächlich zum Vorschein.

Wir haben buchstäblich Angst davor, wer wir wirklich sind. Wir haben Angst vor unserem Licht. Wir haben Angst vor unserem Glanz. Wir haben Angst vor unserer höchsten Möglichkeit. Wir haben Angst, aufrecht zu stehen und unser Licht in die Welt hinausleuchten zu lassen. Mit großen Gaben kommt große Verantwortung. Meine Vermutung ist, dass die meisten Menschen sich ihre Gaben nicht anschauen wollen, weil sie nichts mit der Verantwortung zu tun haben wollen, die diese Gaben mit sich bringen, der Verantwortung, furchtlos zu leben und etwas in der Welt zu bewirken. Und dadurch schrecken die meisten Menschen vor ihrer Großartigkeit zurück. Ich habe mir geschworen, das niemals mit mir geschehen zu lassen.

In den Tagen nach meinem Treffen mit Julian im Zoo fügten sich immer mehr Puzzleteile zusammen. Die Dinge fingen an, sehr viel Sinn zu ergeben. *Geduld war erforderlich auf dieser Reise zur Wahrheit und zur Selbsterweckung.* Wenn alles, was ich in meinem Leben wissen und geschehen sehen wollte, sofort passierte, wäre wohl nichts mehr für die Reise übrig. Der ganze Grund, warum wir am Leben sind, so wurde mir klar, besteht darin, unser Leben damit zu verbringen, nach Hause zurückzufinden. Und es ist eine *Reise*. Viele Antworten kamen jetzt schon zu mir. Ich beobachtete, dass sie anscheinend nur auftauchten, wenn ich bereit war, sie zu akzeptieren. Fragen, mit denen ich mich abgequält hatte, schienen nun beinahe wie von selbst beantwortet zu werden. Je mehr innere Arbeit ich erledigte, desto mehr Lösungen und Wachstum empfing ich. Je tiefer ich in mich hineinging, desto mehr verschob sich meine äußere Welt.

In meiner alten Welt dachte ich, dass der Weg zu Erlösung und Glück darin liege, sich auf Äußerlichkeiten zu konzentrieren. Mit anderen Worten: Ich glaubte, dass ich mich mit einem teureren Auto oder einem schickeren Anzug innerlich besser fühlen würde. Aber je mehr Zeit ich mit Julian verbrachte, desto mehr lernte ich, dass Glück im Inneren stattfindet. Es geht nicht darum, mehr Gewinn nachzujagen, sondern darum, dass man sich selbst mehr wert wird. Es geht nicht darum, mehr Geld zu haben, sondern darum, mehr

Sinn zu finden. Und es geht nicht nur darum, erfolgreich zu sein, sondern darum, wahrhaft bedeutend zu werden, ein Mensch, der bleibenden Wert in der Welt schafft. Damit meine ich, dass sich alles auf natürliche Weise zu entwickeln schien. Als ob mich eine höhere Intelligenz leiten würde. Ich hatte immer gegen das Leben gekämpft. Ich wusste, dass es darum ging, die Kontrolle zu behalten. Jetzt lebte ich auf andere Weise: Ich ließ mich vom Leben führen. Das soll nicht heißen, dass ich nicht verantwortungsbewusst handelte. Alles im Leben ist ein empfindliches Gleichgewicht. Ich setzte immer noch meine Ziele, ergriff die notwendigen Maßnahmen und handelte auf praktische Weise. Aber anstatt dem Leben zu widerstehen, entspannte ich mich. Ich ergab mich immer mehr. Ich tat mein Bestes und überließ dem Leben den Rest. Wenn etwas, nachdem ich mein Bestes getan hatte, immer noch nicht funktionierte, spürte ich, dass es nicht sein sollte. Dann zeigte sich etwas, das noch vollkommener für meine persönliche Entwicklung war. Wenn sich eine Tür schließt, öffnet sich immer eine andere, und jedes Ende ist wahrhaft auch ein neuer Anfang.

Ich fing an, die Balance zu finden zwischen handeln und geschehen lassen. Zwischen meinem Tun und meinem Sein. Dazwischen, meinen Geist zu gebrauchen und auf mein Herz zu hören. Zwischen Vernunft und Leidenschaft. Letztlich vermute ich, dass ich anfing, die Balance zwischen der Erde und dem Himmel zu finden.

KAPITEL 9

DER SUCHENDE WIRD GEPRÜFT

So denn in dir etwas Großes ist, wird es nicht beim ersten Rufe erscheinen. Es wird sich nicht leicht herauslocken lassen, ohne Mühe und Anstrengung.

Ralph Waldo Emerson

In den vier Wochen seit meinem Zoobesuch mit Julian waren sehr viele segensreiche Dinge in mein Leben getreten. Das Verhältnis zu meinen Kindern, die ich jede Woche sah, wurde offener und liebevoller. Ich fing auf einer Ebene an, ihnen zuzuhören, die mir in dem Leben, das ich führte, bevor ich Julian traf, nie zugänglich gewesen war, und die Bande der Liebe zwischen mir und meinen Kindern wuchsen exponentiell. Sie sagten mir, ich sei viel entspannter, viel aufmerksamer und sehr viel verspielter, als sie mich je zuvor erlebt hatten. Ich wuchs endlich zu dem Vater heran, der ich immer zu werden gehofft hatte.

Als ich einen Vortrag über Selbstfindung und persönliche Transformation in unserer örtlichen Bibliothek besuchte, traf ich Sasha, eine liebreizende und intelligente Chiropraktikerin. Ich verliebte mich in sie; ich hatte nie gedacht, dass ich so für eine Frau empfinden könne. Sie war so ruhig und geerdet, so weise, liebevoll und lustig. Ich wusste, als ich sie traf, dass wir dazu bestimmt waren, den Rest unserer Tage miteinander zu verbringen. Es war nur so ein Gefühl, das ich hatte, und zwar eins, dem ich viel Aufmerksamkeit zollen wollte, während ich durch meine Tage ging.

Dank Julians Coaching und seinem Konzept der heiligen Stunde wurde meine innere Welt neu geschaffen. Um die erste Erweckung voranzutreiben, las ich viele Bücher. So entwickelte und verfeinerte ich meine Basis der Weisheit. Ich führte außerdem täglich Tagebuch, um die Lebensphilosophie zu verfeinern, der ich zu folgen beabsichtigte. Ich hatte mich dank Julians Ratschlag dazu entschlossen, selbst nachzudenken, anstatt es andere für mich tun zu lassen. Ich weigerte mich rundheraus, das Leben eines anderen Menschen zu leben, das Leben, das die Menge mich zu führen aufforderte. Aber weil die Erweckung des Verstands nur ein Viertel dessen ist, was erforderlich ist, um zur Ganzheit zurückzukehren und die Integritätslücke zu schließen, konzentrierte ich mich auch darauf, den Körper zu nähren, meine Gefühle zu heilen und mich um meinen Geist zu kümmern. Vier Mal pro Woche machte ich mich zu einem Yogakurs auf. Drei Mal pro Woche nahm ich mir Zeit, um mein emotionales Ich zu betrachten und etwaige unterdrückte Wut oder latente Traurigkeit durchzuarbeiten, die ich gespeichert hatte, damit sie nicht unbemerkt meine Art zu denken, fühlen und handeln beeinflusste. Und jeden Tag tat ich etwas, wie geringfügig auch immer, um meine spirituelle Seite zu erwecken. An manchen Tagen betete ich. An anderen verbrachte ich einen Teil meiner heiligen Stunde im Garten, setzte mich hin, roch an den Rosen und spürte die Strahlen der Sonne auf meinem Gesicht. Und natürlich hielt ich mich immer an meinen Entschluss, mir selbst treu zu bleiben und nach den Werten zu leben, die sich für mich authentisch anfühlten, anstatt mit der Oberfläche meines Bewusstseins in die Menge hineingezogen zu werden.

Das alles könnte einem so erscheinen, als ob ich eine Menge Zeit und Kraft damit verbrachte, zu meinem größten Leben zu erwachen. Die Wahrheit jedoch ist, dass die Zeit, die ich mit meiner inneren Arbeit verbrachte, von all der Zeit abgezogen wurde, die ich in meinem früheren Leben damit verbracht hatte, mich in verschiedenen Zerstreuungen zu verlieren, vom Fernsehen bis zum Verschlafen. Mir wurde auch klarer als je zuvor, dass der Grund, warum ich so viel Zeit mit diesen Dingen verbracht hatte, darin lag, dass ich auf einer tiefen und unterbewussten Ebene Schmerzen litt. Ich litt unter der Tatsache, dass ich mich selbst verraten hatte, indem ich nicht das außerordentlich schöne und volle Leben führte, das ich zu führen bestimmt war. Bevor ich mich selbst kennenlernte und mein Bewusstsein dafür steigerte, was wirklich in mir vorging, hatte ich keine Ahnung, warum ich so lebte, wie ich es tat. Ich folgte nur der Menge und dachte nicht viel darüber nach. Ich war in der Lüge gefangen. Ich saß in der Falle einer Illusion. Und das brachte mich um. Albert Einstein sagte einst: »Wie viele Menschen sind in ihren Alltagsgewohnheiten gefangen: teilweise betäubt, teilweise verängstigt, teilweise gleichgültig? Um ein besseres Leben zu haben, müssen wir immer wieder wählen, wie wir leben.«

Das Leben wurde zu einer Freude. Ich hatte mehr Energie, als ich je zuvor gespürt hatte. Meine Freunde sagten mir alle, dass ich plötzlich zehn Jahre jünger aussehe. Mein Selbstvertrauen und mein Verlangen, ein großer Mensch zu sein, explodierten. Und mein Geschäft florierte. Ich nehme an, es ist wahr, was Julian mir so oft sagte: »Wir ziehen in unser Leben nicht das, was wir wollen, sondern das, was wir sind.« Während ich liebevoller, weiser und authentischer wurde, griff dieses unendlich intelligente Universum nach mir und bot mir den Wind unter den Flügeln.

Julian gab mir sein persönliches Exemplar von *Der Heilige, der Surfer und der CEO*, das Buch, das mir in seinem Hotelzimmer im Hotel Q aufgefallen war. Es handelt von einem Mann auf einer Odyssee der Entdeckung seines größten Lebens. In dieser Geschichte geht es um drei besondere Lehrer, die wirkungsvolle Lektionen enthüllen, die besagtem Mann bei seiner Verwandlung helfen. Es war eine wundervoll inspirierende Lektüre, und ich liebte die vielen Zitate, die es enthielt. Ich verstehe, warum Julian es so mochte. Insbesondere ein Zitat am Ende wurde zu einer täglichen Bekräftigung für mich während dieser Phase meines Lebens. Ich klebte es neben das Aristoteles-Zitat an meinen Badezimmerspiegel und las es jeden Morgen laut vor. Die Worte waren von Henri-Frédéric Amiel, und sie lauteten wie folgt:

Der Prozess des Lebens sollte die Geburt einer Seele sein.
Das ist die höchste Alchemie, und das rechtfertigt unsere Anwesenheit auf Erden.
Das ist sowohl unsere Berufung als auch unsere Tugend.

Andere Bücher, die ich während dieser Zeit las und die mich dazu brachten, tiefer zu graben und heller in der Welt zu leuchten, waren *Hoffnung für die Blumen* von Trina Paulus, *Siddharta* von Hermann Hesse, *Synchronicity* von Joseph Jaworski, *Sacred Hoops* von Phil Jackson und ein wunderbares kleines Buch, in dem es darum geht, nie aufzugeben, nämlich *The Go-Getter* von Peter B. Kyne. Ich hatte die Kraft großartiger Bücher, mich zu meinem besten Ich zu führen, nie richtig zu schätzen gewusst.

In dieser Zeit voller Selbstbeobachtung und persönlichem Wachstum nahm ich mir auch viel Zeit, um den Prozess, den Julian mich gelehrt hatte, vollständig zu verstehen. Ich begriff, dass die sieben Stufen der Selbsterweckung ein elegantes Modell des Weges darstellten, den jeder Suchende gehen muss, um nach Hause zu seinem wesentlichen Ich zurückzukehren. Es führte so viele Gedanken aus so vielen verschiedenen Kulturen und von so vielen unterschiedlichen Mystikern darüber, warum wir hier sind und wie unser Leben funktioniert, in einer einfachen, leicht verständlichen Struktur zusammen. Die Reise, die Julian beschrieben hatte, war die Reise nach Hause zur Wahrheit und zur Erleuchtung, zwei Ziele, nach denen Menschen seit Anbeginn ihrer Existenz streben. Ich begriff außerdem, dass Julian mich zwar einige Monate lang durch den Prozess führte und Szenarien schuf, die mir helfen würden, zu verstehen, worum es bei den einzelnen Stufen ging, dass ich aber ganz natürlich jede einzelne der sieben Stufen des Weges erleben würde, während ich durchs Leben ging, solange ich bereit und entschlossen blieb, diesen Weg zur Selbsterweckung und Authentizität zu gehen. Wie Julian einmal sagte: »Die sieben Stufen der Selbsterweckung sind der Prozess, den jeder einzelne Suchende gehen muss, wenn er sich auf den Weg zu dem Ort macht, wo sein Herz schon immer sein wollte.« Und anstatt einiger Monate, so erklärte Julian, könne es in Wirklichkeit ein ganzes Leben dauern, bis der Suchende ans Ende seiner Reise komme. Tatsächlich erreicht nicht jeder, der sich auf den Weg nach Hause macht, die Bestimmung. Die meisten schaffen es nicht. Aber jeder einzelne Tag bietet uns die Gelegenheit, ein wenig dichter an dieses Ideal heranzutreten und mehr zu dem zu werden, der zu werden wir bestimmt sind. Jeder einzelne Tag auf dem Weg bringt größere segensreiche Momente und mehr persönliche Kraft. Jeder einzelne Augenblick auf der bewussten Reise lässt den goldenen Buddha mehr durch die Schlammschichten unserer Ängste, begrenzenden Glaubenssätze und falschen Annahmen hervorleuchten. Julian hatte den Prozess einfach zusammengeschoben, damit ich ihn schnell verstand. Er versuchte, mir ein klares und wirkungsvolles Rahmenwerk anzubieten, das den spirituellen Weg erklärte. Er versuchte, mir in der begrenzten Zeit, über die er verfügte, so viel an Wertvollem mitzugeben und mir so gut zu helfen, wie er konnte.

Mir wurde klar, dass es sehr viele Menschen auf der Welt gab, denen Julian dienen wollte, und ich wusste, dass er mit seinem nächsten Auftrag weitermachen musste. Ich drückte ihm oft meine Dankbarkeit dafür aus, dass er mich gefunden hatte und mir half, mein Leben zu verwandeln, was er ganz zweifellos getan hatte. Er war ein treuer Freund meines Vaters gewesen, und das sagte ich ihm auch. Das freute ihn. »Freundschaft ist etwas unglaublich Wichtiges für mich, Dar. Ich wertschätze und liebe meine Freunde. Dein Vater war ein wunderbarer Mann. Es ist mir eine Freude, dir zu helfen, auf die einzige Art, die mir einfällt.«

Kürzlich hat Julian mir sogar erzählt, dass er in der weltweiten Friedensbewegung mitarbeiten will und Möglichkeiten erkundet, auf diesem Gebiet von Nutzen zu sein. Verschiedene politische Führer seien bereits auf seine Arbeit aufmerksam geworden, während sich seine Botschaft verbreitete, und Julian erwähnte, dass er die Gelegenheit begrüßte, so viel zu helfen, wie er konnte. Er glaubte fest, dass seine Weisheit und seine Philosophie die Konflikte in vielen Problemgebieten der Welt wie dem Nahen Osten und Nordirland, um nur einige wenige zu nennen, tiefgreifend verringern könnten. Ich stimmte ihm völlig zu und wartete auf den Tag, an dem Julian als Staatsmann auf der Weltbühne erscheinen und Präsidenten und Premierministern zeigen würde, dass der wirkliche Schlüssel, um Kriege zu beenden, Bündnisse zu allseitigem Vorteil zu schließen und eine bessere, von Liebe erfüllte Welt zu schaffen, darin lag, die eigenen Herzen zu öffnen und das eigene beste Ich zurückzuerobern. »Um den Hass in der Welt auszulöschen, müssen wir zunächst allen Hass auslöschen, den wir in uns selbst tragen«, sagte mir Julian eines Abends, als wir am Telefon plauderten. Ich wusste, er hätte diese Wahrheit mit seinem Leben verteidigt.

Julian teilte mir auch mit, dass ein Filmproduzent es einige Monate zuvor geschafft hatte, ihn zu finden. Der Produzent informierte Julian darüber, dass es großes Interesse gab, einen Film über sein Leben zu drehen und über all das, was er tat, um eine neue Welt aufzubauen. Große Dinge taten sich auf für Julian. Ich wusste, er suchte keine Aufmerksamkeit, sondern handelte aus den reinsten, unschuldigsten Beweggründen heraus. Aber es freute mich zu sehen, dass er allmählich die Anerkennung bekam, die ihm gebührte. Er war ein Prophet in der wahrsten Bedeutung des Wortes; ihm ging es darum, die gute Nachricht auf einem Planeten zu verbreiten, der sie verzweifelt brauchte.

Ich sollte mich um neun Uhr früh mit Julian am Gerichtsgebäude treffen. Er hatte angekündigt, dass er eine ganz besondere Coaching-Sitzung für mich geplant habe, eine, die meine nächste Lektion auf unvergessliche Weise lebendig machen würde.

Als ich die Betonstufen zum Gerichtsgebäude hinaufstieg, eilte ein Polizist auf mich zu. Ich war überrascht, als sich herausstellte, dass er meinen Namen kannte.

»Mr. Sandersen?«

»Äh, ja?«, sagte ich und fragte mich, worum es hier ging. »Was ist los?«

»Kommen Sie bitte mit mir. Ich bin Officer Perez und ich soll Sie in das Gebäude begleiten. Mehr darf ich nicht sagen, ich bin zum Schweigen verpflichtet.«

Einerseits ahnte ich, dass Julian dahintersteckte. Andererseits wurde ich ein wenig nervös. Der Polizist wirkte so ernsthaft. Dabei war ich ein ehrlicher, gesetzestreuer Bürger, der sich um seine eigenen Angelegenheiten kümmerte und sich aus allem Ärger heraushielt; was wollte also die Polizei von mir?

Officer Perez führte mich einen Gang entlang, der gesäumt war von alten Gemälden, die Richter im vollen Ornat ihres Amtes darstellten. Er sagte kein Wort und gab sich sehr amtlich. Ich ging ein paar Schritte hinter ihm. Ich war noch nie im Gerichtsgebäude gewesen und fasziniert von dieser ganzen Umgebung. Ich hatte mir immer gerne diese Gerichtsserien angesehen, die heutzutage oft im Fernsehen kommen. Meine Mutter hatte sich gewünscht, ich würde Anwalt werden.

»Wir sind da, Mr. Sandersen. Einen wunderschönen Tag noch, Sir«, sagte er mit einem knappen Lächeln.

Ich war zum Verhandlungssaal Nummer 6 gebracht worden und stand jetzt vor einer riesigen hölzernen Doppeltür. Das Gebäude roch modrig, und die Teppiche, abgewetzt von vielen Jahren Gebrauch, mussten dringend ersetzt werden. Niemand war zu sehen. Ich drückte die Türen auf und betrat den Saal, ohne eine Ahnung davon zu haben, was ich erwarten sollte. Mein Herz schlug rasch.

Der Verhandlungssaal war leer bis auf zwei Menschen. An der Stirnseite des riesigen Raums saß ein älterer Richter hinter dem Richtertisch. Und mit dem Rücken zu mir stand vor ihm ein hochgewachsener Anwalt, der einen grauen Nadelstreifenanzug trug. Als Kenner exklusiver Anzüge sah ich, dass dieser sehr teuer war. Der Richter und der Anwalt besprachen etwas, ohne dass ich hören konnte, was sie sagten. Beide wirkten sehr aufgeregt; der Richter bewegte seine Hände vor und zurück, und der Anwalt nickte. Ich trat einige Schritte vor und setzte mich auf eine der langen hölzernen Bänke, die für Zuschauer bestimmt waren, die einem Verfahren folgen wollten. Ich richtete meinen Blick zu Boden.

»Nicht dort, Mr. Sandersen; kommen Sie hierher«, befahl der Richter und zeigte auf die Anklagebank.

»Was habe ich verbrochen?«, fragte ich und bewahrte mit Mühe die Fassung. »Ein Freund hat mich gebeten, mich um neun mit ihm hier am Gerichtsgebäude zu treffen. Als ich die Treppe hinaufstieg, kam ein Polizist, ein Officer Perez, hielt mich an und brachte mich in diesen Saal. Ich weiß nicht, was hier vorgeht. Mein Freund sucht mich bestimmt schon und ich bin frustriert, weil ich nicht weiß, warum ich hierher kommen soll. Bin ich eines Vergehens angeklagt?«

»Das Verbrechen des Selbstverrats, *amigo*«, erklärte der hochgewachsene Anwalt streng, drehte sich um und fing an zu lachen. Es war Julian! Er eilte zu mir und umarmte mich so herzlich wie noch nie zuvor. Ich schaute zum Richter hinüber, der lachte wie ein Schulkind.

»Ich hoffe, wir haben dir keine Angst gemacht, Dar. Walter hier ... ich meine Richter Ford«, sagte Julian mit einem Zwinkern in Richtung seines Komplizen, »hat sich bereit erklärt, an dieser kleinen Scharade teilzunehmen, um mir zu helfen, dir die heutige Lektion beizubringen. Walter und ich haben viel Zeit miteinander verbracht, als ich noch als Anwalt praktizierte, und wir sind mit den Jahren gute Freunde geworden. Ich habe ihn gestern Abend angerufen und ihn um einen kleinen Gefallen gebeten«, erklärte Julian mit einem Lächeln.

Jetzt meldete sich der Richter zu Wort und wandte sich mit großer Zuneigung und Wärme an Julian. »Du warst der beste Anwalt, den ich je erlebt habe, Julian. Niemand konnte dir im Zivilprozessrecht das Wasser reichen. Ich habe in meiner gesamten Laufbahn als Richter noch nie einen besseren Rechtsbeistand erlebt. Und ich habe seinerzeit einige ziemlich hervorragende Anwälte gesehen. Aber es ist schön, dich wiederzusehen, alter Freund. Wir haben uns alle gefragt, wo du geblieben bist, nachdem du deine Kanzlei aufgegeben hattest. Ziemlich unglaubliche Geschichte, das mit deiner Verwandlung oben im Himalaja; danke, dass du sie mir erzählt hast. Daran, wie du jetzt aussiehst, muss ich mich aber erst gewöhnen. Ich meine, du bist wieder ein junger Mann! Unglaublich! Ich habe noch nie etwas Derartiges gesehen oder gehört. Wenn du irgendwann einmal abends zum Essen vorbeikommen möchtest, steht meine Tür für dich immer offen, das weißt du, oder, Julian?«

»Ja, ich weiß, danke dir, Walter«, erwiderte Julian freundlich.

»Julian, die gesamte Juristenszene vermisst dich. Und was Sie angeht, Mr. Sandersen, so weiß ich nicht, was Julian Sie hier lehrt, aber ich habe das Gefühl, er wird Ihr Leben verändern.«

»Das hat er bereits, Sir. Er hat es bereits getan«, erwiderte ich, entspannte mich etwas und sah den Humor in Julians endlosen Streichen. Ich wusste, er machte die Dinge gerne interessant und liebte es, für Abwechslung zu sorgen.

Der Richter kam von dem Podest der Richterbank herunter und schüttelte Julian mit beiden Händen die Hand, wie ein Politiker im Wahlkampf, der einem Wähler seine Herzlichkeit demonstrieren möchte. Dann verließ er den Gerichtssaal durch einen privaten Ausgang in der Rückwand.

»Natürlich hast du nichts verbrochen, mein Freund. Ich weiß, du hast die Stufe des Selbstverrats schon vor vielen Wochen überwunden. Ich wollte nur etwas veranstalten, das die sechste der sieben Stufen der Selbsterweckung für dich lebendiger macht. In der sechsten Stufe geht es um eine Prüfung.«

»In einem Gerichtssaal?«

»Nein, Dar, kein Gerichtsverfahren, eine andere Art Prüfung. Bevor ein Suchender die endgültige Bestimmung seines größten Ichs erreicht, muss er eine Prüfung durchmachen. Bevor er den Schatz erreicht, nach dem es ihn verlangt, durchläuft er einen Test. Das ist einfach die Art, wie das Leben auf dem Weg funktioniert. Wenn du ein beliebiges großes Weisheitsbuch studierst, das diese Reise der persönlichen Erweckung beschreibt, wirst du sehen, dass der betreffende Suchende, der Held des Buchs, immer einer Prüfung oder Schwierigkeit gegenübersteht, bevor er den Preis bekommt: das Leben, das er sich immer gewünscht hat.«

»Warum funktioniert die Welt so, Julian? Warum sind die Naturgesetze so eingerichtet, dass der Suchende eine Prüfung bestehen muss, bevor er ans Ende seiner Reise kommt?«

»Gute Frage. Es gibt zwei Gründe dafür, dass die Natur eine Prüfung schickt. Erstens kommt sie, um sicherzustellen, dass der Suchende alle Lektionen, die er in seinem Leben lernen sollte, gelernt und vollständig in sich aufgenommen hat. Zweitens kommt sie, um die Entschlossenheit des Suchenden zu prüfen. *Die meisten Menschen geben auf, kurz bevor sie ihre Träume erreichen. Die meisten Menschen werfen nur wenige Schritte entfernt von allem, was sie wollten, hin.* Das ist wie in der alten Geschichte des Goldgräbers. Er verbrachte sein ganzes Leben auf der Suche nach dem großen Goldnugget, das ihn zu einem reichen Mann machen würde. Eines Tages schlug er mit einem Hammer auf ein großes Stück Fels ein und beschloss plötzlich, dass er genug hatte. Nach fünfunddreißig Jahren mühte er sich immer noch ab, kümmerlich über die Runden zu kommen. Also warf er den Stein fort, legte seinen Hammer weg und verließ die Mine für immer. Am nächsten Tag hob ein junger Mann, der den ersten Tag in der Mine arbeitete, den großen Stein auf, den der ältere Bergmann weggeworfen hatte. Ihm fiel auf, dass ein Großteil des Hämmerns bereits erledigt war, also entschied er sich, ihm einen guten festen Schlag zu verpassen. Als er das tat, konnte der junge Mann nicht glauben, was passierte. Der Stein wurde gespalten und enthüllte das größte Stück Gold, das die anderen Bergleute je gesehen hatten. Der junge Mann war reich geworden, bloß weil der alte Bergmann nicht die Weisheit und den Mut gehabt hatte, durchzuhalten, bis er bekam, was er wollte.«

Julian sprach jetzt mit großer Leidenschaft. »›Das Unglück ruft den Mut der Seele hervor, unbeirrt zu ertragen, was immer der Himmel schickt‹, bemerkte Euripides. Du darfst *niemals aufgeben, wenn sich auf dem Weg eine Prüfung stellt*. Und es werden sich dir viele Prüfungen auf dem Weg stellen. Ja, vor deinem größten Sieg wirst du ganz sicher deine größte Herausforderung erleben. Kurz, bevor du den *höchsten* Punkt deiner persönlichen Entwicklung erreichst, wirst du einen *schwerwiegenden* Test durchmachen, da kannst du sicher sein. Darum geht es auf Stufe sechs: die vielen Prüfungen, denen du dich stellen musst, bevor du einige der Gewinne empfängst, die du dir verdienst, indem du tiefer und tiefer gehst und dich immer mehr daran erinnerst, wer du wirklich bist. Mit dem Bewusstsein, dass das alles zu der Wegstrecke gehört, die du zurücklegen musst, um nach Hause zu deinem authentischen Ich zurückzukehren, wird dir das leichter fallen: Du bist dann vorbereitet.«

»Ich verstehe. Und du hast recht. Allein das Wissen, dass ich mit Rückschlägen rechnen muss und dass ich auf Hindernisse stoßen werde, macht es mir leichter, zu verstehen, wie dieser Prozess funktioniert. Wenn die Fallgruben dann auftauchen, werde ich wissen, dass auch alle anderen Suchenden auf dem Weg etwas Ähnliches erlebt haben. Das macht es einfacher. Und ich habe das Gefühl, Rückschläge kommen auch, um mich zu stärken. Schwere Zeiten machen uns zu stärkeren Menschen«, sagte ich. »Schicker Anzug übrigens«, fügte ich mit einem Grinsen hinzu.

»Den habe ich nur für heute Vormittag geliehen. Ich konnte ja schlecht in diesem Justizpalast ohne einen aufkreuzen. Wieder hierher ins Gericht zu kommen, bringt jede Menge Erinnerungen zurück. Weißt du, *amigo,* ich liebe mein neues Leben, dasjenige, das ich seit meiner Rückkehr aus Indien führe. Ich habe mich in meiner Haut noch nie so wohlgefühlt. Ich fühle mich komplett richtig ausgerichtet und führe das Leben, das ich zu führen berufen bin. Ich wache jeden Morgen mit einem herrlichen Gefühl der Freude und grenzenlosen Energie auf und kann es gar nicht abwarten, hinaus in die Welt zu gehen und etwas aus den Gaben und Talenten zu machen, die mir gegeben sind. Meine alte Lebensweise fehlt mir wirklich nicht sehr. Das war nicht ich. Nach außen hin muss es ausgesehen haben, als ob ich alles hätte. Schöne Frauen um mich, einen Jetset-Lebensstil, meine gewonnenen Fälle machten Schlagzeilen und ich hatte mehr Geld, als ich ausgeben konnte. Aber innerlich kam ich mir wie ein lebender Toter vor. Ich schlug keine Funken mehr. Mein inneres Licht war trüb. Das war keine Art zu leben, und glaube mir, dass ich diese Existenz nicht vermisse. Aber heute hierherzukommen, bringt viele Erinnerungen zurück. Ich habe viele Freunde unter den Kollegen. Und ich habe eine Menge wirklich guter Menschen getroffen. Weißt du, Dar, *jeder* trägt Güte in sich. Wenn Menschen gemein oder verletzend handeln, begehe nicht den Fehler zu glauben, dass das, was du siehst, eine zutreffende Repräsentation dessen ist, was sie wirklich sind. Niemand ist im Kern schlecht; die Betreffenden *verhalten* sich nur schlecht. Ich will damit gar nicht sagen, dass du mit Leuten, die dich schlecht behandeln, weiter Umgang haben sollst. Natürlich musst du Grenzen setzen und dich selbst schützen. Ich sage bloß, dass du nicht auf die Illusion hereinfallen solltest, es gebe so etwas wie einen schlechten Menschen. Diejenigen, die verletzende oder bösartige Handlungen begehen, sind von anderen schlecht und bösartig behandelt worden. Beziehe ihre Handlungen nicht auf dich persönlich, denn darum geht es nicht.«

»Einverstanden, Julian. Interessante Erkenntnis. In unserer Gesellschaft sind wir immer schnell bereit zu verurteilen. Jemand tut etwas, das uns nicht gefällt, und wir ordnen ihn sofort als schlecht oder rücksichtslos oder selbstsüchtig oder kontrollwütig ein. Wenn ich dich richtig verstehe, ist das eine sehr oberflächliche Art, die Situation zu sehen. Wir müssen tiefer gehen, um die Wahrheit zu entdecken. Ein Suchender zu sein, heißt, immer die Wahrheit darüber wissen zu wollen, was in einer bestimmten Situation oder allgemein im Leben vor sich geht, oder?«

Julian nickte und lächelte. Er freute sich sehr über alles, was ich lernte.

»Und auf einer tieferen Ebene tun Menschen, die sich grob verhalten, nichts mehr, als die alten Bänder wieder abzuspielen, von denen sie schon immer betrieben werden. Sie handeln nach den Mustern und Verhaltensweisen, die sie in der Kindheit angenommen haben, im Bemühen, sich zurechtzufinden und in der Welt zu überleben. Sie wissen es nicht besser. Weil sie schlafen und nicht wissen, was in ihnen vorgeht, machen sie die Außenwelt für das verantwortlich, was in ihrem Leben nicht funktioniert. Dadurch bringen sie nie ihre eigenen Schatten – die Schatten, von denen sie betrieben werden – ins Licht ihres Bewusstseins. Dadurch bleiben sie klein und in der Lüge gefangen, die ihr Leben ist. Doch wenn man den Menschen eine weisere und bessere Handlungsweise beibringt, können sie auch ein weiseres und besseres Leben beginnen. Wenn ihnen klar wird, dass sie, um ihr Leben zu verändern, *sich selbst* verändern müssen, wachen sie auf und beginnen, auf ihr größtes Leben zuzugehen.«

Julian klatschte in die Hände. Dann kletterte er auf den glänzenden Tisch, der vor ihm stand, und führte einen seltsamen kleinen Tanz auf. Ich weiß nicht, ob er den im Himalaja gelernt hatte oder von einem seiner anderen Coaching-Schüler, aber ich hatte noch nie etwas Derartiges gesehen. Julian sah, wie ich lachte, aber das war ihm egal. Er wedelte immer weiter mit den Händen in der Luft und bewegte seine Füße von einer Seite zur anderen. Nach einigen Minuten kletterte er wieder vom Tisch herunter und führte mich aus dem Gerichtssaal.

»Dieser Gerichtssaal und der Scheinprozess, den ich inszeniert habe, soll dich an Stufe sechs der sieben Stufen der Selbsterweckung erinnern. Bevor große Dinge geschehen, kommen manchmal schwere Zeiten. Und bitte lass dich von meinem skurrilen kleinen Tanz daran erinnern, dass das Leben ein Spiel ist. Nimm es nicht zu ernst. Lass dir den Spaß nicht verderben. Tanze. Lache. Bewahre dir eine gesunde Dosis Distanz. Ich weiß, du hast in letzter Zeit Schmerzliches durchgemacht. Ich spüre das. Aber ich lade dich ein, dich daran zu erinnern, dass du viele Glücksmomente in deinem

Leben hast. Wusstest du, dass heute auf der Welt über eine Milliarde Menschen hungrig zu Bett gehen? Es gibt Kinder, die nichts zu essen haben. Es gibt Menschen, die eingesperrt sind und im Gefängnis gefoltert werden. Es gibt andere Menschen, unsere Brüder und Schwestern in diesem Stamm, der Menschheit heißt, die in Krankenzimmern eingesperrt sind und sich bemühen, die Attacken einer Krankheit zu überleben. Es gibt so viele Menschen, die viel weniger haben als wir. Und mein Herz weint mit ihnen«, sagte Julian in sanfterem Ton. »Ich wünschte, ich könnte jedem Einzelnen von ihnen helfen. Denke daran, was Mutter Teresa sagte: ›Es gibt keine großen Taten, nur kleine Taten, die mit großer Liebe vollbracht werden.‹«

»Sie sagte auch: ›Wenn ich nicht jenen ersten Menschen in Kalkutta aufgelesen hätte, hätte ich auch die anderen 42 000 nicht aufgelesen‹«, fügte ich hinzu. »Das habe ich in einem der Bücher gelesen, die ich studiert habe. Und du hast recht, Julian. Früher habe ich mich darauf konzentriert, was in meinem Leben fehlte, anstatt auf all das Gute, was ich hatte. Ich vermute, Reife als menschliches Wesen bedeutet, das zu lieben, was man hat, anstatt sich zu viele Sorgen darum zu machen, zu bekommen, was man liebt. Ich weiß, du glaubst, wir müssen proaktiv sein und unseren Träumen nachjagen. Aber du sagst ja auch, dass es wichtig ist, ein tiefes Gefühl der Dankbarkeit in sein Leben zu bringen.«

»Das erinnert mich an ein altes persisches Sprichwort: ›Ich ärgerte mich, dass ich keine Schuhe hatte, bis ich einen Mann sah, der keine Füße hatte‹«, bemerkte Julian.

Wir verließen den Gerichtssaal schweigend. Julian betrachtete im Vorbeigehen die Gemälde, die den Gang säumten, als wir auf den Ausgang zugingen. Beim Verlassen des Gebäudes blieb Julian stehen und schaute auf den üppigen Park auf der anderen Straßenseite hinüber. Er griff in sein Jackett und gab mir ein Blatt linierten Notizpapiers, wie es Anwälte verwenden, wenn sie sich während der Verhandlung Notizen machen. Oben auf dem Blatt stand »Regeln zum Gewinnen von Prozessen«.

»Hier, *amigo,* das ist für dich«, sagte Julian, als er mir das Blatt Papier gab. »Ich möchte, dass du diese Regeln auswendig lernst, damit du ein paar konkrete Ideen und Mittel zur Hand hast, um dir durch die schweren Zeiten zu helfen, wenn auf deinem Weg zur Erweckung deines größten und besten Ichs welche auftauchen.« Julian hielt inne und schaute zum Himmel hinauf. Ich hörte, wie er zu niemand Bestimmtem sagte: »Bitte gib mir die Kraft, bestmöglich zu dienen.«

Dann schaute er wieder mich an. In seinen Augen lag Traurigkeit. »Du bist eine starke Persönlichkeit«, sagte er. »Erst vor wenigen Monaten wolltest du dir noch das Leben nehmen. Aber etwas in dir hat nicht zugelassen, dass du das tatest. Vielmehr hast du begonnen, dich vom Leben führen zu lassen und dich einer neuen Art und Weise zu öffnen, die Dinge zu sehen. Das erfordert enormen Mut und spricht Bände darüber, was für ein Mensch du bist. Seit ich dich coache, hast du mir dein Vertrauen geschenkt und bist meinen Anweisungen gefolgt, so seltsam sie mitunter erscheinen mochten. Du bist tief gegangen, hast deine Widerstände erkannt, deine Schatten untersucht und dein Herz geöffnet. Du bist ein guter Mensch, der dabei ist, ein großer Mensch zu werden, Dar. Ich fühle mit tiefer Überzeugung, dass die Welt mehr Menschen wie dich braucht, mehr Männer und Frauen, die dem Ruf ihres Herzens folgen und aufwachen, um ihr bestes Leben zu führen. Mir bricht es das Herz, wenn ich sehe, dass Menschen nur mit einem winzigen Bruchteil ihrer Kraft und ihres Potenzials leben. Es tut mir weh, wenn ich Menschen sehe, die selbstsüchtig handeln und ihre eigenen Interessen über die anderer stellen, wenn sie stattdessen so leben sollten, dass sie anderen *und* sich selbst helfen. Weißt du, wie glücklich sich jeder Mensch auf der Welt fühlen würde, wenn er sich jeden Tag ein klein wenig Zeit nähme, anderen besser zu dienen? Hast du eine Ahnung von der Freude, die in das Leben eines Menschen tritt, wenn er sich der Aufgabe widmet, wirklichen und bleibenden Wert für andere Menschen zu schaffen? Anderen Menschen zu helfen, ihre Träume zu erreichen, ist, wenn man es von diesem Bezugsrahmen aus sieht, eine große Gabe, die man sich selbst schenkt. Aber die meisten Menschen sehen diese Wahrheit nicht.«

Julian wurde still.

»Die meisten Menschen gehen mit verbundenen Augen durch das Leben und glauben, die Welt, die sie sehen, sei die einzige Realität. Du weißt das inzwischen. Und sie glauben, dass das mittelmäßige und kleine Leben, das sie führen, das einzige Leben ist, das ihnen möglich ist. Jedes menschliche Leben ist dazu bestimmt, groß zu sein. Das ist Teil der ›groben Vorbestimmung‹, die bereits für uns vorgeschrieben ist. Aber es liegt an uns, die Einzelheiten der Bestimmung auszubauen. Das ist diese Zusammenarbeit, von der ich in einer früheren Coaching-Sitzung gesprochen habe. Das Leben ist ein Prozess, der mehrere Schöpfer hat. Tue dein Bestes. Jage deinen Träumen nach. Öffne dein Herz. Erledige deine innere Arbeit. Handele viel. Stehe früh auf und übe dich in Disziplin. Tue alles, was dir möglich ist, um die Integritätslücke zu schließen, höre auf zu recyceln und verwirkliche die vier Erweckungen. Dann, und erst dann, lasse los und nimm an, was kommt, in dem Wissen, dass es das ist, was am besten für dich ist.«

Julians Glaube an das Potenzial des Menschen bewegte mich. Er war ein Gläubiger in einer Gesellschaft, in der zu viele Menschen die Vorstellung aufgegeben haben, dass jeder von uns ein großer Mensch sein kann. Irgendwo auf dem Weg haben die meisten von uns die Lüge akzeptiert, dass Größe für die wenigen Auserwählten reserviert sei. Irgendwo unterwegs machte uns jemand weis, dass unser Leben nicht dafür bestimmt sei, außerordentlich zu sein. Julian wusste es besser. Er wusste, dass wir dafür gemacht sind, ein großes Spiel zu spielen. Er hat begriffen, dass wir darauf ausgelegt sind, hell zu leuchten. Er war sich der Wahrheit bewusst, dass es keine überschüssigen Menschen auf der Welt gibt und wir alle verpflichtet sind, etwas zu bewirken und das Leben jener um uns herum zu bereichern.

»Ich muss morgen die Stadt verlassen. Mein nächster Auftrag ist in England und ich muss um 21 Uhr einen Flug nehmen. Ich fühle mich traurig, dass ich dich verlassen muss, *amigo*. Ich bin so ungeheuer stolz auf das, was du geworden bist und was du noch werden wirst. Und du verdienst all das, was dir gerade geschieht. Ich habe dir den Weg angeboten und die Weisheit geliefert. Aber du hattest den Mut und die Vernunft, das Wissen, das ich dir mitgeteilt habe, umzusetzen. *Weisheit zu besitzen, ohne sie umzusetzen, ist wertlos.*«

Ich konnte nicht glauben, dass Julian mich verließ. Ich hatte angefangen, diesen Mann zu lieben, der wenig materielle Güter besaß, schnelle Autos fuhr und manchmal gute Anzüge trug. Ich hatte angefangen, ihn enorm zu respektieren und mich tief um sein Wohlergehen zu sorgen. Und um ehrlich zu sein, fiel mir auf, dass ich ein bisschen Angst hatte, als ich jetzt erfuhr, dass ich auf mich allein gestellt sein würde, ohne einen Führer auf dem Weg. Wie immer spürte Julian, was ich fühlte.

»Du weißt, dass du nie allein sein wirst, Dar. Du hast jetzt Sasha. Und du solltest wissen, dass du, während du dich weiter auf dem Weg vorwagst, unvermeidlich mehr Suchende in dein Leben ziehen wirst. Du wirst auf dem Weg mehr Unterstützung haben, als du dir je vorgestellt hast. Mach dir bitte keine Sorgen. Und außerdem«, bemerkte Julian, »denke daran, dass letztlich alle Antworten in dir selbst wohnen. Du brauchst keinen Führer. Bei dieser Reise geht es nicht wirklich darum, Dinge zu lernen, die du lernen musst, sondern darum, dich an Dinge zu erinnern, die du vergessen hast. Der goldene Buddha ist schon in dir. Du musst bloß die Schichten entfernen, und in deinem Universum wird alles gut.«

»Danke, Julian. Ich liebe dich wie einen Vater, weißt du das?«

»Ich weiß, danke. Ich werde zuschauen, wie dein Stern aufsteigt«, antwortete er. »Sehen wir uns also morgen früh um fünf. Ich würde dich gerne am Rolling-Hills-Friedhof treffen. Ich weiß, du fragst dich, warum wir uns dort treffen, aber die Antworten werden sich bald zeigen.«

Julian umarmte mich fest, wie es seine Angewohnheit war, und ging dann langsam die Treppe des Gerichtsgebäudes hinunter. Ich sah, wie er einen obdachlosen Mann grüßte und dann in den Park ging. Tränen stiegen mir in die Augen, als ich ihm nachschaute. Ohne Julian würde ein großes Loch in meinem Leben zurückbleiben.

Ich blickte auf das Blatt Papier in meinen Händen hinunter. Ich las die »Regeln zum Gewinnen von Prozessen«. Es waren sieben Stück, und ich wusste, dass sie mir helfen würden, schwere Zeiten zu überstehen. Sie lauteten wie folgt:

Regel 1: Denke daran, dass das Leben eine Abfolge von Jahreszeiten ist. Jeder Mensch muss die Härten einiger Winter durchmachen, um die Pracht der besten Sommer zu erfahren. Vergiss nie, dass auch jeder Winter ein Ende hat.

Regel 2: Bewahre deine Hoffnung. Große, schöne und scheinbar unerreichbare Ziele sind ausgezeichnete Mittel, um inspiriert zu bleiben, während du Schwierigkeiten überwindest. Ich habe dir einmal Leonardo da Vincis Worte zitiert: »Richte deinen Kurs nach einem Stern aus, und du wirst jeden Sturm durchsegeln.« Wenn du nach großen und edlen Zielen greifst, die das Beste in dir ansprechen, wird dein Verlangen, sie zu erreichen, dich durch die schweren Zeiten führen, die du auf dem Weg des Suchenden erleben wirst.

Regel 3: Denke immer daran, dass wir durch das schwerste Leid am meisten wachsen. Wenn wir es durchmachen, tut es weh. Wenn wir es hinter uns lassen, heilt es aber auch wieder. Wenn ein Krug Wasser zu Boden fällt und zerbricht, läuft der bisher verborgene Inhalt aus. Wenn das Leben dir einen seiner Flüche schickt, denke daran, dass dieser Fluch gekommen ist, um dich aufzubrechen, damit all deine Liebe, deine Kraft und dein Potenzial, die in dir geschlummert haben, sich in die Welt außerhalb deiner selbst ergießen können. Und wie ein gebrochener Knochen *werden wir an den Bruchstellen stärker.*

Regel 4: Scheitern ist eine Wahlentscheidung. Nichts kann einen Mann oder eine Frau aufhalten, der oder die sich einfach weigert, am Boden gehalten zu werden. Das Buch *The Go-Getter* von Peter B. Kyne, das ich erwähnt habe, wird in diesem Punkt sehr hilfreich für dich sein. Lies es oft. Triff aber aus der Mitte deines Herzens heraus die Entscheidung, dass du weiter auf dem authentischen Weg gehen wirst, *was auch immer dir zustößt.* Dadurch sicherst du dir ein Leben wirklichen Erfolgs.

Regel 5: In schweren Zeiten neigt man dazu, sich selbst loszulassen. Bringe die Disziplin auf, deinen Tagesablauf beizubehalten, wenn du in Schwierigkeiten bist. Stehe früh auf. Halte deine heilige Stunde ein. Iss sehr gut. Treibe Sport.

Verbringe Zeit mit der Natur und stelle sicher, dass du alles tust, was du kannst, um die vier deiner zentralen Dimensionen (den Verstand, den Körper, die Gefühle und den Geist) in gutem Zustand zu halten.

Regel 6: Spüre deine Gefühle. Wenn du dich schweren Zeiten gegenübersiehst, werden dir manche Menschen raten, einfach positiv zu denken. Solche Ratschläge sind *nicht* hilfreich. Ich stimme zwar zu, dass man das Auto nicht vorwärtsbewegen kann, während man in den Rückspiegel schaut, und dass es ungesund ist, in der Vergangenheit zu leben, aber man darf sich nicht damit übereilen, ein sogenanntes negatives Ereignis als positives aufzufassen. Dadurch versetzt du dich in einen Zustand des Verleugnens. Spüre die Gefühle der Verletztheit, der Wut oder der Traurigkeit, die von selbst auftauchen, und zwar bis zu ihrem Ende. Es ist in Ordnung, bei ihnen zu sein. Es ist sogar gesund, das zu tun. Sie durchzuarbeiten gestattet dir, sie loszulassen. Lasse dich nur nicht von ihnen festhalten. Entscheidend wichtig ist, ein Gleichgewicht zu finden. Erlebe die Gefühle, die aufsteigen, damit du sie nicht schließlich hinunterschluckst, sodass sie in deinem Inneren schwären. Nutze aber gleichzeitig deinen Verstand, um den Silberstreif am Horizont zu sehen, den jede dunkle Wolke mit sich bringt. Das ist kein wissenschaftlicher Prozess, und letztlich musst du tun, was dir richtig erscheint.

Regel 7: Denke daran, dass *du nie allein bist*, wie schwer die Zeiten auch sein mögen.

Ich faltete das Papier zusammen. Julians Weisheit war ebenso tiefgründig wie praktisch, auch wenn ich nicht ganz sicher war, was er mit dem Satz am Schluss meinte, ich sei nie allein. Ich nahm an, dass Zeit und Erfahrung die Antwort geben würden. Das Leben war, das entdeckte ich jetzt, der beste Lehrer.

Ich saß eine Stunde oder länger auf den Stufen des Gerichtsgebäudes. Ich schaute zu, wie Menschen vorbeigingen und Vögel in den Himmel stiegen. Ich spürte die Sonnenstrahlen auf meinem Gesicht und eine sanfte Brise durch mein Haar wehen. Julian würde mich morgen verlassen. Mein Coach würde nicht mehr da sein. Er hatte so viel in mein Leben gebracht. Ich schwor mir, jetzt anzufangen, etwas zurückzugeben.

KAPITEL 10

DER SUCHENDE ERWACHT

Wenn du von einem großen Auftrag inspiriert wirst, einem außerordentlichen Projekt, durchbrechen alle deine Gedanken ihre Grenzen; dein Geist überwindet die Begrenzungen, dein Bewusstsein expandiert in alle Richtungen, und du findest dich in einer neuen, großartigen und wunderbaren Welt wieder. Schlafende Kräfte, Fähigkeiten und Talente erwachen zum Leben, und du entdeckst, dass du eine weit großartigere Person bist, als du dir je zu sein erträumt hast.

Patanjali

Die Sonne ging gerade auf, als ich zum Rolling-Hills-Friedhof hinausfuhr. Dieser kleine und wenig bekannte Friedhof lag außerhalb der Stadt an einem Ort, der für seine Lichtungen und schönen Weiden bekannt war. Ich bog vom Highway ab und folgte einer kurvigen Straße, die mich an einem See vorbeiführte, an dem ich oft mit meinem Vater zusammen geangelt hatte, als ich ein kleiner Junge war.

Als ich zum Friedhof hinauffuhr, hörte ich lauten Gesang. Als ich anhielt und aus dem Auto ausstieg, wurde mir klar, dass jemand eine CD mit gregorianischem Gesang abspielte. Mit dem Gesang und dem frühmorgendlichen Nebel, der noch über die sanften Hügelrücken strich, nahm die gesamte Umgebung eine mystische Atmosphäre an. Julian war nirgends zu sehen.

Ich ging den unbefestigten Fußweg zu dem kleinen Gebäude entlang, das auf der Kuppe eines grasbewachsenen Hügels stand. Als ich den Hang hinaufstieg, starrte ich auf das Feld der Grabkreuze hinaus und dachte über die Leben nach, für die sie standen. Mehr als je zuvor wurde mir klar, dass selbst das längste Leben unglaublich kurz ist, wenn man es mit dem Maßstab der Ewigkeit misst. Wir nehmen Kleinigkeiten so wichtig, während wir durch das Leben gehen, vergessen, was am wichtigsten ist, und erkennen nicht an, dass das Leben vorübergehen wird, wenn wir uns nicht auf das Spiel einlassen. Oft ist es zu spät und unsere besten Jahre sind uns entglitten, wenn wir schließlich aufwachen.

Ich hatte einen Großteil meines Lebens damit verbracht, Anerkennung und finanziellem Erfolg nachzujagen. Aber wie viel ich auch erreicht hatte, es war nie genug gewesen. Es war fast eine Sucht. Nichts konnte mein Verlangen stillen, und so sehr ich auch versuchte, dagegen anzukämpfen, ich wurde immer wieder hineingezogen. Unterwegs hatte ich das verloren, was mir am meisten bedeutete. Ich wusste, dass ich diesen Fehler nie wieder begehen würde. Sicher, äußerlicher Erfolg war wichtig. Mir gefiel die Tatsache, dass Julians Philosophie der persönlichen Erfüllung auch gestattete, Geld zu verdienen, sich mit schönen Dingen zu umgeben und »in der Welt« zu sein. Tatsächlich sagte er sogar, solche Ziele seien sehr positiv. Wir sind spirituelle Wesen, aber wir leben in einer sehr menschlichen Welt und es gab keinen Grund, sich dafür zu entschuldigen, die materiellen Gaben zu genießen, die diese Welt uns schenkt. Julians große Idee bestand darin, dass es nicht das *Hauptziel* des Lebens sein solle, solchen vergänglichen Belohnungen nachzujagen. Es war wirklich eine Frage der Prioritäten, und mein bestes Ich zu erwecken musste die Hauptaufgabe bleiben.

Als ich mich dem Gebäude näherte, wurde der Gesang lauter. Ich wusste, dass Julian irgendwo in der Nähe war. Dies war zweifellos wieder eine seiner ungewöhnlichen Coaching-Inszenierungen. Unwillkürlich musste ich lächeln.

»Julian«, rief ich. »Ich weiß, dass du hier bist. Du kannst mir ruhig verraten, wo du bist.«

Keine Antwort. Ich rief lauter. »Komm schon, Julian. Ich weiß, dass du hier oben bist. Wo bist du?«

Dann sah ich eine Gestalt durch den Nebel auf mich zukommen. Es war Julian, und er trug sein Gewand, mit der Kapuze über dem Kopf. In beiden Händen hielt er je einen Strauß frischer Blumen. Auf dem Rücken trug er seinen Rucksack.

»Guten Morgen, Dar«, sagte er ernst. »Ich fahre heute noch zum Flughafen. Aber ich musste mich vorher noch mit dir treffen. Das ist unsere letzte gemeinsame Coaching-Sitzung.

Ich muss dir die letzte der sieben Stufen der Selbsterweckung mitteilen. Bitte folge mir«, wies Julian mich an, führte mich vom Gebäude weg und in die Reihen der Grabsteine hinein. Die Gesangsmusik spielte weiter.

Wir gingen nur etwa eine Minute lang, bis Julian an einem frisch ausgehobenen Grab stehen blieb. Er kniete nieder und umgab den Begräbnisplatz mit den frischen Blumen, die er getragen hatte. Er war völlig still und wirkte außergewöhnlich respektvoll vor dem geheiligten Ort, an dem wir uns befanden.

»Julian, wessen Grab ist das?«, fragte ich leise.

»Deins«, kam die Antwort.

Ich hatte überhaupt keine Ahnung, was Julian mit dieser Bemerkung meinte. Während wir durch unsere Tage gehen, sagen Menschen etwas zu uns oder handeln auf bestimmte Weise. Ein Großteil des Leidens, das wir als Menschen erleben, entsteht aus der Tatsache, dass wir bestimmte Annahmen über das machen, was uns geschieht. Wir kommen zum Beispiel auf die Arbeit, und ein Kollege sagt nicht Hallo. Wir nehmen an, er sei wütend auf uns. Das ist unsere falsche Annahme. Die Wahrheit könnte sein, dass sein Kind krank ist und er mit dieser Sorge beschäftigt ist. Die einzige Methode, um die Wahrheit unserer Annahmen zu prüfen, besteht darin, den Mut zu haben, Fragen zu stellen, um unser Verständnis zu klären. Das heißt nichts anderes, als die eigenen Kommunikationsfähigkeiten zu verbessern. Aber die meisten Menschen tun es nie. In den vergangenen Wochen hatte ich mich dazu entschlossen, in allen Situationen die Wahrheit aufzudecken. Ich machte mir klar, dass ich in der Vergangenheit bestimmte Situationen oft falsch aufgefasst hatte, und hatte mir vorgenommen, meine Wahrheit auszusprechen, wenn ich mehr Antworten brauchte.

»Julian, was willst du damit sagen? Wie kann das mein Grab sein? Ich bin nicht tot. Ich war nie gesünder oder glücklicher. Ich war noch nie so lebendig. Was willst du andeuten? Ich bin ein bisschen verwirrt.«

»Entspanne dich, *amigo*. Dieses Grab ist ein Gleichnis für die letzte Lektion, die ich dir mitteilen muss. Dieses Grab *könnte* dein Grab sein. Dieses Grab *könnte* mein Grab sein. Es könnte jedermanns Grab sein. Der Sinn ist einfach, *dass du sterben musst, während du lebendig bist, um in deinem besten Leben aufzuwachen.*«

»Was meinst du damit?«

»Die meisten Menschen leben so, als hätten sie alle Zeit der Welt. Sie wünschen sich, sie hätten mehr Zeit in ihrem Tagesablauf, und dennoch verschwenden sie die Zeit, die sie haben. Sie verschieben das Leben auf ein Ereignis in der Zukunft. Solche Menschen sagen: ›Ich verbringe mehr Zeit mit meiner Familie, wenn ich meine große Beförderung bekommen habe‹ oder: ›Ich gönne mir mehr Spaß im Leben, wenn die Kinder erwachsen sind‹ oder: ›Ich jage meinen Träumen nach, wenn ich ein bisschen mehr Geld verdiene‹ oder: ›Ich kümmere mich um meine Gesundheit, sobald ich diesen Stress hinter mir habe‹. *Das Leben wartet auf niemanden.* Eines der wichtigsten Dinge, die ich dich lehren kann, ist, dich regelmäßig mit deiner Sterblichkeit zu verbinden. Erinnere dich daran, dass Zeit dein kostbarster Rohstoff ist. Dir zu sagen, dass du irgendwann später dein größtes Ich werden wirst, setzt eine Menge voraus. Du könntest heute sterben, und ich auch. Wie ich dir gesagt habe, als wir uns im Hotel Q trafen, weiß niemand, wann seine Zeit abgelaufen ist. Jeder Tag sollte so erlebt werden, als ob er der letzte Tag wäre, den du auf der Welt hast. Behandele jeden, dem du begegnest, als ob du ihn nie wiedersiehst. Gehe große Risiken ein, wenn du dich durch deine Tage bewegst, und ergreife jede Gelegenheit zu persönlicher Größe sofort, wenn sie sich zeigt. Ich schlage vor, dass du jeden Sonntag sehr früh aufstehst – oder wenigstens alle paar Sonntage – und hier heraufkommst. Komm allein. Mache ein regelmäßiges Ritual daraus.«

»Und was genau soll ich tun, wenn ich hier bin?«

»Verbinde dich mit deinem Tod. Denke über das Leben nach, von dem du weißt, dass du es selbst erschaffen kannst, und erinnere dich daran, dass du dich selbst entehrst, wenn du es nicht jeden Tag führst und atmest. Jeder einzelne Augenblick über der Erde ist eine riesige Gelegenheit. Ich habe dir das ja gesagt, Dar. Jeder einzelne Tag, an dem du aufwachst, ist ein Geschenk, das gefeiert werden muss. Du bist dafür bestimmt zu leuchten. Komm hierher, um dich mit der Empfindlichkeit des Lebens zu verbinden. Denke bloß daran, dass einige Menschen, die heute aufwachen, bei Sonnenuntergang tot sein werden. Die meisten werden sich nicht vorstellen können, dass ihnen etwas Derartiges bevorsteht. Sie hatten alle diese großen Pläne, wenn die Zeit gekommen wäre. *Niemand plant jemals zu sterben.*«

Dieser letzte Satz traf mich schwer. Ich wusste, dass ich heute bewusster und mit einem größeren Gefühl der Freude und Begeisterung lebte, als ich es je zuvor erlebt hatte. Aber ich hielt immer noch etwas zurück. Ich hielt immer noch einen Teil meiner Liebe vor Sasha zurück. Ich konnte so viel mehr für sie sein. Und als ich tiefer überlegte, wurde mir klar, dass hinter diesem Widerstand Angst steckte. Ich fürchtete, dass ich, wenn ich ihr mein Herz vollständig öffnete, verletzt oder vielleicht übervorteilt werden könnte. Meine Angst hatte keine Berechtigung in der Wirklichkeit; Sasha war eine unglaubliche Frau, in jeder Hinsicht. Aber Ängste haben oft keine Berechtigung in der Wirklichkeit; sie sind nur Illusionen, die wir erschaffen. Und sie sind in Wahrheit nur zwanzig Zentimeter tief.

Ich hatte außerdem mit meinen Kindern ein kleineres Spiel gespielt, als ich es hätte tun sollen. Ich wusste, ich konnte ein außerordentlicher Vater werden, und gab mir in diesem Moment selbst das Versprechen, es zu werden. Je mehr ich darüber nachdachte, desto deutlicher sah ich, dass es so viel mehr gab, was ich tun und sein konnte. Warum sollte ich nicht einer der größten Marktführer in meiner Branche werden? Warum sollte ich nicht Hunderten, wenn nicht Tausenden Leben unglaublichen Wert hinzufügen? Warum sollte ich nicht dem Zustand persönlicher Erleuchtung näherkommen, als ich es mir je vorgestellt hatte?

»Erinnerst du dich an die Übung, die ich dich durchzuführen gebeten habe, als wir uns im Schulgebäude trafen?«, fragte Julian.

»Wie könnte ich sie vergessen?«, fragte ich. »Du hast mich gebeten, meinen Nachruf zu schreiben. Du hast mich aufgefordert, die Geschichte meines Lebens aufzuschreiben, damit ich die Weisheit und das Bewusstsein habe, mein Leben rückwärts zu führen. Indem ich wusste, wo ich am Ende zu sein träumte, konnte ich die Entscheidungen treffen, die in jedem Moment jeder Stunde jedes Tages erforderlich sind, um dorthin zu gelangen.«

»Perfekt formuliert.«

»Und ich lese mir in der heiligen Stunde am Morgen meinen Nachruf oft laut vor. Direkt nachdem ich aufgewacht bin, es ist im Allgemeinen eine der ersten Handlungen des Tages. Diese eine Handlung allein hat einen tiefgreifenden Unterschied in der Art gemacht, wie ich während meiner Tage denke, fühle und handele.«

»Das führt mich elegant zu der siebten und letzten Stufe des Prozesses der Selbsterweckung. Nachdem du die Lüge, die dein Leben bisher war, verlassen hast, indem du dich am Entscheidungspunkt dazu entschieden hast, dich auf den Weg der Wahrheit zu machen ...«

»Stufe eins und zwei des Prozesses«, warf ich ein.

»Richtig. Nun, nachdem du dich durch die ersten beiden Stufen des Prozesses bewegt hast, gelangst du an die dritte Stufe, auf der du anfängst, mit neuen Augen zu sehen. Du fängst an, die Wahrheit zu entdecken. Dir wird klar, wie viel Kraft in dir geschlafen hat. Du beginnst ein Bewusstsein dafür zu bekommen, wie sehr du dich selbst verraten und begrenzt hast. Du fängst an zu sehen, wie wundervoll unsere

Welt ist und wie viel Freude auf dich wartet. Was kommt danach, *amigo*?«, fragte Julian.

»Stufe vier. Auf ihr hungert der Suchende, während er den Weg entlanggeht, nach Antworten auf die vielen Fragen, die jetzt aufsteigen. Auf dieser Stufe sucht der Suchende nach Führern und Meistern, die ihm helfen, den Weg zu finden. All das Neugelernte und das gesteigerte Bewusstsein, das der Suchende empfängt, führt dann zu Verwirrung.«

»Ja. Sogar die Fundamente, auf denen der Suchende gestanden hat, fangen an zu bröckeln. Alle Glaubenssätze und Annahmen über die Art, wie die Welt funktioniert und wie der Suchende in ihr erscheint, werden infrage gestellt und neu bewertet. Stufe fünf ist eine Phase riesiger Umwälzungen und Veränderungen. Sie ist auch eine Phase sehr schönen persönlichen Wachstums. Die Raupe erlebt vielleicht die Dunkelheit des Kokons, aber rate einmal, was wirklich passiert.«

»Ein Schmetterling wird geboren«, antwortete ich zuversichtlich.

»Du hast es erfasst. *Alles ist gut.* Danach folgt die unvermeidliche Prüfung, die jeder Suchende auf dem Weg erlebt. Kurz vor einem großen Sieg schickt das Leben dem Reisenden immer einen Test. Wie wir in solchen Zeiten reagieren, bestimmt in vielerlei Hinsicht unsere Bestimmung. Wenn man sich entscheidet, mutig zu sein und vorwärts zu drängen, ist das der beste Zug. Und das bringt mich natürlich zur letzten Stufe, der großen Selbsterweckung. Du hast in der Zeit, in der wir zusammen waren, einzelne Teile jeder Phase erlebt. Ja, ich habe einige Inszenierungen für dich veranstaltet, damit die einzelnen Teile des Prozesses lebendig würden. Das tat ich, um dir dabei zu helfen zu lernen und im Verständnis zu wachsen. Aber ein Großteil dessen, was du erlebt hast, kam von selbst. Als du die Lüge verlassen und die Entscheidung getroffen hast, aufzuwachen, hast du dich selbstständig nach Büchern und Führern umgesehen, die dich beim Lernen und dabei, dein Wissen zu erweitern, unterstützen könnten. Als du das getan hast, hast du selbst die Verwirrung und die Verwandlung erlebt, die Stufe fünf mit sich bringt. Und weil du nicht aufgegeben hast, ist es in deinem Leben zu *wirklicher* Verwandlung gekommen. Es sieht alles ganz anders aus als vor einer Weile, nicht wahr?«

»Kein Zweifel. Mein Leben ist schön geworden, Julian. Ich war noch nie glücklicher. Ich bin dir sehr dankbar.«

»Sehr gerne geschehen, Dar. Und wenn ich gegangen bin, wird dir das Leben seine eigenen Inszenierungen und Erlebnisse bringen, und du wirst einige Stufen durchlaufen, ohne dass ich dabei bin. Das Leben wird dein Coach und dein bester Lehrer werden. Wenn du es lässt.«

Julian strich mit einer Hand über die Stickerei auf seinem Gewand.

»Stufe sieben ist das endgültige Ziel. An diesen Punkt auf dem Weg zu gelangen, heißt erleuchtet zu werden. Wie ich erwähnte, haben nur wenige je diesen hochgelegenen Ort erreicht. Aber das wird sich ändern. Ich möchte, dass du mir hilfst, indem du meine Philosophie unter all jenen verbreitest, deren Leben du berührst. Ich habe das starke Gefühl, dass du etwas zurückgeben möchtest für das, was ich dir gegeben habe. Du sollst wissen, dass ich keinen Bedarf an irgendwelchen weltlichen Dingen habe. Klar hat es Spaß gemacht, meinen alten Ferrari zu fahren und im Gericht diesen herrlichen Anzug zu tragen. Aber so etwas ist nicht das Wichtigste für mich. Ich möchte die Welt verändern, mein Freund. Ich möchte auf so viele Menschen einwirken, wie ich nur kann. Ich war ein unglücklicher Anwalt, der sich durchs Leben kämpfte, spirituell ausgedrückt. Mein Leben war völlig aus dem Gleichgewicht und dramatisch außer Kontrolle geraten. Aber schau mich jetzt an«, sagte Julian aufgeregt. »Was ich oben in diesen Bergen gelernt habe, funktioniert, und ich möchte, dass jeder einzelne Mensch, den zu beeinflussen ich die Möglichkeit habe, entdeckt, was ich dort oben bei diesen erleuchteten Weisen aufgedeckt habe. Das Einzige, was ich dich zu tun bitte, ist, anderen davon zu erzählen, was ich dir mitgeteilt habe. Die beste Lernmethode ist, zu lehren, also tust du auch dir damit einen Gefallen.«

Julian trat an mich heran und legte mir beide Hände auf die Schultern. Er schaute ein letztes Mal in den blauen Himmel hinauf. Er schloss die Augen.

»Dar, du warst ein ausgezeichneter Schüler. Ich könnte mich nicht mehr für dich freuen, wenn ich mir anschaue, wie es in deinem Leben jetzt aussieht. Du bist unterwegs zu großartigen Orten und du kannst dir gar nicht vorstellen, welche Wunder dich dort erwarten. Ich habe unser Zusammensein enorm genossen. Du hast mich mit großer Freundlichkeit, mit Respekt und mit Liebe behandelt. Bitte lausche weiter dieser kleinen Stimme, die in dir heranwächst. Sie ist der Ruf deines Herzens, und wenn du ihr weiter vertraust, wird sie dich dorthin führen, wohin du gehen musst. Bringe auch weiter die Talente, die dir gegeben wurden, ans Tageslicht. Fahre fort, Wert für jede Person in deinem Leben zu schaffen. Und gehe weiterhin diesen Weg, gleichgültig was geschehen mag. Wenn du das tust, wird dein Leben großartig und dein Erbe groß.«

Julian öffnete die Augen. Eine einzelne Träne lief seine Wange hinunter und auf sein Gewand. Er schaute auf den Fleck, den sie hinterließ, und lachte.

»Jedes Ende ist ein neuer Anfang. Du hast mir das vor einer Weile selbst beigebracht. Vergiss es nicht, Coach«, sagte ich scherzhaft.

»Gut gesagt, *amigo*. Es fällt mir bloß schwer, die Menschen zurückzulassen, die ich liebgewonnen habe. Du, und der Rest der Menschen, die ich gecoacht habe, seit ich aus Indien zurück bin, seid Helden für mich. Der Mut, den ihr alle zeigt, macht mich demütig. Ich wünschte, ich könnte hierbleiben und dich auf dem Weg führen. Aber das ist nicht das, was du brauchst. Und es ist nicht das, was ich zu tun bestimmt bin. Bevor ich gehe, möchte ich gerne etwas tun, wenn ich darf«, sagte Julian.

»Natürlich, Julian. Ich bin mit allem einverstanden, was du willst.«

Julian setzte seinen Rucksack ab und öffnete ihn. Er zog ein abgewetztes, in Leder gebundenes Tagebuch heraus und öffnete es auf einer bestimmten Seite. Er stellte sich an den Rand des Grabes und sagte mit kräftiger lauter Stimme: »Ich möchte etwas tun, das ich noch nie getan habe. Ich möchte meinen Nachruf laut vorlesen.« Dann hielt er inne, bevor er die folgenden Worte sprach:

Julian Mantles Nachruf

Julian Mantle war ein Mann, der an die Macht des menschlichen Geistes glaubte, eine Kraft des Guten auf der Welt zu sein. Er war Idealist und jemand, der wirklich glaubte, dass jeder lebende Mensch einen echten Unterschied machen kann, wenn er sich dazu entscheidet, den Ruf anzunehmen, mit seinem Leben etwas anzufangen.

Julian war ein einfacher Mensch. Er mochte großartige Bücher, Sonnenuntergänge, sternenerfüllte Nächte und hin und wieder ein dickes Stück Schokoladenkuchen. Am meisten mochte Julian Menschen und verbrachte sein Leben damit, ihnen dabei zu helfen, zu entdecken, wer sie wirklich sind.

Er machte in seinem Leben viele Fehler. Aber er lernte aus ihnen. Er erlebte viel persönlichen Schmerz, aber er wuchs dadurch.

Julian lief nie vor seinen Ängsten davon. Vielmehr lief er auf sie zu, und dadurch eroberte er seine Freiheit zurück. Er war authentisch, mutig und liebevoll.

Julian starb letzte Nacht im zarten Alter von 108 Jahren. Er berührte das Leben vieler Menschen, und er wird uns fehlen.

Als ich Julians Worte hörte, fing ich an zu weinen. Als ich schließlich aufschaute, sah ich, dass er verschwunden war. Ich blickte über die Reihen der Gräber hin, aber er war nirgends zu entdecken. Aus dem kleinen Gebäude oben auf dem Hügel hörte man immer noch den Gesang, und die Sonne schien hell. Keine Wolke stand am Himmel.

Als ich zwischen den Grabsteinen hindurchging, funkelte etwas im Gras. Ich bückte mich und war verblüfft von dem, was ich sah. Es war ein kleiner goldener Buddha, der an einer langen dünnen Lederschnur hing, damit man ihn sich um den Hals hängen konnte. Auf der Rückseite des sorgfältig gestalteten Gegenstands standen die folgenden einfachen Worte, in winziger Schrift geschrieben:

Erwecke dein bestes Ich und leuchte weiter.
In Liebe
JM

Ich legte mir Julians Geschenk um den Hals und ging zum Auto zurück. Ich konnte nicht aufhören zu lächeln. Mein Leben war schön geworden.

Die sieben Stufen der Selbsterweckung

Stufe 1: Eine Lüge leben (die Stufe des Selbstverrats)

Stufe 2: Der Entscheidungspunkt (die Stufe, auf der man die Kontrolle aufgibt und seine Ketten zerbricht)

Stufe 3: Bewusstsein für Staunen und Möglichkeit (die Stufe, auf der man mit neuen Augen sieht)

Stufe 4: Belehrung durch Meister (die Stufe des Lernens, des Scheiterns und der Vorbereitung)

Stufe 5: Verwandlung und Wiedergeburt (die Stufe des Leerens und Neubefüllens)

Stufe 6: Die Prüfung (die Stufe des Testens und der Bestätigung)

Stufe 7: Die große Selbsterweckung (die Stufe der Furchtlosigkeit)

Die fünf täglichen Praktiken

1. Stehen Sie jeden Morgen um fünf Uhr auf. Wer früh aufsteht, hat das meiste vom Leben.
2. Erklären Sie die ersten sechzig Minuten Ihres Tages zur heiligen Stunde. Das ist Ihre geheiligte Zeitspanne, um die innere Arbeit (Gebet, Meditation, Tagebuchschreiben, Lektüre der Weisheitsliteratur, Nachdenken über den Zustand Ihres Lebens) zu erledigen, die Ihnen helfen wird, Ihr höchstes Leben zu führen.
3. Zeigen Sie ein Ausmaß an Fürsorge, Mitleid und Charakter weit über das hinaus, was irgendjemand jemals von Ihnen erwarten könnte. Damit tragen Sie Ihren Teil dazu bei, am Bau einer neuen Welt mitzuwirken.
4. Legen Sie bei Ihrer Arbeit ein Leistungsniveau an den Tag, das weit über dem liegt, was irgendjemand jemals von Ihnen erwarten würde. Überfluss und Erfüllung werden zu Ihnen zurückfließen.
5. Widmen Sie sich dem Entschluss, die liebevollste Person zu sein, die Sie kennen, und denken, fühlen und handeln Sie, als seien Sie einer der größten Menschen, die gegen-

wärtig auf der Erde leben (denn das sind Sie). Ihr Leben wird sich völlig verändern und Sie werden viele Leben bereichern.

Über Robin Sharma

Robin Sharma ist einer der weltweit führenden Experten für Führerschaft, Spitzenleistung und Selbstfindung. Er ist Autor zahlreicher Bestseller, darunter des internationalen Bestsellers *Der Mönch, der seinen Ferrari verkaufte,* seiner beliebten Fortsetzungen *Über die Kunst zu führen* und *Family Wisdom from The Monk Who Sold His Ferrari, Wer wird um dich weinen, wenn du nicht mehr bist?* sowie *The Saint, The Surfer & The CEO,* einem Amazon-Spitzenbestseller. Robin ist häufig in den landesweiten US-Medien zu sehen, hatte ein eigenes PBS-Special und war über tausend Mal in Radio und Fernsehen zu Gast. Er ist außerdem weltweit als Vortragsredner begehrt und steht häufig gemeinsam mit Persönlichkeiten wie Jack Welch, Bill Clinton, Dr. Phil, Deepak Chopra und Wayne Dyer auf dem Podium.

Robin praktizierte früher als Anwalt und hat zwei Jura-Abschlüsse, darunter einen M.A. Heute ist er der visionäre CEO von Sharma Leadership International (SLI), einem angesehenen Unternehmen für Lerndienstleistungen, das Angestellten und Unternehmern hilft, ihr höchstes berufliches und privates Potenzial umzusetzen. SLI vertreibt außerdem die hochgelobte *Elite Performers Series™*, ein verblüffend wirkungsvolles zweitägiges Coaching-Seminar, das den Teilnehmern hilft, in allem, was sie tun, ausgezeichnete Leistungen zu erbringen, und das Programm *The Monthly Coach™*, Robins monatlicher Buch- und CD-Club. Außerdem arbeitet Robin als beruflicher und privater Coach der Spitzenklasse für CEOs, Unternehmer und einige der erfolgreichsten Menschen der Welt.

Seine persönliche Aufgabe sieht Robin darin, den Menschen dabei zu helfen, wiederzuentdecken, wer sie wirklich sind, und auf eine Weise zu leben, die Wert für andere schafft. Mit der *Robin Sharma Foundation for Children* hilft er Kindern in Armut, für ihre Träume zu kämpfen.

Mehr Informationen über Robin Sharma und die Lernprogramme von SLI erhalten Sie unter **robinsharma.com**.

365 tägliche Inspirationen

Robin Sharma

Wir alle brauchen jeden Tag aufs Neue Inspiration. Um in der Arbeit, die wir verrichten, und in dem Leben, das wir führen, herausragend zu sein. Um unsere Träume verwirklichen zu können und um uns zu dem Menschen zu entwickeln, der wir sein wollen. Wir brauchen aber auch Inspiration, um schwere Zeiten im Leben zu überstehen und die besten Zeiten genießen zu können.

In diesem Werk destilliert Sharma die kraftvollsten Ideen aus seinen internationalen Bestsellern in ein leicht zu lesendes, immerwährendes Kalenderformat, das jeden Tag zu einem Geniestreich macht. Er zeigt, wie exponentieller Erfolg, die Überwindung von Widrigkeiten und Enttäuschungen sowie der Aufbau bemerkenswerter Beziehungen funktionieren können. Es ist gleichsam ein lebenslanger Begleiter auf Ihrem Weg, ein außergewöhnlicher Mensch zu sein – um ein Leben zu führen, auf das Sie stolz sein werden.

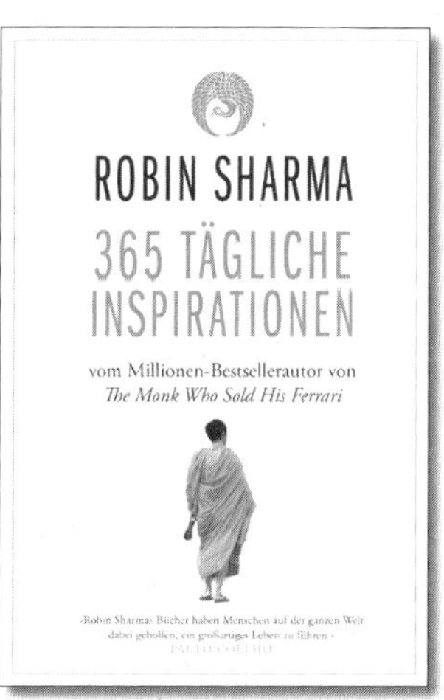

384 Seiten | Hardcover | 22,00 € (D) | 20,70 € (A) | ISBN 978-3-95972-611-5

Wer wird um dich weinen, wenn du nicht mehr bist?

Robin Sharma

Gefangen in unserer schnelllebigen Welt, jagen wir dem Erfolg hinterher, doch dabei bleibt vor allem eines auf der Strecke: die Gelegenheit, ein bedeutungsvolles Leben zu führen. Viele Menschen haben das Gefühl, dass das Leben zu schnell an ihnen vorbeizieht, ohne dass sie die Chance haben, es mit Bedeutung, Glück und Freude zu füllen. In diesem Buch vermittelt Robin S. Sharma wie jeder den komplexesten Problemen des Lebens mit einfachen Lösungen begegnen kann.

Dieses Buch ist ein Wegweiser zu einem Leben mit tiefer Bedeutung gemäß dem alten Sanskrit-Sprichwort: »Als du geboren wurdest, hast du geweint, während die Welt sich freute. Lebe dein Leben so, dass, wenn du stirbst, die Welt weint, während du dich freust.«

256 Seiten | Softcover | 18,00 € (D) | 18,60 € (A) | ISBN 978-3-95972-612-2

Über die Kunst zu führen

Robin Sharma

Robin Sharma – weltbekannter Führungsguru – erzählt die Geschichte von Peter Franklin, einem frustrierten Inhaber eines angeschlagenen digitalen Softwareunternehmens. Gerade als die Dinge für Peter hoffnungslos erscheinen, steht ein junger Mönch vor seiner Tür und bietet ihm einen todsicheren Rat, wie er das Schicksal seines Unternehmens wenden kann. Peter ist erstaunt, als er erfährt, dass es sich bei dem Mönch um seinen lang vermissten Freund handelt, der von seiner außergewöhnlichen Indien-Odyssee zurückgekehrt und bereit ist, seine zeitlose Weisheit für visionäre Führung zu teilen.

Dieser inspirierende und erhellende Leitfaden, der in einem einfach zu handhabenden Acht-Schritte-System praktischer Lektionen aufgebaut ist, ist ein inspirierendes Handbuch für visionäre Führung, das zeigt, wie Sie Vertrauen, Engagement und Glauben in Ihrer Organisation wiederherstellen und dabei gleichzeitig Ihr Leben verändern können.

352 Seiten | Softcover | 18,00 € (D) | 18,60 € (A) | ISBN 978-3-95972-645-0